유럽사를 바꾼
독립운동 이야기

자강과 공존의 가치를 재발견하다

유럽사를 바꾼
독립운동 이야기

김종성 지음

ui 유아이북스

일러두기

1. 내용 전개상 필요한 인명, 지명, 사건 등에는 외국어를 병기하였으나, 각 항목별
   첫 명칭에만 적용하였습니다.
2. 전쟁, 전투, 조약, 사건 등은 국제적으로 통용되는 영어명을 사용하였습니다.
3. 인명, 지명 등은 해당 국가에서 통용되는 명칭을 원칙으로 하였습니다.

민족 개념의 개척자 헤르더Johann G. von Herder는 모든 나라들이 자신의 자리에 남아 있을 수 있다면 세계는 하나의 정원과 같을 것이라 했다. 도산 안창호 선생은 제 민족이 침략과 외력의 간섭 없이 최선의 문화를 창조하면 형형색색의 이종異種의 꽃을 피운 아름다운 화단을 만들어 낼 수 있다고 했다. 하지만 그것은 이상과 꿈의 세계일 뿐이다. 지금 이 시각에도 지구촌 곳곳에서 분쟁이 끊이지 않고 있다.

역사의 변화 요인에 관하여 학생들과 의견을 나눈 적이 있다. 기후, 전쟁, 종교, 산업혁명, 전염병에 이르기까지 다양한 의견이 나왔다. 관점에 따라서는 모두 답이 될 수 있는 것들이지만 필자가 기대한 것은 경쟁competition과 연민compassion이었다. 경쟁이 사회를 앞으로 나아가게 하는 동력動力과 같은 것이라면 연민은 사회의 온기溫氣와 같은 것이다. 경쟁과 연민은 진화evolution의 두 수레바퀴이며, 문명civilization은 그 교직交織의 산물이다. 그러나 경쟁은 앞으로 달려 나갔고, 연민은 늘 뒤처져 있었다. 20세기, 이른바 '극단의 시대The Age of Extremes'는 그 정점이었다.

이 책에는 수많은 전쟁으로 점철된 유럽의 역사에서 작은 나라들이 압제를 극복하고 독립과 자존을 찾아가는 치열한 역정이 담겨 있다. 많은 민족이 삶의 터전을 빼앗기고 원치 않은 전쟁에 동원되었으며, 제노사이드genocide와 강제 추방의 수난을 겪었다. 주권을 지켜내고 이른바 강소국으로 자유와 번영을 누리고 있는 나라도 있지만 주변국의 간섭과 지배에서 자유롭지 못한 나라도 있다.

유럽은 그리스와 로마 시대 이래 내란이나 봉기를 포함하여 600여 회가 넘는 전란을 겪었다. 그 중 30년 전쟁(1618~1648), 9년 전쟁(1688~1697), 스페인 왕위 계승 전쟁(1701~1714), 오스트리아 왕위 계승 전쟁(1740~1748), 7년 전쟁(1756~1763), 나폴레옹 전쟁(1803~1815), 그리스 독립전쟁(1821~1829), 크림 전쟁(1853~1856), 발칸 전쟁(1912~1913), 제1차 세계대전(1914~1918), 제2차 세계대전(1939~1945) 등은 국제전으로 비화된 대규모 충돌이었다.

도시의 성장을 중심으로 발전해 온 유럽은 상대적으로 작은 면적에 50개 주권국가를 이뤄 총 7억 4800만여 명이 살아가고 있다. 지금의 국경이 대체적으로 확정된 것은 '30년 전쟁Thirty Years' War'을 마무리하는 1648년 베스트팔렌 조약Peace of Westfalen이었다. 19세기 초 다시 혼란이 초래되었지만 나폴레옹의 패망과 그리스, 이탈리아, 독일 등의 통일이 이뤄지면서 지금의 유럽 지도가 완성되었다. 인구 규모를 국가별로 보면 3000만 명 이상이 9개국에 불과하고, 1000

만 명 이상으로 잡아도 15개국 정도이다. 전체의 절반인 25개국이 인구 500만 명에 미치지 못하는 소국이다. 발칸반도, 크림반도, 동유럽, 카프카스 등지의 분쟁에도 불구하고 많은 국가들이 독립과 정체성을 유지하며 살아가고 있다. 그러나 그것이 그저 주어진 것은 아니다. 강대국의 틈바구니에 낀 작은 나라들의 기나긴 독립 투쟁의 결과이다.

유럽의 지도를 들여다보면 산맥과 강줄기가 먼저 눈에 들어온다. 북쪽에 스칸디나비아산맥이, 동쪽의 러시아에 남북으로 우랄산맥이, 남쪽의 알프스산맥을 중심으로 왼편에 피레네산맥이, 오른편에 코카서스산맥이 놓여 있다. 이들 다섯 개 큰 산맥이 프랑스, 독일, 동유럽 평야를 감싸고 있는 형국이다. 유럽의 하천은 마치 실핏줄과 같다. 2개국 이상을 흐르는 국제하천만 150개에 이른다. 그중 볼가강, 우랄강, 도나우강(다뉴브강), 드네프르강, 돈강, 라인강, 엘베강 등 1000킬로미터가 넘는 하천도 18개이다. 알프스에서 발원하여 북해로 흘러드는 라인강이나 엘베강과 달리 러시아 서북부에서 발원한 볼가강, 우랄강, 도나우강, 돈강 등은 남쪽으로 흘러 흑해와 카스피해에 이른다. 지리적 차이는 국가의 진로와 무관하지 않다. 서유럽과 북유럽은 바다로 열려 있고, 동유럽과 러시아는 그렇지 못하다.

이 책의 1부에서는 서유럽의 스위스·네덜란드·벨기에·아일랜드를, 2부에서는 동유럽의 체코·우크라이나·모스크바공국(현 러시아)·카프카스 국가들, 그리고 3부에서는 북유럽의 스칸디나비아·발트해 연안·핀란드 등의 자강과 독립을 주제로 하고 있다.

이 책은 피와 땀으로 얼룩진 독립의 역사인 동시에 피어린 실존의 기록이다. 개인과 마찬가지로 민족이나 국가도 실존의 열망과 의지가 없이는 자존을 지켜 내기 어렵다. 우리에게도 20세기 극단의 시대에 국권을 빼앗기고 압제와 질곡 속에서 피어린 독립 투쟁을 전개하였던 역사가 있다. 성공의 사례는 발전 모델이 될 것이고, 실패의 사례는 반면교사가 될 것이다.

스위스에서 단단함을, 네덜란드에서 진취성을, 아일랜드에서 진정한 독립의 의미를, 핀란드에서 무서운 집중력을 배울 수 있다. 그들이 주변 강대국의 틈바구니에서 어떻게 강소국으로 발전할 수 있었는가? 중요한 것은 불리함을 유리함으로 바꾸는 능력이다. 지정학적 불리함을 지혜와 의지와 결속으로 극복하였다. 그 중심에는 독립과 자강을 위하여 헌신한 지도자와 시민들이 있었다. 앙리 기상, 미힐드 로히테르, 요한 드 비트, 칼 구스타프 만네르헤임, 마이클 콜린스, 토마슈 마사리크와 같은 사람들이다. 그들에게서 탁월한 리더십과 사람의 향기를 느낄 수 있을 것이다.

먼 길을 걸었다.
가시밭을 갈아 만든 숲,

아름다운 성채에 깃발이 날린다.

탐욕이 세상을 흔들었다.

지옥의 문 앞에서 희망이 보였다.

바닷물도 삼키지 못한 사랑이 있었기에.

2022년 1월, 저자

제2부

도나우강과 볼가강 사이의 자유

제3부

북쪽 바다의 공존

제 **1** 부

라인강의 지혜

·

유럽사를 바꾼
독립운동 이야기

·

01

에델바이스
사자의 발톱을 숨기다

유럽의 지붕으로 불리는 알프스는 동서로 1200킬로미터, 남북으로 250킬로미터에 이르는 거대한 산맥이다. 알프스에 인접한 국가는 스위스, 리히텐슈타인, 오스트리아, 프랑스, 독일, 이탈리아, 모나코, 슬로베니아 등 8개국이다. 그 가운데 가장 넓은 지역을 차지하는 나라는 오스트리아와 스위스다. 멀리 보이는 만년설과 빙하, 호수, 목초지와 소떼, 아담한 나무집, 더할 나위 없는 목가적 풍경 속으로 빨간색 산악열차가 오고 간다. 순백의 꽃 에델바이스를 볼 수도 있다.

에델바이스

1965년에 개봉된 〈사운드 오브 뮤직Sound of Music〉은 목가적인 알프스를 배경으로 아름다운 노래를 담은 뮤지컬 영화다. 2차 대전 때 독일군 점령하의 오스트리아가 그 배경이다. 1차 대전 때 한편이었던 독일은 범게르만주의의 기치 아래 1938년 오스트리아를 전격적으로 병합한다. 오스트리아 사람들은 독일군의 일원으로 전선에 나가야 했다. 하지만 해군 장교 폰 트랩 대령은 점령 당국의 참전 요구에 응하지 않고 있었다. 더 이상 피할 수 없는 상황에서 합창 대회가 열리고 그의 가족이 우승을 차지한다. 마지막 퇴장 인사와 함께 무대 뒤로 사라진 폰 트랩과 아이들, 그리고 여주인공 마리아는 국경을 벗어나 스위스로 탈출하는 데 성공한다.

영화는 견습 수녀 마리아가 폰 트랩 대령의 집에 가정교사로 들어가면서 시작된다. 아이들은 일곱 명, '도레미 송'이 보여 주는 것처럼 7음계에 상응한 설정이다. 엄마를 잃고 아버지의 엄격한 훈육에 힘겨워하던 아이들은 친구가 되어 주고 노래를 좋아하는 마리아에게 의지한다. 아이들의 변화를 못마땅해하던 대령도 점차 마리아에게 호감을 갖기 시작한다. 자신의 마음이 대령에게 다가가고 있음을 느낀 마리아는 수녀원으로 되돌아가지만 결국 아이들 곁으로 돌아온다. 그리고 대령의 프러포즈를 받아들인다.

영화에는 열여섯 곡의 아름다운 노래가 나오지만 주제곡은 '에델바이스'다. 끝 소절 "내 조국을 영원히 축복하리라Bless my homeland forever"는 언제 들어도 가슴 뭉클한 감동을 준다. 에델바이스는 오스트리아와 스위스의 국화다. 〈사운드 오브 뮤직〉이 보여 주는 것처럼 그것은 저항의 상징이 되기도 했다. 나치 독일에는 '에델바이스 해적단Edelweiss Pirates'이라는 청소년 저항 단체도 있었다. 히틀러가 가장 좋아했던 꽃이 에델바이스였다고 하니 아이러니하다. 히틀러는 오스트리아 출신이었다.

뤼틀리 결의

독일의 침공이 임박해 있던 1939년 8월 30일, 스위스 연방의회는 앙리 기상Henri Guisan을 '장군General'에 선출했다. 스위스의 '장군'은 전란을 수습할 권한과 책임이 부여된 총사령관commander-in-chief을 의미한다.[1] 비상대권이 주어졌던 로마 공화정 시대의 독재관 dictator과 비슷하다.

2차 대전이 발발하자 독일군의 침공을 우려한 스위스 정부와 정치권은 독일 편으로 기울었다. 스위스는 독일과 가까운 관계였다. 국론이 분열되고 있을 때 앙리 기상은 전쟁을 결심한다. 독일군의 폴란드 침공이 개시되기 전날인 1939년 8월 31일, 스위스의 중립을 재확인한다. 그리고 다음날 18세부터 30세까지 총동원령을 내린다. 불과 일주일 만에 43만 명의 전투원과 비전투원 20만 명을 동원하고 향토방위 조직을 정비하여 전쟁에 대비했다.[2]

스위스는 북으로부터 독일군, 남으로부터 이탈리아군의 압박을 받고 있었다. 1940년 6월, 파리가 함락되고 프랑스가 항복하자 스위스의 서측선西側線이 열렸다. 영국의 항복 가능성도 있었다. 게다가 프랑스군과의 협상 내용이 담긴 비밀문서가 독일군의 손에 들어갔다. 중립 위반으로 침공의 빌미가 될 수 있는 상황이었다. 1940년 6월 25일, 마르셀 필레트-골라즈Marcel Pilet-Golaz 대통령은 평화적 방법으로 사태가 해결되기를 원한다는 메시지로 독일에 유화적인 신호를 보냈다.

그로부터 1개월이 지난 1940년 7월 25일, 침묵하고 있던 앙리 기상은 루체른에서 증기선을 타고 피어발트슈테터 호수(루체른 호수) 깊숙이 들어가 호숫가의 작은 목초지에 오른다. 그리고 대대장급 이상 450명의 장교단의 앞에서 결심을 밝힌다.[3] 결연한 전쟁 의지를 밝힌 뤼틀리 결의Rütlirapport다.

서약동맹

스위스의 역사는 기원전 5세기 켈트Celt 일파인 헬베티 부족의 정착으로부터 시작되었다. 지금의 스위스 지역은 로마제국과 프랑크 왕국의 지배를 거쳐 11세기를 전후하여 신성로마제국의 일부가 되었다. 1240년 이탈리아 북부 라벤나 근처의 파엔차 포위전Siege of Faenza에서 프리드리히 2세를 지원한 대가로 자유민 증서를 받아 어느 정도 자치권을 누릴 수 있었다.

1273년 합스부르크 가문의 루돌프 1세가 신성로마제국 황제에 즉위하면서 상황이 변했다. 합스부르크 가문은 스위스 북부를 근거지로 하고 있었다. 루돌프 1세의 즉위는 강한 세력의 출현을 원하지 않았던 제후들의 의중이 반영된 결과였다. 그러나 루돌프 1세는 만만하지 않았다. 자신의 즉위에 불복한 보헤미아의 오토카르 2세를 격파하고 오스트리아를 영지로 얻었다.

루돌프 1세는 프리드리히 2세로부터 받은 특권을 회수하는 등 스위스 칸톤Canton들을 압박하기 시작했다. 스위스 취리히와 이탈리아 루가노를 연결하는 해발 2106미터의 고트하르트 고갯길Gotthard Pass이 열리자 경제적 이익을 노리고 강압적 통치에 나섰다.[4]

1291년 8월 1일, 독일어권의 슈비츠Schwyz, 우리Uri, 운터발덴 Unterwalden 등 세 칸톤은 뤼틀리 언덕에 올라 동맹Old Swiss Confederacy을 맺는다. 그날은 루돌프 1세가 죽은 지 보름이 되는 날이었다. 두 아들이 통치권을 이어받자 흡수될지 모른다는 위기감이 그 같은 결속으로 나타났던 것이다. 그들은 피어발트슈테터 호수에 접한 '숲의 칸톤'이자 가장 먼저 성립된 '원시 칸톤'으로서 긍지가 높았다.

뤼틀리는 루체른에서 호수 길로 20킬로미터 정도 떨어진 호숫가의 조그마한 목초지로, 세 칸톤의 중앙에 해당하는 곳이다. 뤼틀리 서약Rütlischwur은 스위스 연방의 모태가 되었다. 서약동맹誓約同盟이 이뤄진 8월 1일은 건국일National Day이 되었고 슈비츠는 연방의 이름이 되었다.[5] 그리고 650년이 흐른 1940년 7월 25일, 뤼틀리 결의는 또 한 번의 역사를 썼다. 스위스 연방이 탄생한 역사적인 장소에서 행한 앙리 기상의 연설이다.

나는 이 역사적 장소, 독립의 상징적 터에서 결심했다. 나는 우리가 처한 상황을 설명하고 한 사람의 군인으로서 그대들 군인들에게 이 말을 전하고자 한다. 우리는 역사의 분수령에 섰다. 이제 스위스의 존망은 백척간두에 서 있다. … 유럽에 수백만 명의 총잡이가 있는 한, 언제든지 우리를 침공할 수 있는 한, 우리 군대는 반드시 제자리를 지켜야 한다.[6]

"마지막 총알이 다할 때까지 싸우자. 총검으로라도 싸우자. 항복은 없다. 죽을 때까지 싸우자." 그의 연설은 짧고 단호했다. 패배주의와 같은 내부적 위협에 흔들리지 말 것을 주문하는 한편, 내부의 분열을 막기 위해 나치주의자를 체포하여 군사법정에 세웠고 그중 33명에게 사형이 선고되었다.[7]

국가요새계획

독일의 탄넨바움 작전Operation Tannenbaum은 이탈리아가 알프스를 점령하는 동안 제네바와 루체른을 점령하는 것이었다. 앙리 기상의 국가요새계획National Redoubt은 두 주축국과 정면 승부를 피하고 인구가 많은 저지대 공업지역을 내주는 대신에 고트하르트 고원지대로 이동하여 저항하는 것이었다.[8] 전쟁 억지력을 확보하기 위한 고도의 심리전을 포함하고 있었지만, 여차하면 교량과 터널을 폭파하여 공격을 차단하겠다는 옥쇄작전이었고 고슴도치 전략이었다.

국토 전체를 난공불락의 요새로 만들겠다는 스위스의 국가 방위 전략은 오래된 것이었다. 1880년대부터 준비된 계획은 1937년부터 실행에 옮겨져 2차 대전 전까지 거의 마무리된 상태였다.

1940년 6월, 프랑스가 독일에 항복하자 앙리 기상의 국가요새계획이 시행되었다. 스위스군은 국경에서의 충돌을 피하여 중부지대로 이동하였고 1940년 7월 25일, 뤼틀리 언덕에서 작전계획이 하달되었다. 8개 보병 사단과 3개 산악 여단을 투입하여 2만 2000개의 벙커를 구축하고 교량과 터널에 폭발물을 설치했다. 각 지역에 민병대가 조직되었고 주민들은 총기를 들고 훈련에 임했다. 앙리 기상은 독일군 협상 대표에게 어떠한 공격에도 싸우겠다는 것을 분명히 하고, 만약 침공을 감행한다면 알프스를 통과하는 모든 철도를 즉시 폭파할 것이라는 경고를 보냈다.

1940년 말, 히틀러의 침공 명령이 내려졌지만 시행되지는 않았다. 스위스 국민의 항전 결의가 그렇게 만들었던 것이다. 그것으로 국가 요새계획의 일차적인 목표가 달성되었다. 스위스의 영토를 지키기 위한 노력은 지상만이 아니었다. 스위스는 주축국과 연합국 모두에게 영공에서의 비행을 금지했다. 위반 행위에 대한 조처에 조금도 망설임이 없었다. 500대의 전투기와 고사포 5개 연대를 배치하고 영공을 통과하는 항공기를 공격하였다. 독일 전투기 64대, 영국 전투기

190대가 격추되었다.[9]

'평화를 유지하려거든 전쟁을 준비하라'라는 라틴 격언은 스위스에 딱 맞는 말이다. 어느 쪽이든 편을 들지 않는다고 중립이 지켜지는 것은 아니다. 독일이 스위스 침공을 포기한 것은 그로부터 얻게 될 이익보다 더 큰 비용과 손실이 우려되었기 때문이었다. 전쟁 억지력이란 바로 그런 것이다.

스위스는 전통적으로 중립 정책을 고수하였다. 종교전쟁 때 합동군사평의회를 설치하고 3만 6000명의 병력을 동원하여 국경을 지켰다. 1차 대전 때에도 전투병 22만 명을 국경에 배치하고 비전투원 20만 명을 확보하여 전쟁에 대비하였다. 프랑스가 스위스로 우회하여 독일군을 공격하고자 했지만 단호히 거부되었다. 스위스가 중립을 지켜낼 수 있었던 것은 힘의 뒷받침이 있었기 때문이었다.

1945년 5월 8일, 독일의 항복으로 2차 대전이 끝나자 앙리 기상은 이렇게 외쳤다. "스위스의 장병들이여! 우리는 우리의 나라를 전쟁의 공포로부터 구해 준 하느님께 감사한다. 장병들이여, 그대들은 명예롭게 그대들의 나라에 봉사했다."[10] 스위스는 스스로 생로를 열었다. 그것이 자부심의 근원이다. 그러나 앙리 기상은 그 자부심에 일침을 가한다.

감사는 오래가는 감정이 아닙니다. 여론이 국가의 자유를 보존한 그대들의 공헌을 존중한다고 해도, 감사의 감정은 곧 사라질 것입니다. 현역 봉사는 단지 작은 정도로만 도덕적 자본으로 간주될 수 있을 것입니다. 이 시간 그대들과 우리들의 기억은 아름답고 소중합니다. 엄밀히 말하면, 이 자본은 그대들과 그대들의 동료들에게 중요할 뿐입니다.[11]

1945년 8월 20일, 앙리 기상은 270쪽 분량의 현역 복무 보고서를 연방의회에 제출한 뒤 병사들 앞에서 고별 연설로 임무를 마무리했다. 그의 마지막 인사는 감사와 존경에 연연하지 말고 책임을 다하라는 것이었다. 보답을 바란다면 진정한 도덕적 자본이 될 수 없다는 말로 들린다.

독립으로 가는 길

스위스 연방이 강대국의 틈바구니에서 안전과 번영을 누릴 수 있었던 저력은 어디에서 온 것일까? 자유를 향한 스위스 사람들의 강한 투쟁 정신은 19세기 초 실러Schiller의 희곡《빌헬름 텔Wilhelm Tell》과 로시니Rossini의 오페라를 통하여 널리 알려졌다. 당시 스위스는 나폴레옹의 지배 아래에 있었고, 독일 또한 위기감이 고조되고 있었다. 다음은《빌헬름 텔》에서 슈비츠, 우리, 운터발덴 등 세 칸톤의 대표들이 뤼틀리 언덕에서 동맹을 재확인하며 독립 투쟁에 나설 것을 다짐하는 장면이다.

우리는 형제로 뭉친 하나의 나라가 될 것이며,

어떤 위험이나 고통에도 갈라서지 않을 것입니다.

우리 조상들이 그랬던 것처럼 자유로워질 것입니다.

노예처럼 살기보다는 죽는 편이 낫습니다.

가장 높이 계신 하느님에 의지하며,

사람의 억압을 두려워하지 않을 것입니다.[12]

그들은 신성로마제국의 직할지로서 특권이 있었다. 그러나 신성로마제국의 황제에 오른 루돌프 1세는 특권을 회수하고 총독을 보내 통치하였다. 그중 한 사람이 《빌헬름 텔》에 나오는 슈비츠와 우리의 총독 헤르만 게슬러였다.

빌헬름 텔은 평범하게 살기를 원하는 사람이었다. 또 다른 주인공 베르너 슈타우파허Werner Stauttacher와의 대화에서 잘 나타난다. "우리가 단합한다면 잘 해낼 수 있지 않을까요?"라는 슈타우파허의 말에 텔은 "강한 사람은 혼자일 때가 가장 강한 법이지요"라고 대답한다. 빌헬름 텔은 뤼틀리 회합에도 참가하지 않았다. 아내의 걱정스런 물음에 "나는 거기에 참석하지 않았소. 그러나 그들이 부르면 피하지 않을 거요"라고 말한 후 말리는 아내를 뒤로하고 석궁과 화살을 들고 일어선다. 아들 발터도 그를 따라 나선다.

우리 칸톤의 알트도르프 광장. 장대 위에 총독의 모자가 걸려 있다. 지나가는 사람은 누구라도 경례를 해야 한다는 명령이 내려져 있었다. 텔은 예를 표하지 않고 지나간 죄로 아들의 목숨이 걸린 시험을 강요당한다. 머리 위에 사과를 올려놓고 80보 밖에서 활을 쏘아 맞히라는 것이었다. 아들은 당당했고 아버지는 정확했다. 게슬러는 텔이 가지고 있던 나머지 화살의 용도를 묻는다. 텔이 활을 쏘기 전 조끼 속에 화살 하나를 감추는 것을 지켜보고 있었던 것이다. 텔은 이렇게 말한다. "만약 첫 화살이 빗나갔다면 나머지 화살로 그대를 쏘았을 것이오."

게슬러는 텔을 체포하여 감옥에 넣지만 주민들의 반란이 우려되자 텔을 배에 태워 다른 곳으로 이동시킨다. 갑자기 뇌우와 폭풍우가 몰아치고 배가 전복될 위기에 처하자, 텔을 풀어준 후 배를 몰게 한다. 배가 접안하는 순간 텔은 활을 잡고 안개 속으로 사라진다.

텔은 협곡에서 게슬러 일행이 오기를 기다린다. 마침내 게슬러가 말을 타고 들어선다. 한 여인이 남편을 돌려달라며 아이들과 함께 앞을 막아선다. "불온한 자유정신을 굴복시키기 위하여 새 법을 공포해야겠다"라는 말이 떨어지기가 무섭게 화살이 날아와 그의 몸에 들어박힌다.

알트도르프 광장. 산 위에서 봉화가 솟는다. 게슬러를 보내 강압 통치하던 알브레히트 1세[13]가 암살되었다는 소식이 전해진다. 세 칸톤은 루돌프 1세가 그를 계승자로 지명했을 때 공개적으로 반대했을 정도로 그에게 반감이 있었다. 총독과 황제의 죽음에 고무된 주민들은 텔의 집으로 몰려가 "명사수 구원자 텔"을 외치며 만세를 부른다.

전설의 농민군

스위스 동맹은 뤼틀리 서약으로부터 350년이 흐른 1648년에 가서야 30년 전쟁을 끝내는 베스트팔렌 조약으로 독립을 인정받을 수 있었다. 그 시점에 이르기까지 수많은 전쟁을 치러야 했고 수차 내전을 겪기도 했다. 그렇지만 스위스 보병은 16세기 초반 총기가 등장하고 전쟁의 양상이 변하기 전까지 패배한 적이 거의 없었다. 그들은 미늘창병Halbardier과 빠른 기동력으로 유명했다. 미늘창은 미늘이 달린 8피트 길이의 창으로, 백병전에서 큰 위력이 있었다. 빠른 이동 또한 그들의 장점이었다. 소집 명령이 있으면 가벼운 철모나 흉갑만 착용하고 밤낮으로 걸어서 최단 시간 내 집결했다고 한다.[14]

1315년 레오폴트 1세의 침공은 스위스 동맹이 결성된 후 찾아온 최초의 위기였다. 그러나 스위스 농민군은 모르가르텐 전투Battle of Morgarten에서 보기 좋게 승리한다. 계곡을 통과하던 오스트리아 병사들은 매복 공격에 걸려 1500여 명이 미늘창에 참살되거나 호수에 뛰어들어 죽었다.[15] 농민군을 이끈 인물은 베르너 슈타우파허였다. 실러의 《빌헬름 텔》에 슈비츠의 지도자로 나오는 인물이다. 스위스 동맹은 브루넨 협정Pact of Brunnen으로 황제 직할지로서의 특권을 재확인 받을 수 있었다. 동맹에 가입한 칸톤 수도 1353년에 이르러 총 8개로 늘어났다.[16]

합스부르크 가문은 그들의 근거지를 포기하지 않았고 스위스 동맹의 확대를 내버려두지 않았다. 1386년 네오폴트 3세가 직접 군대를 이끌고 침공했지만 루체른에서 벌어진 젬파흐 전투Battle of Sempach에서 완전히 무너졌다. 레오폴트 3세를 포함하여 1800여 명이 전사한 참혹한 패배였다. 스위스 민중이 불렀다는 젬파흐의 노래 Halbshuter의 마지막 부분이다.

> 그의 몸 위로 피가 넘쳐흐르고,
> 스위스 사람들이 성난 홍수처럼 쏟아져
> 무서운 기세로 돌파하고 있구나.
> 갑주를 박살 내고, 순식간에 끝냈다.
> 자유의 역사, 영광스러운 승리의 장(章)을 썼구나.[17]

스위스군은 좀처럼 적의 종대를 깨트릴 수 없었다. 고착된 상황을 타개하고 전세를 반전시킨 것은 아르놀트 폰 빙켈리트Arnold von Winkelried였다. 그는 "통로를 열어 사랑하는 동료들과 연방, 그리고 나의 아내와 가족을 보호하겠다"라고 소리친 뒤 밀집한 장창Pike 위에 자신의 몸을 던져 죽었다. 그렇게 하여 적군의 전열을 무너뜨린 스위스군은 백병전으로 전투를 끝냈다.[18] 스위스 보병의 신화를 낳는 순간이었다. 실러가 《빌헬름 텔》에서 살려 낸 빙켈리트의 마지막 모습이다.

농부가 창날 위로 맨 가슴을 던진다. 고귀한 피를 뿌리며 자신을 희

생한 사람, 그가 저들을 무너뜨린다. 자유가 승리의 깃발을 높이 들어 올린다.[19]

그 후에도 오스트리아 합스부르크 가문의 침공은 이어졌다. 1388년 스위스 동맹은 나펠스 전투Battle of Näfels에서 500명의 창병으로 그 열 배가 넘는 6500명의 적군에게 대승을 거두고 사실상 독립을 보장받았다.

확장에서 자강으로

1497년 막시밀리안 1세의 침공으로 슈바벤 전쟁Schwaben War이 발발한다. 스위스 동맹은 이듬해 6월, 바젤 근처에서 벌어진 도르나흐 전투Battle of Dornach에서 오스트리아군을 격파하고 바젤 조약 Treaty of Basel으로 독립한다. 스위스의 독립은 이웃의 부러움을 샀던 것 같다. 이탈리아 피렌체에서 《군주론》을 쓰고 있던 니콜로 마키아벨리Niccolo Machiavelli는 용병과 원병의 위험성을 경고하면서 자국의 시민으로 구성된 군대의 중요성을 설파하였다. 당시 이탈리아 반도는 10여 개의 도시 국가로 분열되어 있었다.

수세기 동안 로마와 스파르타는 모두 군대를 갖추고 독립을 유지했다. 오늘날의 경우, 스위스가 무력을 제대로 갖추고 있으며 완전한 독립을

지키고 있다.[20]

1772년 장 자크 루소Jean-Jacques Rousseau 또한 '폴란드 정치에 관한 제안'에서 스위스의 군사 시스템을 높이 평가하였다. 오스트리아의 공세를 막아 낸 스위스 동맹은 남쪽으로 향하여 북이탈리아의 밀라노 공국Duchy of Milano을 사실상 지배했다. 그러나 1515년 밀라노 동남쪽에서 벌어진 마리냐노 전투Battle of Marignano에서 프랑스와 베네치아 연합군에 패배함으로써 스위스 동맹의 확장정책은 끝났고, 더 이상 외부에 관심을 갖지 않았다. 그것으로 장창부대의 신화도 더 이상 설 자리가 없었다. 프랑스의 청동 대포와 중기병을 감당할 수 없었기 때문이다.

밀라노와 롬바르디아 평야를 손에 넣은 프랑수아 1세는 이탈리아 반도의 르네상스를 동경하며 많은 예술가들의 후원자가 되었다. 그리고 대가들의 작품을 수집하여 프랑스 문예부흥 시대를 열었다. 루브르 박물관에 소장된 많은 예술품들이 그의 치세에 수집된 것이라고 한다. 프랑수아 1세의 권유로 거처를 파리로 옮긴 레오나르도 다 빈치는 〈모나리자〉를 완성하여 그에게 선물하였다. 〈모나리자〉가 루브르 박물관에 있는 것도 그 때문이다. 1515년을 기점으로 스위스 동맹의 생존 전략은 확장에서 자강으로 나아갔고, 프랑스는 르네상스를 맞이하였다.

분열의 위기를 맞다

지금도 그렇지만 북부의 도시 취리히는 앞선 곳이었다. 취리히는 단독으로 또는 합스부르크와 연합하여 농촌 칸톤을 공격하였다. 이른바 취리히 전쟁Old Zurich War이다. 1439년에서 1446년까지 10여 차례에 걸쳐 크고 작은 전투가 벌어졌지만 동맹이 깨어지지는 않았다.

항상 하느님을 최우선으로 여기고, 나라의 경계를 너무 넓게 펼치지 말고 평화롭게, 조화롭게, 자유롭게 당신들의 자유에 도달할 수 있게 하십시오. 다른 사람의 일에 끼어들지 말고, 강력한 이방인과 동맹하지 마십시오. 당신들의 나라를 보호하고, 거리를 두지 마십시오. 이기심, 질투, 증오, 시기, 파벌이 자라지 않도록 하십시오. 그렇지 않으면 이것들이 당신들을 해칠 것입니다. 친애하는 친구들, 혁신을 게을리하지 말고, 못된 것이 당신을 유혹하지 않도록 하십시오. 좋은 것을 붙들고, 모두 함께 경건한 조상들의 발자취를 따라 길 위에 머물러 있기 바랍니다. 신중하게 당신들에게 할당된 것을 지키십시오. 당신들이 그렇게 하면 폭풍도 폭풍우도 당신들을 해칠 수 없고, 많은 악을 극복할 것입니다.[21]

이는 1481년 칸톤 사이의 증오와 갈등이 고조되고 있을 때 성 니클라우스 폰 플뤼에St. Niklaus von Flüe[22]가 5개 농촌 칸톤 의회의 대표자들에게 보낸 조언으로 알려져 있다. 그렇게 하여 스위스 동맹은 분열의 위기를 극복하고 평화를 유지할 수 있었다. 플뤼에가 가톨릭 교도와 신교도 모두에게서 존경을 받는 정신적 지도자였기 때문에 가능한 일이었다. 그의 충고는 중립주의에 기초한 스위스의 국가전략이 되었다.

운터발덴에서 농부의 아들로 태어난 플뤼에는 21세에 농민군에 들어가 전장에 나갔다. 알프스 자락에서 농사를 지으면서 대위의 계급으로 37세까지 봉사하였다. 한 손에는 칼을, 다른 손에는 묵주를 쥐고 있었다고 한다. 또한 그는 칸톤 의회의 의원과 재판관을 지낸 후 주지사에 오를 기회가 있었지만 거절했다고 한다.

1467년, 50세에 백마가 백합꽃을 먹어 치우는 환시幻視를 경험한 후 집에서 멀지 않은 란프트 계곡에 들어가 19년간 축성된 성체만으로 연명하며 미사와 수도에 정진했다. 지혜와 덕을 겸비한 은자隱者로 널리 알려졌고, 유럽 곳곳에서 그를 찾는 발길이 끊이지 않았다. 1470년 교황 바오로 2세에 의하여 그의 수도처는 성 야고보 순례길의 일부가 되었고, 1947년 시성諡聖으로 스위스의 수호성인이 되었다.[23]

그로부터 50여 년이 지난 후 스위스 동맹은 종교개혁의 여파로 내전에 휩싸인다. 취리히를 비롯한 신교 측 8개 칸톤과 가톨릭 측 5개 칸톤이 충돌하였다. 1531년 카펠 전투Battle of Kappel는 신교도 세력의 무덤이 되었다. 취리히의 종교개혁가 울리히 츠빙글리Ulrich Zwingli와 목사 24명을 포함하여 신교도 500여 명이 죽었고, 신교

동맹의 해체와 가톨릭으로의 복귀가 강요되었다.

그때까지만 해도 제네바는 스위스 동맹과 달리 사보이 공국Duchy of Savoy의 지배를 받고 있었다. 종교개혁을 계기로 1541년 제네바 공화국République de Genève이 수립되었다. 종교개혁가 장 칼뱅Jean Calvin에 의하여 엄격한 금욕주의에 입각한 신정정치가 추구되었다. 칼뱅은 종교의 자유를 지키기 위하여 스위스 신교 칸톤들과 협력하였고, 평등주의에 입각한 새로운 교회제도를 창안하였다. 가톨릭의 사제priest 대신에 목사pastor, 교사teacher, 장로elder, 집사deacon 등의 교회 구조가 만들어진 것도 그때였다.

연방국가로 재탄생하다

프랑스 혁명은 스위스 동맹의 위기를 불러왔다. 1798년 13개 칸톤 체제가 해체되고 헬베티아 공화국Helvetic Republic이 수립되었다. 제네바공화국 또한 해체되었다. 1815년 나폴레옹의 패망과 함께 빈 회의에서 스위스 동맹은 영세 중립국의 지위를 인정받았다. 그 사이 9개 칸톤이 새로 가입하여 총 22개 칸톤 체제로 확대되었다.

1847년 루체른, 프리부르, 발레, 슈비츠, 우리, 운터발덴, 추크 등 7개 가톨릭 칸톤에 의하여 '분리 동맹Sonderbund'이 결성됨으로써 내전이 발생하였다. 그때 10만 명의 병력을 지휘하여 내전을 끝낸 인물은 기욤 앙리 뒤푸르Guillaume Henri Dufour였다.

프랑스 육군에서 복무를 시작한 뒤푸르는 군사시설 분야에서 뛰어난 능력을 발휘하여 레종 도뇌르 훈장을 받았다. 1817년 고향 제네바로 돌아와 기술 담당 지휘관과 제네바대학교 수학과 교수로 있던 중 내란의 발생으로 연방의회에 의하여 장군에 선출되었다. 내란이 종식된 이후에도 세 차례 더 장군의 임무를 수행하였다. 다섯 차례나 독재관에 올라 로마를 구한 카밀루스에 비견되는 공적이다. 그에 대한 존경으로 해발 4634미터 스위스 최고봉에 '뒤푸르스피체Dufourspitze'라는 이름이 붙었다.

1848년 스위스 동맹은 내전의 종식과 함께 새 헌법을 채택하여 연방국가로 새 출발하였다. 1874년 연방의 권한을 대폭 강화한 스위스는 병력을 증강하고 요새를 구축하는 등의 군사적 대비를 서둘렀다. 그 덕에 1, 2차 대전에서 나라를 지켜 낼 수 있었다.

피 수출국의 오명

프랑스 혁명 이후 징병제가 채택되고 국민군이 창설될 때까지 유럽 제국은 용병Mercenary에 의존하고 있었다. 누가 용병이 되겠는가? 당연히 환경적 여건이 어려운 나라 사람들이었다. 이른바 생계형 직업 전사였다. 용병은 하나의 산업이었고 인간시장이었다. 북이탈리아, 스위스, 남독일, 북독일, 노르만 사람들이 많았다. 그 가운데 스위스 용병과 남독일 란츠크네흐트, 북독일 헤센의 명성이 높았다. 헤센은 영국군에 고용되어 미국 독립전쟁에 나가기도 했다.

스위스 창병의 우수함은 널리 알려져 있었다. 변변한 수입원이 없었던 스위스로서는 용병은 하나의 기회였고 산업이었다. 봉건 귀족들은 이웃 나라 또는 세력에게 용병을 보내 그 대가를 챙겼다. 그들은 전쟁터를 전전하였고, 귀족들은 그들이 고향으로 돌아오는 것을 원하지 않았다.[24]

스위스 용병은 프랑스 부르봉 왕조와 깊은 관련이 있다. 영국과의 백년 전쟁Hundred Years' War이 막바지에 접어든 1445년, 샤를 7세는 기병부대와 보병부대로 구성된 유럽 최초의 상비군을 만들었다. 그러나 그의 아들 루이 11세는 보병부대를 스위스 용병으로 대체하기 시작했다.[25] 1515년 스위스 동맹은 프랑스와 영구 용병계약을 맺고 계속하여 병력을 파견하였다.[26] 프랑스의 스위스 용병에 대한 의존도는 점점 심화되었다.

루이 14세 때 전쟁장관 루부아 후작Marquis de Louvois은 40만 명 규모의 상비군 체제를 구축했다. 20만 명이 용병이었고 그 중 12만 명이 스위스 용병으로 채워졌다. 당시 스위스 인구 90만 명의 15퍼센트에 해당하는 인원이었다. 300년에 걸친 용병 활동으로 스위스 국민 50만여 명이 목숨을 잃었다고 한다.[27] 루부아 후작이 루이 14세에게 용병은 돈을 밝히는 사람들이라며 불평을 늘어놓자, 옆에 있던 스위스 용병 스투파Peter Stuppa 대령이 되받아치는 장면이다.

어느 날 전쟁장관 루부아 후작이 근위대의 스투파 대령이 있는 자리에서 루이 14세에게 이야기한다. "폐하, 폐하께서는 폐하와 폐하의 조상들께서 스위스에 준 모든 금과 은을 지금까지 가지고 계신다면 파리에서 바젤까지 탈러(Taler, 은화)로 포장을 할 수 있을 것입니다." 그러자 스투파 대령은 이렇게 말한다. "폐하, 그렇게 될지 모르지만 폐하의 조상들을 위해 저희 스위스 사람들이 흘린 피를 모두 모으면 파리와 바젤 사이의 운하를 가득 채울 것입니다."[28]

스위스 중부의 아름다운 도시, 루체른 시내 중심부의 조그마한 연못의 암벽에는 〈빈사瀕死의 사자상Lion Monument〉이 있다. 프랑스혁명이 한창 진행 중이던 1792년 8월 10일, 튈르리 궁전으로 밀려들어온 국민방위군과 시민들로부터 루이 16세와 왕비를 지키려다가 전사한 스위스 용병 근위대원들을 기리기 위하여 세운 것이다.

사자상의 윗부분에는 '스위스 사람들의 충성심과 용기를 위하여'라고 새겨져 있다. 786명 전원이 죽은 것으로 알려져 있지만, 부조아랫부분의 명문에 의하면 현장 전사자와 체포되어 처형된 병사를 포함하여 760명이다.[29] 그들이 피 흘리며 죽어갈 때 프랑스 근위대는 공화정부에 충성을 약속하고 도망쳤다고 한다.

지금도 바티칸은 스위스 용병이 지키고 있다. 그들이 바티칸 경비임무를 시작한 것은 1506년경이다. 1527년 교황 클레멘스 7세가 신성로마제국 카를 5세의 포위 공격을 받을 때, 500명의 스위스 용병이 있었다고 한다. 그들은 바티칸으로 들어오는 통로를 방어하는 과정에서 6할 이상이 죽었고 남은 189명 중 147명이 베드로 대성당의 계단에서 사투를 벌이는 동안 42명이 교황을 보호하여 피신시킬 수 있었다. 그 뒤로 바티칸의 경비는 계속 스위스 용병이 맡아 왔다고 한다.

불리함을 유리함으로

에델바이스edelweiss의 의미는 '고결한 순백noble white'이다. 학명 레온토포듐Leontopodium은 '사자의 발Lion's paw'이라는 뜻이다. 에델바이스는 '작지만 강한' 알프스 사람들의 기질을 떠올리게 한다. 스위스는 강소국의 대표주자이다. 스위스는 관광, 식품, 금융뿐만 아니라 제약, 정밀기계 등 첨단 기술 강국이다. 1인당 국민 총생산이 세계에서 가장 높은 나라에 속한다. 인구 820만 명에 노벨상 수상자가 27명에 이른다.

모두가 부러운 것이지만 더 놀라운 것은 그런 나라를 만들어 낸 그들의 역사다. 척박한 자연 환경, 통합이 어려운 지역적 여건, 120회에 달하는 크고 작은 전쟁으로 점철된 역사, 그 어느 하나 유리한 여건이라고는 찾아보기 어려운 나라가 어떻게 세계의 부러움을 사는 나라로 발전할 수 있었을까? 게다가 온전한 공동체를 이룬 것도 170여 년에 불과하다.

결론은 불리함을 유리함으로 바꾸는 능력이다. 알프스를 자산으로 만든 것이 단적인 사례다. 산악에 길을 내는 과정에서 철도, 터널,

교량, 케이블카 건설 등으로 세계 최고 수준의 정밀기계 공업을 발전시킬 수 있었다. 관광객이 가장 많이 찾는 융프라우의 얼음동굴에 들어서면 암벽을 깨고 철길을 내며 사투를 벌이던 기술자들의 모습을 볼 수 있다.

알프스 남북을 관통하는 고트하르트 철도는 스위스 기술력의 상징이다. 거기에는 취리히 출신의 사업가 알프레드 에셔Alfred Escher가 있었다. 스위스연방공과대학ETH, 크레디스 은행, 스위스 라이프 생명보험회사의 창립자였다. 그의 가장 큰 공로는 철도회사를 만들어 1882년 알프스를 남북으로 연결하는 200킬로미터의 고트하르트 철도Gotthard Bahn를 개통함으로써 철도교통의 시대를 연 것이다.

스위스의 터널 기술은 압권이다. 고트하르트 철도 터널(1882년 개통, 15킬로미터)과 고트하르트 도로 터널(1980년 개통, 17킬로미터)은 동시대 세계 최장이었고, 고트하르트 베이스 터널(2016년 개통, 57킬로미터)은 지금도 최장의 기록을 보유하고 있다.

다양성 존중과 열린 마음

"스위스 사람답게 생각한다는 것은 나라 안팎을 불문하고 이웃을 존중한다는 의미다. 우리는 언어, 인종, 문화의 다양성에 만족하고 있다."[30] 앙리 기상의 말이다. 작은 나라일수록 단일성이 강조되지만 스위스에서는 다양성이 중시된다. 국어도 독일어, 프랑스어, 이탈리

아어, 로망슈어 등 네 가지다. 언어권에 따라서 원심력이 작용할 만하지만 문제가 되지 않는다.[31]

스위스에는 '빌렌스나치온Willensnation'이라는 개념이 있다. 혈연, 역사, 문화, 언어의 공통성에 기초한 독일의 민족 개념과 달리 스스로의 의지로 구성된 자발적 국가voluntary nation라는 뜻이다. '함께 살아가려는 의지'를 중시한 에르네스트 르낭Ernest Renan의 민족nation 개념과 비슷하다.[32] 여러 면에 걸친 다양성에도 불구하고 스위스 연방이 견고하게 유지되고 있는 것은 오랜 역사적 경험을 통하여 내재된 그 같은 공통의 의지와 무관하지 않을 것이다.

산과 골짜기가 많은 나라는 대개 지역주의가 강하게 작용하는 경향이 있다. 스위스는 수차 내전을 겪기도 했지만 상호 존중에 기초하여 통합을 이루어 냈다. 연방의 권한은 국방이나 사회 안전과 같은 반드시 필요한 부분으로 한정되고 폭넓은 자치권이 보장되어 있다. '필요한 부분은 강력하게, 그렇지 않은 부분은 느슨하게.' 그것이 스위스 연방의 기본 원리가 아닐까 싶다. '느슨함'으로 '단단함'을 만드는 능력, 오랜 연방의 역사를 통하여 얻은 그들만의 지혜로 보인다.

1848년에 제정된 연방 헌법은 각 칸톤이 개별 국가로서 주권의 일부를 연방에 일임하되, 인구 크기에 관계없이 동등한 권한을 갖는 구조로 짜여졌다. 칸톤 헌법이 따로 있고 연방 정부에 위임되지 않은 모든 권리를 행사할 수 있다. 개별적으로 조세, 교육, 복지, 규제 등의 법률을 제정할 수 있다. 그래서 스위스는 26개의 제도가 있다는 말이 나온다. 그러나 분권화의 폐해를 방지하기 위한 보완적 장치가 있다. 선택적 국민투표제도다. 세법과 같은 중요사안에 대해서는 유권자의 약 1퍼센트에 해당하는 5만 명 이상이 청원서에 서명하여 요청하는 경우에는 국민투표에 부쳐 결정하도록 되어 있다.[33] 스위스 연방의 '단단함'은 분권화와 직접민주주의의 결합에 있다고 할 수 있다.

연방 헌법은 '국가임무는 보충성의 원칙principe de subsidiarité에 따라 분배되고 수행되어야 하며 모든 사람은 자신에 대해 책임을 지고 국가와 사회의 과제 달성을 위하여 그 능력에 상응하여 공헌한다'라는 규정을 두고 있다. '보충성의 원칙'은 연방과 칸톤, 국가와 개인의 관계에 있어서 매우 중요한 의미를 갖는다. 칸톤과 개인이 주체이고, 연방과 국가는 보충적이라는 뜻으로 해석된다.

스위스 연방은 26개의 칸톤과 2222개의 코뮌으로 구성되어 있다. 칸톤별 인구 편차는 매우 크다. 최대 152만 명, 최소 1만 6000명이다. 1인당 국민 총생산도 5만 달러 내지 16만 달러로 격차가 크다. 세율도 각기 달라서 심하면 2~3배 차이가 있다고 한다.[34] 다른 나라 같으면 연방의 유지에 중대한 걸림돌이 될 수 있는 상황이다. 하지만 스위스에서는 큰 문제가 되지 않는다. 자신과 다른 이웃을 존중하고 다양성을 쉽게 받아들이는 문화적 기반에 그 답이 있지 않을까 싶다.

이웃 나라 또는 다른 민족에 대한 태도 또한 열려 있다. 스위스는 종교개혁가를 비롯한 신교도와 유대인을 적극 수용하였다. 지금도 국제적 난민에 대하여 개방적 태도를 취하고 있다. 사상가들의 도피

처 내지 온상이 되기도 했지만, 이념과 사상에 휩쓸리지 않았다. 자유와 실용이 중시되는 사회였기 때문이다.

세계 제일을 자랑하는 스위스의 시계 산업은 프랑스의 신교도 위그노를 받아들인 결과였다. 로마 가톨릭을 신봉하던 프랑스의 발루아 왕조는 16세기 초 프랑수아 1세에 이르러 스위스에 가까운 남부 지방에 거주하던 신교도를 탄압하기 시작하였다. 1562년부터 8차에 걸쳐 일어난 위그노 전쟁Huguenots Wars은 1598년 앙리 4세의 낭트칙령Édit de Nantes으로 종교의 자유가 주어질 때까지 신교도 3만여 명이 학살되는 참극으로 마무리되었다.

1589년 프랑스 국왕에 오른 앙리 4세는 위그노 전쟁을 끝내고, 낭트칙령을 통하여 두 교파의 공존과 국가의 재건을 위하여 헌신하다가 1610년 가톨릭 광신도에 의해 목숨을 잃고 말았다. 그로부터 시작된 프랑스의 부르봉 왕조는 절대왕정과 혁명기를 거치면서 단절된 시기도 있었지만 1830년 7월 혁명까지 240여 년간 이어졌다.

1685년 루이 14세가 '하나의 프랑스'를 표방하며 낭트칙령을 철회하자 위협을 느낀 신교도들은 스위스의 신교 칸톤으로 대거 탈출하였다. 당시 제네바에서는 장 칼뱅의 엄격한 금욕주의에 입각하여 귀금속의 착용과 판매가 금지되어 있었다. 신교도 장인들이 주목한 것이 시계였다. 그것은 엄격한 생활 관리를 위해서도 필요한 것이었다. 오늘날 세계 최고의 기술을 자랑하는 스위스 시계 산업의 시작이었다.

무장으로 지킨 중립

"남의 땅을 넘보지 않지만 내 땅을 한 뼘도 내줄 수 없다."

스위스의 중립화 전략은 그 뿌리가 매우 깊다. 1481년 "울타리를 너무 멀리치지 마라"라는 성 니클라우스의 충고로 거슬러 올라간다.[35] 1512년 스위스 동맹은 남쪽으로 방향을 돌려 북이탈리아에서 프랑스군을 몰아내고 밀라노 공국을 사실상 지배하고 있었다. 그러나 1515년 마리냐노 전투에서 프랑스와 베네치아 연합군에 패배한 후 더 이상 영토 확장을 추구하지 않았다. 스위스는 30년 전쟁, 보불 전쟁, 1·2차 대전에서 중립을 지켰다.

스위스는 영세 중립을 표방하고 있음에도 불구하고 변함없이 국방력을 강화하고 있다. 한때 핵 개발 계획이 추진된 적이 있을 정도로 '무장에 의한 중립'을 고수하고 있다. 세계적 추세와 달리 징병제가 변함없이 유지되고 있다. 2013년 징병제 폐지안이 국민투표에 부쳐졌지만 73퍼센트의 압도적 반대로 부결되었다. 남자에게는 의무지만 여자에게는 지원제다. 전체 병역 자원 290만 명(남 150만, 여 140만) 중 5퍼센트가 현역에 복무하는 대신에 19세에서 34세까지 나머지 자원은 예비군에 편성된다.

스위스는 2017년 기준으로 육군과 공군을 포함하여 16만 명의 병력을 보유하고 있다. 760만 명의 인구에 비하면 큰 규모다. 민병대가 잘 조직되어 있어 집집마다 군복, 총기, 탄약을 가지고 있고 주기적으로 군사훈련을 받는다. 평화유지군에 참여하는가 하면 국제기구

유치에도 적극적이다. 제네바에는 유엔 산하 기구 8개를 포함한 22 개 국제기구와 28개 체육단체를 포함한 250여 개의 국제 비정부기구 가 있다.

박애를 실천하다

"자애가 정의보다 중요하다."

성 니클라우스가 했다는 말이다.[36] 정의는 편을 가르기 쉽지만 자 애는 모두를 편안하게 한다. 스위스 사람들은 박애와 평화의 가치를 실현하는데 공헌했다. 제네바는 앙리 뒤낭Jean-Henri Dunant에 의하 여 시작된 국제적십자운동의 산실이었다.

1859년 솔페리노 전투Battle of the Solferino에서 부상자 구호에 앞 장섰던 뒤낭은 1862년 《솔페리노의 회상Un souvenir de Solférino》을 출판하여 전쟁의 참상을 알렸다. 1864년 10월, 그의 주창으로 제네 바에서 유럽 16개국이 참여한 국제적십자위원회ICRC가 창설되었다.

적십자사는 헌장이 밝히고 있는 것처럼 '공정하고, 중립적이며 독 립적인 조직'을 표방하고 세계 최고의 구호단체로 발전했다. 앙리 뒤 낭에게는 1901년 제1회 노벨평화상이 주어졌고 그의 생일 5월 8일 은 적십자의 날이 되었다. 그렇지만 박애와 봉사에 재산을 쏟은 나 머지 죽을 때까지 어렵게 살았다고 한다.

위대한 구조자로 불리는 카를 루츠Carl Lutz도 있다. 2차 대전이 한창이던 1942년 헝가리 부다페스트 주재 스위스 부영사였던 루츠는 유대인 구출에 앞장섰다. 루츠는 헝가리 정부, 독일군 점령 당국과 협상을 통하여 8000명의 유대인에게 팔레스타인으로의 이주허가서를 발급할 수 있는 권한을 얻었다. 개인이 아니라 가족 단위로, 또 번호를 중복 발급하는 방법으로 6만 2000여 명을 구조할 수 있었다. 또한 부다페스트 주변에 76개의 안가安家를 세워 피신처를 제공함으로써 3000여 명을 보호하기도 했다.

유대인 구조에는 그의 아내, 중립국 외교관, 국제적십자위원회 요원이 함께했다. 유대인 7만 명에게 비자를 내준 스웨덴 외교관 라울 발렌베리Raoul Wallenberg도 있었다.[37]

02

플랑드르
북방의 르네상스를 열다

북해를 가운데 두고 영국과 마주하고 있는 북유럽의 저지대Low Land는 플랑드르(프랑스어), 플란데런(네덜란드어), 플란덴(독일어), 플랜더스(영어) 등 여러 이름이 붙은 곳이다. 그곳은 대부분 습지와 간척지로 이뤄진 척박한 땅이어서 농작물의 재배가 어려웠다. 유럽의 농업 생산성은 전반적으로 낮았지만 저지대는 한층 더했다.

그러나 저지대 사람들은 유럽에서 가장 먼저 상공업을 일으킴으로써 17세기에 이르러 세계 무역을 제패하는 놀라운 반전을 만들어 냈다.[1] 신대륙으로 가는 신항로의 개척에 따른 반사적 이익도 있었다. 그에 따라 플랑드르는 이탈리아 반도의 베네치아를 제치고 교역 중심지로 부상하였다.

스페인에서 추방된 유대인들의 대거 이주도 있었다. 유대인들은 브뤼헤에서 안트베르펜으로, 다시 암스테르담으로 옮겨 무역항을 개발하고 상권을 장악하였다. 특히, 네덜란드의 청어 산업은 막대한 부를 안겨 주었다. 지금도 무역, 금융, 물류, 농축산물 등으로 옛날의 영광을 이어가고 있다.

플랜더스의 개

플랑드르가 세계적으로 알려진 것은 영국의 작가 마리 루이스 드라메Marie Louise de la Ramée의 《플랜더스의 개A Dog of Flanders》라는 소설의 역할이 컸다.[2] 소설은 플랑드르를 배경으로 안트베르펜 근교의 농촌 마을에서 어렵게 살아가는 할아버지와 외손자, 그리고 덩치 큰 개 파트라슈를 중심으로 전개된다.

넬로는 두 살 때 엄마를 잃고 외할아버지 제한 다스의 손에 맡겨진다. 할아버지는 전쟁에 나가 다리에 부상을 입은 데다가 고령이어서 거동이 자유롭지 못하다. 그들은 플랑드르 들판의 낡은 오두막을 빌려 살고 있다. 농장에서 우유를 받아 5킬로미터 정도 떨어진 안트베르펜으로 배달하며 어렵게 생활한다.

넬로는 어느 날 배달을 나갔다가 유기된 개를 발견하고 데려다가 보살펴 준다. 큰 머리와 긴 팔다리에 늑대같이 쫑긋한 귀를 가진 노란색 개였다. 건강을 회복한 파트라슈는 넬로와 함께 노쇠한 할아버지를 대신하여 우유 수레를 끈다. 화가를 꿈꾸는 넬로는 안트베르펜의 성모 성당Cathedral of Our Lady에 들어가 루벤스의 성화를 보고 싶어 하지만 입장료를 낼 돈이 없다.

잠시 안트베르펜 속에 들어가 보자. 안트베르펜은 브뤼셀의 북쪽에 있는 도시다. 안트베르펜 시청 앞에는 브라보 동상Statue of Brabo이 서 있다. 브라보 동상은 브라반트의 전설을 담고 있다.

안티군Antigoon이라는 거인은 쉘트강을 통과하는 사람들이 통행료를 내지 않으면 한 손을 잘라서 강에 던지는 악행을 일삼다가 실비우스 브라보Silvius Brabo라는 로마의 군인에게 한 손이 잘려 강물에 던져졌다. 안트베르펜은 '손을 던진다'라는 네덜란드어에서, 브라반트는 브라보에서 온 이름이라고 한다. 안트베르펜은 브뤼셀과 함께 저지대 중부권 브라반트 지역의 중심 도시였다.

풍차 방앗간 집 딸 알루아는 넬로의 유일한 친구였다. 알루아의 아버지 코제즈는 두 아이들이 가까이 지내는 것을 좋아하지 않았다. 방앗간의 화재로 곡물 창고가 불타자 넬로는 누명을 쓴다. 그로 인해 마을 사람들로부터 따돌림을 당하고 우유 배달마저 어렵게 된다.

할아버지가 세상을 떠난 뒤 밀린 집세를 낼 수 없었던 넬로는 크리스마스 전날 파트라슈와 함께 오두막을 떠난다. 유일한 희망은 콘테스트에 출품한 그림이었다. 그날 정오, 안트베르펜 공회당 안에 당선작이 걸렸다. 그러나 그의 그림이 아니었다. 넬로는 충격을 받고 돌층계에 쓰러진다. "모든 게 끝났어. 이젠 마지막이야"라고 중얼거리며 겨우 몸을 일으킨 넬로는 마을로 향한다. 강한 눈바람이 몰아치고 길은 얼어붙어 있었다.

오후 네 시쯤 마을 입구에 도착했을 때 파트라슈가 눈 속에서 밤색 가죽 지갑 하나를 찾아낸다. 코제즈가 잃어버린 지갑이었고, 2000프랑이 들어 있었다. 넬로는 알루아의 어머니에게 지갑을 전한 뒤, 파트라슈를 맡기고 어디론가 달려간다. 마을로 돌아온 것은 파트라슈를 부탁하기 위한 것이었다. 잃어버린 지갑을 찾으러 나갔다가 낭패감으로 돌아온 코제즈는 잘못을 뉘우치며 넬로를 가족으로 맞아들이기로 한다. 파트라슈는 문이 열린 틈을 이용하여 쏜살같이 달려 나간다.

파트라슈는 안트베르펜 성모 성당의 차가운 바닥 위에 쓰러져 있는 넬로를 발견한다. 정신을 차린 넬로는 파트라슈를 꼭 껴안는다. 눈이 그치고 열어 놓은 커튼 사이로 달빛이 들어와 루벤스의 그림을 비춘다. 〈십자가를 세움Elevation of the Cross〉과 〈십자가에서 내리심 Descent from the Cross〉이라는 작품이다. 넬로는 조용히 일어나 두 팔을 뻗어 "마침내 그림을 보았구나. 아, 하느님! 만족합니다"라고 큰 소리로 외친 후 쓰러진다.

다음 날 아침, 넬로와 파트라슈는 끌어안은 채 죽은 모습으로 발견된다. 알루아 가족을 비롯한 마을 사람들이 모여들었다. 코제즈는 재산의 반을 주고 사위를 삼으려고 했다며 후회한다. 뒤늦게 넬로의 천재성을 발견하고 제자로 거두기 위해 찾아온 화가도 있었다. 마을 사람들은 자책하고 부끄러워하며 하나의 무덤을 만들어 나란히 잠들게 하였다.

소설은 만화, 애니메이션, 영화 등의 형태로 이어졌다. 그 가운데 1960년에 나온 20세기 폭스사의 〈플랜더스의 개〉는 소설의 결말과 다르다. 콘테스트에 기대를 걸고 있던 넬로는 다른 작품이 선정되자 충격을 받고 뛰쳐나간다. 거리를 헤매다가 구인 광고를 보고 건물 안으로 들어간다. 선원이 될 수 있었지만 파트라슈를 데리고 승선할 수 없다는 이유로 거부된다. 이제 파트라슈의 먹이마저 구할 수 없게 된 넬로는 알루아에게 파트라슈를 맡기고 떠난다.

코제즈가 넬로를 찾기 위해 나설 때, 화가 본 겔더 부부가 찾아온다. 심사위원들이 미처 넬로의 재능을 알아보지 못했던 것 같다며 자신이 견습생으로 데려가겠다고 말한다. 그들은 파트라슈를 앞세우고 넬로를 찾아 나선다.

그 시각 넬로는 대성당에 들어가 커튼이 내려진 루벤스의 그림이 있는 벽 쪽으로 향한다. 신부가 다가오자 그냥 한번 와 보고 싶었다면서 돌아선다. 신부는 "너는 정말 그림이 보고 싶었구나"라고 하면서 크리스마스 선물로 그림을 보여 주겠노라며 커튼을 연다. 신부는 관람객들을 따라 들어와 그림을 보려던 넬로를 제지한 적이 있었다. 그때 파트라슈가 뛰어 들어온다. 일행들이 지켜보는 가운데 넬로와 알루아가 파트라슈를 끌어안은 모습으로 영화는 끝난다.

소설과 달리 영화는 해피엔딩이다. 원작이 세상에서 내몰려 비극적 죽음을 맞이하는 넬로와 파트라슈를 통하여 극심한 빈부 격차와 비정한 세태를 꼬집었다면, 영화는 따뜻한 시선으로 사람들의 심성에 호소한다.

북방의 르네상스

플랑드르는 미술사를 새로 쓴 걸출한 화가들이 배출된 곳이다.[3] 저지대의 지평선이 빛에 대한 감수성에 도움이 되었다고도 한다. 15세기 유화의 창시자로 알려진 얀 반 에이크 형제는 플랑드르 회화 Flemish art의 개척자였다. 유화는 프레스코나 템페라 기법과 달리 여러 번 덧칠이 가능한 장점이 있었다.

17세기 대표적인 화가 루벤스는 〈한복을 입은 남자〉라는 작품으로 우리에게도 낯설지 않다.[4] 1608년 이탈리아에서 안트베르펜으로 돌아온 루벤스는 알베르트 대공의 궁정화가가 되었다. 안트베르펜 성모 성당의 〈성모승천Assumption of Mary〉, 〈십자가를 세움〉, 〈십자가에서 내리심〉과 같은 걸작을 남겼다. 암스테르담에는 루벤스보다 30년 뒤에 태어난 렘브란트가 있었다. 그는 빛과 어둠을 교묘하게 조화시킨 작법으로 플랑드르 미술의 황금기를 만들었다.

플랑드르에서 꽃핀 '북방의 르네상스'는 종교화에서 일상을 소재로 한 사실주의 화풍으로 발전하였다. 이탈리아 르네상스와 달리 왕실이나 귀족이 아닌 스스로 부를 일군 상인들의 후원으로 이뤄졌다. 종교화 속의 인물들이 자유로운 시민의 모습으로 그려진 것도 그 때문이다. 플랑드르는 성공한 사람으로서 자의식을 지닌 '시민'이라는 새로운 계층이 탄생한 곳이다. 주식 시장과 미술품 시장이 생겨난 것도 그와 무관하지 않다.

유럽의 도시들이 대개 그렇지만 도시 곳곳에는 광장 겸 시장이 있다. 안트베르펜의 흐로터 마르크트Grote Market이나 브뤼셀의 그랑 팔라스Grand Place가 그런 곳이다. 거기에는 성 누가 길드Guild of Saint Luke라 불린 화가조합이 있었다.(누가는 예술가의 수호성인이다.) 그 가운데 루벤스를 포함하여 363명의 회원으로 구성된 안트베르펜의 화가조합이 가장 유명했다고 한다. 그들에 의하여 북유럽의 르네상스가 열렸다.

라인강이 끝나는 곳

유럽은 수자원이 풍부한 곳이다. 길이 300킬로미터가 넘는 강이 100개를 넘는다. 1000킬로미터가 넘는 강도 18개에 달한다. 강들을 중심으로 많은 도시가 형성되었다. 도시 내는 물론이고 도시 사이에도 수운이 잘 발달해 있다. 서유럽에서 동유럽으로 갈수록 길이는 더 길어지고 북에서 남으로 흘러 흑해와 카스피해에 이른다. 도나우강, 드네프르강, 볼가강 등이 그런 경우다.

그와 반대로 알프스에서 발원한 라인강은 1320킬로미터를 흘러 네덜란드의 로테르담과 암스테르담에서 북해로 흘러든다. 뫼즈 강 및 스헬더강의 하구와 만나 라인-뫼즈-스헬더 델타Rhine-Meuse-Scheldt delta라 불리는 방대한 삼각주를 만들어 낸다. 네덜란드, 벨기에, 룩셈부르크 등 이른바 저지대 국가들Low Countries과 프랑스

북부 지방 일부가 그곳에 속한다.

저지대 공국들

원래 라인강의 동쪽, 그중에서도 지금의 네덜란드 북부지방은 로마제국이나 프랑크 왕국의 지배로부터 비교적 독립적인 곳이었다. 그러나 프랑스와 신성로마제국이 역사의 전면에 등장하면서 플랑드르 백국County of Flanders, 브라반트 공국Duchy of Brabant, 리에주Liège, 홀란트 백국County of Holland, 위트레흐트Utrecht, 질란트 Zeeland, 겔더란트Gelderland 등으로 분할되었다.

벨기에의 작가 위고 클라우스Hugo Klaus가 시 '서 플랑드르West Flanders'에서 '가라앉은 종잇장과 같은 땅'으로 묘사했던 것처럼 플랑드르는 농업에 적합지 않은 저습지였다. 플랑드르 사람들은 영국에서 양모를 수입하여 가공, 수출하는 상공업에 착안하였다. 그에 따라 브뤼헤, 헨트, 이프르, 닐 등은 중세 유럽에서 가장 부유한 도시로 발전할 수 있었다. 영국이 양모의 수출을 통제하고, 뤼베크를 비롯한 독일의 도시들이 한자동맹Hanseatic League을 결성한 것도 위기감에서 비롯된 것이었다.

프랑스는 플랑드르 백국을 내버려두지 않았다. 프랑스가 야심을 드러내자 귀족과 부유층은 프랑스의 편에, 수공업자들은 백작의 편에 섰다. 1297년 프랑스가 침공해 오자, 길드 조합원을 비롯한 중소 시민들은 거세게 저항했다.

1302년 7월 11일, 1만여 명의 자원병으로 구성된 민병대는 8000여 명의 프랑스군을 지금의 벨기에 서북쪽 코르트레이크 근처 늪지대로 유인하여 격멸하였다. 프랑스 기사의 상징이던 '황금 박차' 700여 개를 전리품으로 챙겼다고 하여 '황금 박차의 전투Battle of the Golden Spurs'라 불린다. 7월 11일은 자랑스러운 기념일이 되었고, 백작 진영의 사자 문장Flemish Lion은 플랑드르의 상징이 되었다. 프랑스로부터 저지대를 지켜 낸 플랑드르 백국은 남과 북으로 영토를 확장할 수 있었다.

지금의 벨기에 북부와 네덜란드 남부에는 브라반트 공국이 있었다. 1354년 자유헌장Joyous Entry을 통하여 부르주아지에게 자유의 특권을 주고 상공업을 장려함에 따라 브뤼셀과 안트베르펜은 대도시로 성장할 수 있었다. 16세기에 이르러 안트베르펜은 베네치아를 능가하였다. 빅토르 위고Victor Hugo가 '세상에서 가장 아름다운 광장'이라 했다는 브뤼셀의 그랑 팔라스나 안트베르펜의 길드홀은 당시 플랑드르의 번영을 잘 보여 주는 곳이다.[5] 1531년 증권거래소가 세워진 안트베르펜은 '증권거래의 어머니'라고 불린다.

북부의 홀란트 백국은 938년 디르크 2세 때 바이킹의 약탈을 저지하고 저지대 북부에서 가장 먼저 부상했다. 홀란트는 신성로마제국의 간섭을 뿌리치고 로테르담, 암스테르담, 헤이그 등을 중심으로 발전할 수 있었다. 플랑드르나 브라반트의 경제력에는 미치지 못했지만 많은 선박을 보유하고 있었다.

　저지대 공국들은 도시에 특권을 부여하는 일종의 도시육성법을 통하여 상공업의 발전을 도모하였다. 도시 보호를 위한 장벽 설치, 시장, 하역과 교역, 통행세, 화폐, 과세 등의 특권과 개인의 자유권, 그리고 폭넓은 자치권이 주어졌다.[6] 그에 따라 저지대의 인구도 늘어나 15세기 중반에 이르러 240만 명에 달했다.

부르고뉴 공국

　부르고뉴 공국Duchy of Burgundy[7]의 발흥은 저지대의 위기를 불러왔다. 1363년 프랑스의 장 2세는 파리의 동남쪽에 위치한 부르고뉴를 왕가 직할지로 편입시켜 아들 필리프 2세에게 주었다. 필리프 2세는 플랑드르 백작 루이 2세의 딸 마르가레트 3세와 결혼하였고, 장인이 죽은 뒤 플랑드르의 상속자가 되었다. 15세기 중반 필리페 3세에 이르러 부르고뉴에서 플랑드르, 브라반트, 홀란트, 제일란트에 이르는 저지대 전역을 손에 넣었다.

　큰 세력으로 성장한 부르고뉴 공국은 영국과 동맹 관계를 맺고 프랑스에 대항하였다. 1430년 잔 다르크를 체포하여 영국에 넘긴 것도 그때의 일이다. 그러나 평화 조약으로 전쟁을 끝낸 부르고뉴와 프랑스는 다시 한편이 되어 영국군을 몰아내고 1453년 백년 전쟁을 끝냈다. 영국에 의하여 시작된 백년 전쟁은 사실상 모직 산업으로 성황을 누리던 플랑드르 쟁탈전이었다. 영국의 공세는 실패로 돌아갔지만 그 기간 동안 많은 기술자들이 이주해 옴으로써 플랑드르에 이어 모직 산업을 꽃피울 수 있었다.

1467년 부르고뉴 공작 샤를은 프랑스 루이 11세의 견제에도 불구하고 영토 확장에 부심하였다. 샤를은 프랑스와 동등한 독립 왕국 건설의 꿈을 가지고 있었다. 영국의 에드워드 4세와 동맹을 맺고 그의 누이와 결혼하였다. 프랑스와 영국의 경쟁 관계를 이용하여 영토 확장에 성공한 샤를은 중앙집권체제를 확립하여 왕국의 기초를 다졌다.

부르고뉴의 확장에 위협을 느낀 로렌의 공작Duke of Lorraine 르네는 루이 11세와 조약을 맺고 선제공격에 나선다. 영국의 에드워드 4세와 루이 11세는 조약을 맺고 부르고뉴에 등을 돌린 상태였다. 1477년 샤를은 낭시Nancy에서 로렌 공작의 스위스 용병에 완전히 무너졌다. 그 또한 죽음을 피하지 못했다. 그렇게 하여 독립 왕국의 꿈은 무너졌고, 부르고뉴 공국은 지도에서 사라졌다.

프랑스는 부르고뉴의 동부를 합병하고 저지대로 향했다. 샤를의 외동딸 마리는 저지대를 지키기 위하여 합스부르크 가문의 막시밀리안과 결혼하였지만 결국 합스부르크의 영지가 되었다.

저지대의 저항

1556년 합스부르크가의 카를 5세는 죽기 전 아들 필리페 2세에게 스페인을, 동생 페르디난트 2세에게 신성로마제국의 통치권을 넘겨주었다. 이로써 합스부르크 가문은 두 갈래로 분리된다. 카를 5세는 부르고뉴 공작 샤를의 외동딸 마리와 합스부르크의 막시밀리안의 손자로 플랑드르 지방의 헨트Ghent 태생이었다.

1556년 스페인 국왕에 즉위한 필리페 2세는 종교개혁의 영향으로 신교도 세력이 가톨릭을 위협하게 되자, 자치권을 박탈하고 총독을 보내 신교도들을 무자비하게 탄압했다. 1568년 홀란트의 오라녜공 빌렘 1세에 의하여 독립전쟁이 시작된다. 1581년 저지대 북부 7개 주Seven Provinces는 위트레흐트 동맹Union of Utrecht을 맺고 네딜란드 공화국을 수립하였다. 그러나 독립이 공식적으로 인정된 것은 1648년 베스트팔렌 조약, 1568년 독립전쟁의 개시로부터 80년이 지난 뒤였다. 그 후 발전을 거듭한 네덜란드는 영국, 프랑스, 스페인 등의 견제를 물리치고 '황금의 시대'를 열 수 있었다.

네덜란드의 독립은 북부 7개 주에 국한되었고, 가톨릭교도가 많은 남부 10개 주는 계속 스페인 영토로 남았다. 저지대 중앙의 브라반트 지역은 남, 북으로 분할되어 북부는 네덜란드, 남부는 스페인의 영토가 되었다.

1678년 루이 14세는 라인강 좌안의 영유권을 주장하며 군대를 보내 남플랑드르를 차지하였다. 1700년 스페인의 카를로스 2세가 후사 없이 사망하자 오스트리아 합스부르크 가문과 프랑스 부르봉 가문이 왕위 계승권을 놓고 충돌하였다. 또 한 번 유럽의 지도를 바꾼 '스페인 왕위 계승 전쟁War of the Spanish Succession'이다.

1714년 바덴 평화 조약으로 부르봉 가문의 왕위 계승권이 인정된 반면에 합스부르크 가문은 저지대 남부를 비롯한 스페인의 외부 영토를 양도받았다. 이로부터 지금의 벨기에와 룩셈부르크 지역은 오스트리아 합스부르크 제국의 지배하에 들어갔다.

브라반트 혁명

프랑스 혁명은 곧바로 지금의 벨기에 동남부 프랑스어권의 리에주 주교령Bishopric of Liège으로 파급되었다. 1789년 8월, 리에주 혁명Liège Revolution으로 공화국이 수립되었다. 혁명의 불길은 그해 10월, 오스트리아의 지배를 받고 있던 남부 저지대 주민들의 봉기로 이어졌다. 그것은 브라반트 혁명Brabant Revolution의 시작이었다.[8]

1790년 1월, 벨기에 연합국United Belgian States이 선포되었지만 친, 반 프랑스 세력 간의 갈등 속에서 오스트리아의 무력 진압으로 해체되었다. 그러나 '벨기에'라는 국호가 처음 등장한 것은 중요한 의미가 있다. 로마제국 때 라인강 하구의 사람들을 지칭했던 벨가이Belgae와 갈리아 벨기카Gallia Belgica라는 오래된 지명에서 그들의 정체성을 발견하였기 때문이다.

벨기에 혁명

1795년 프랑스는 저지대에서 오스트리아를 축출하고 리에주와 네덜란드를 포함한 저지대 전역을 합병하였다. 그로부터 20년간 프랑스화가 진행되던 중 1815년 나폴레옹의 패망으로 네덜란드 연합 왕국United Kingdom of the Netherlands이 수립되었다.

연합 왕국의 빌렘 1세는 네덜란드어를 공식 언어로 지정하고 신교도를 우대하는 등의 차별 정책으로 저지대 남부 주민들의 반발을 샀다. 1830년 8월 25일, 가톨릭교도·프랑스어권·중상층 왈로니' 주민의 봉기로 벨기에 혁명Belgian Revolution이 일어났다. 훗날 '오페라의 밤Night at the Opera'이라 불리는 그날 밤, 브뤼셀의 왕립극장은 빌렘 1세의 생일을 기념하여 오페라 〈포르티치의 벙어리 처녀La muette de Portici〉라는 작품이 무대에 올랐다. 오페라는 공교롭게도 17세기 스페인의 지배에 저항하여 일어난 나폴리 시민들의 봉기를 주제로 한 것이었다.

조국에 대한 신성한 사랑.

용기와 자부심을 주세요!

용기와 자부심을 주세요!

용기와 자부심.

용기와 자부심을 주세요!

자부심을!¹⁰

'조국에 대한 신성한 사랑Amour sacré de la patrie'이라는 듀엣에 감동한 관객들은 극장 밖으로 쏟아져 나가 군중들과 합류하였다. 자유주의자 샤를 로지예Charles L. Rogier¹¹가 고향에서 300여 명의 민병대를 모아 브뤼셀로 들어왔고, 혁명 지도자들은 임시정부를 수립하여 네덜란드 군대를 축출하고 그해 11월 독립을 선포하였다.

1831년 7월, 유럽 각국의 견제 속에 독일 작센 공국의 네오폴트 1세가 벨기에 국왕에 추대되었다. 네덜란드의 빌렘 1세는 군대를 동원하여 저지에 나선다. 네덜란드 5만 명에 벨기에 2만 4000명, 벨기에군은 후퇴를 거듭하였다. 북부의 항구도시 안트베르펜이 점령되고 네오폴트 1세의 본진이 있는 루벤마저 위험해졌다. 그러나 에티네 제라르Étienne Gérard 원수가 이끈 프랑스 북부군 7만 명이 국경을 넘어 오자 네덜란드는 휴전에 동의하고 철수했다. 1831년 8월 2일부터 12일까지 짧은 기간에 끝나 '10일 전투Ten Day's Campaign'라는 이름이 붙었다.

안트베르펜을 점령하고 있던 다비드 샤세David Chassé 장군의 네덜란드 수비대 5000명은 철수에 응하지 않고 남아 있었다. 포격으로 가옥 수백 채를 파괴하고 많은 인명을 살상하자 철수했던 제라르의 프랑스군이 다시 진입하여 안트베르펜 성채를 포위하였다. 자원입대로 병력이 보충된 벨기에군이 안트베르펜의 북부 쉘트의 제방을 지켜냄으로써 네덜란드군의 진입이 저지되었다. 후속 병력의 지원을 받지 못한 네덜란드 수비대는 프랑스군의 포격에 버티지 못하고 항복했다. 안트베르펜 포위전의 두 주인공, 제라르와 샤세는 1815년 워털루 전투의 지휘관이었다. 제라르는 나폴레옹의 제4군단장, 샤세는 네덜란드군 제3사단장이었다.

1839년 제1차 런던조약First Treaty of London으로 벨기에의 독립이 국제적으로 승인되고, 영세 중립국의 지위가 주어졌다. 벨기에의 독립은 아일랜드 청년들에게 큰 감명을 주었던 모양이다. 다음은 1846년 청년 아일랜드Young Ireland 운동의 지도자 토마스 머허Thomas F. Meagher의 검의 연설The Sword Speech 마지막 부분이다.('켈트의 호랑이' 참조)

> 벨기에의 멋진 옛 마을로부터 네덜란드 약탈자들을 쓸어 버렸기 때문입니다. 늪으로 몰아내고, 깃발과 왕권, 법과 총검을 쉘트의 느린 물속에 처넣었습니다. 이 회의장이 아니라, 앤트워프(안트베르펜의 영어명)의 성벽 위에서 스스로 통치하는 것이 국민의 권리라는 것을 알았습니다. … 벨기에 사람들을 존경합니다. 나는 벨기에 사람들의 열정과 용기와 성공을 사랑합니다. 시민의 왕과 의회를 얻은 수단이 잘못된 것이라고 생각하지 않기 때문에 가볍게 여기지 않을 것입니다.[12]

벨기에 왕국

신생국과 다름이 없었지만 벨기에는 빠르게 성장했다. 저지대는 영국에 주도권을 빼앗기기 전까지 양모 산업을 선도했던 곳이다. 영국에 이어 산업혁명이 일어난 곳이기도 하다. 1835년 벨기에는 유럽 대륙 최초로 철도를 부설하고 수출 산업으로 육성했다. 유럽의 도시에서 쉽게 만나는 트램tram을 포함하여 벨기에의 철도기술은 전 세계로 뻗어나갔다. 남아메리카, 중국, 파리, 카이로, 남러시아, 페르시아, 터키 그리고 식민지 콩고까지 진출했다. 1883년 파리에서 이스탄불에 이르는 오리엔트 특급Orient Express의 첫 운항을 시작한 것도 벨기에 기업이었다.

벨기에의 산업화 과정에서 가장 주목을 받은 인물은 에두아르 엠페인Édouard Empain이었다. 엔지니어, 기업가, 금융인 등으로 성공한 엠페인은 파리 메트로를 비롯한 유럽, 러시아, 중국, 콩고, 카이로 등 세계 각지에 트램을 건설하여 '트램웨이의 왕'으로 불렸다. 1차 대전 때는 소장에 임명되어 무기 생산 분야에서 활동하기도 했다.

벨기에는 해외 진출에도 적극적이었다. 1860년 멕시코-에스파냐 전쟁 때 1500명을 파견하여 멕시코 제국을 지원했다.[13] 뒤늦게 식민지 쟁탈전에 뛰어든 벨기에는 1885년 아프리카 콩고를 식민화했다. 그러나 대규모 학살을 자행함으로써 국제 사회의 거센 비난을 받아야 했다.

유럽의 전장으로 변하다

1차 대전의 참화를 극복하고 벨기에 국민에게 희망을 준 인물은 3대 국왕 알베르트 1세다. 수도 브뤼셀 '예술의 언덕' 아래 왕립도서관 앞에 서 있는 기마상Statue of King Albert 1의 주인공이다. 그가 존경받는 이유는 전란의 수습만이 아니다. 전장에서 막사에서 병사들과 함께하면서 벨기에 해방군을 지휘했다. 엘리자베스 왕비는 간호사로, 열네 살의 네오폴트 왕자(훗날 네오폴트 3세)는 이등병으로 전장에 섰다.

벨기에는 전쟁 준비가 되어 있지 않았지만 결사항전을 결의했다. 1914년 8월 2일, 벨기에는 독일의 요구에도 불구하고 독일군의 영토 통과를 거부했다. 독일이 최후통첩을 보내자 알베르트 1세는 국경의 모든 도로와 터널을 파괴하라는 명령을 내리고 전선을 지켰다. 8월 4일, 독일군은 중립국 벨기에와 룩셈부르크를 침공했다.

벨기에의 방어 전략은 병력을 분산해 독일군의 다면적 진격을 저지하는 것이었다. 브뤼셀 근처에 독일군을 최대한 붙잡아 둠으로써 동남쪽의 철도 요충지 리에주를 보호하려고 했다. 독일군은 공격 개시 후 이틀 내에 리에주를 점령할 수 있다고 자신했지만 11일이 걸렸다. 벨기에군은 리에주 전투에서 6000명 내지 최대 2만 명이 죽고 4000명이 포로가 되는 큰 희생을 입었지만 독일군의 진공을 지연시킴으로써 연합군에 도움을 주었다. 그러나 계속된 전투에서 플랑드르의 작은 마을 이프르¹⁴를 제외한 거의 전역이 독일군에 장악되었다.

알베르트 1세는 프랑스 국경에 접한 데 파네로 이동하여 제방을 폭파하여 독일군의 진입을 차단하였다.[15] 그리고 1914년 10월 31일, 연합군과 함께 이제르 전투Battle of Yser의 승리로 독일군을 묶어둘 수 있었다.

벨기에는 1차 대전에서 4만 명 이상의 군인들이 전사하였거나 실종되었다. 50만 명에 달하는 시민들이 프랑스, 영국 등으로 피난해야 했고 12만 명의 노동자들이 독일로 강제 이송되었다. 루뱅과 브뤼셀 등에서 자행된 독일군의 학살과 유린으로 또 수천 명이 희생되었다. 플랑드르 들판은 수많은 병사들의 무덤이 되었고, 그 위에는 붉은 양귀비 꽃red poppy이 무수히 피어났다.

1차 대전이 끝난 후, 베르사유 조약에 의하여 벨기에는 아프리카의 루안다-우룬디 식민지를 얻었다. 그러나 소수 지배 부족인 투치족으로 하여금 다수의 후투족을 지배하게 하는 차별 정책을 구사함으로써 수백만 명의 목숨을 앗아간 르완다 내전의 빌미를 제공했다는 비판이 따른다. 또한 벨기에는 중국 톈진天津에 조계지를 확보하여 동아시아 진출의 교두보를 확보하는 등 빠르게 움직였다. 벨기에는 전쟁으로 폐허가 된 나라를 재건하는 어려움 속에서도 약속대로 1920년 하계 올림픽을 보란 듯이 치러냈다. 올림픽 개최 도시 안트베르펜은 앞에서 보았듯이 1차 대전 때 독일군에 점령되었던 곳이다.

벨기에를 비롯한 저지대는 1차 대전에 이어 또 한 번 독일군의 공격 루트가 되었다. 프랑스는 독일군의 침공에 대비하여 국경을 따라서 '마지노선Maginot Line'이라 불리는 요새를 구축했다. 독일군은 예상과 달리 벨기에의 삼림지대로 우회하여 침공했다.

1940년 5월, 네오폴트 3세는 군대를 이끌고 18일간 독일군에 저항하다가 항복했다. 전체 군인의 30퍼센트에 해당하는 22만 5000명이 독일군 포로수용소에 수감되었지만 영국에 망명해 있던 벨기에 정부는 항복을 거부하고 국왕에게 통치권이 없다고 선언하였다. 탈출한 병사들은 영국군에 배속되어 전투에 참가하거나 레지스탕스 투쟁에 나섰다.

네오폴트 3세는 나치 독일 치하에서 자치권을 확보하는데 골몰했다. 영국에 망명하여 저항을 이어간 네덜란드 빌헬미나 여왕의 처신과 다른 것이었다. 히틀러를 만나 협상에 나섰지만 그에게 돌아온 것은 없었다. 오히려 그의 성에 연금되었다가 독일을 거쳐 오스트리아로 옮겨지는 수모를 겪었다.

독일군 점령하의 벨기에는 연합군의 공습으로 파괴되었다. 2차 대전 중 2만 명이 넘는 유대인을 포함하여 총 4만 명 이상이 죽었다. 국민들의 신망을 잃은 네오폴트 3세는 사실상 통치권을 상실하고 스위스에 머물렀다. 그의 귀국은 국민투표에 붙여져 57퍼센트의 찬성으로 통과되었다. 명예로운 처신은 아니었지만 전쟁의 참화로부터 국민의 안전을 지키기 위하여 애썼다는 것이 인정된 결과였다. 1942년 히틀러에게 편지를 보내 50만 명에 달하는 여성들과 아이들을 독일의 탄약 공장으로부터 구출했다고 한다. 1950년에 귀국한 네오폴트

3세는 장남 보두앵 1세에게 양위하고 물러났다.

벨기에의 길

저지대 국가들은 네덜란드, 벨기에, 룩셈부르크로 각각 독립하여 오늘에 이르고 있다. '베네룩스Benelux 3국'으로 불리는 나라들이다. 그중 벨기에는 독일, 프랑스, 네덜란드를 연결하는 요충지다. '유럽의 전장'으로 불린 것도 그 같은 지정학적 여건과 무관하지 않다.

2차 대전 후 벨기에는 중립 노선을 포기했다. 수도 브뤼셀에 유럽 연합EU과 북대서양조약기구NATO 본부를 유치하였다. 벨기에는 나토뿐만 아니라 유럽방위군EUROCORPS, 베네룩스 연합함대Admiral BENELUX 등 다층적 집단 안보체제를 구축하고 있다. 브뤼셀은 '유럽의 수도'와 같은 곳이다. 벨기에의 유럽 중심화 전략은 안전 보장뿐만 아니라 국민 통합에 중요한 의미가 있다.

벨기에는 경상도만 한 면적에 인구 1130만 명의 작은 국가지만 플랑드르, 브뤼셀 수도권, 왈로니 등 3개 권역Region으로 구성된 연방제 국가이다. 연방은 지역 단위이기도 하지만 인종적, 종교적, 언어적 구분이기도 하다. 플랑드르는 게르만계, 신교, 네덜란드어권으로 전체 인구의 60퍼센트를 차지한다. 왈로니는 라틴계, 가톨릭, 프랑스어권으로 40퍼센트 미만이다.

벨기에는 단일 언어를 각 권역의 공용어로 지정한 언어적 경계선이 법령으로 정해져 있다.[16] 그러나 브뤼셀 수도권은 언어적 경계선의 예외로 인정되어 네덜란드어와 프랑스어가 모두 공용어로 되어 있다. 실제로는 80퍼센트 이상이 제1언어로 프랑스어를 사용하고 있다. 원래 네덜란드어권에 속했지만 남부 프랑스어권 주민들이 대거 유입됨으로써 그 같은 현상이 나타난 것이다. 그 외 인구의 1퍼센트를 차지하는 동부의 독일어권 지역이 있고, 극히 소수지만 토착어 Walloon를 사용하는 지역도 있다.

벨기에는 독립 이전부터 지식인 사이에 플랑드르의 언어와 역사를 되살리기 위한 플레미시 운동Flemish Movement이 있었다. 핵심적인 주장은 네덜란드어를 공용어로 하는 것이었다. 플레미시 운동의 아버지로 불리는 얀 빌렘스Jan F. Willems를 통하여 그것을 확인할 수 있다. 1818년에 발표된 시집 《벨기에 사람들에게Aen de Belgen. Aux Belges》 중 첫 번째 시 〈벨기에 사람들에게〉는 네덜란드어와 프랑스어 두 버전이 있다. 다음은 프랑스어 버전, 즉 프랑스어권 벨기에 사람들에게 주는 메시지다.

나는 벨기에 사람이고, 나는 벨기에 사람들에게 말할 수 있습니다. 내나라의 명예에 반하는 모든 것에 대한 복수는 허용됩니다. 나의 악보 꽂이(Lyre)는 애국적인 소리를 낼 수 있고, 나의 뮤즈는 부당한 경멸로부터 무기를 찾아낼 수 있습니다. 나는 옛 벨기에 사람이 자랑스럽게 말한 언어로 자유롭게 노래할 것입니다. 만약 내가 대의를 위하여 쏟았던 열정을 비난할 수 있는 사람이 있다면, 나는 이렇게 말할 것입니다. 이 언어, 내 어머니의 젖으로 달콤하게 하였고, 형제의 무덤 위에서 그것을 읽었으며, 내가 축복을 받았을 때 그것은 아버지의 입 안에 있었습니다. 혈관 속에 흐르는 벨기에 사람들의 피를 느끼는 당신! 조상들처럼 용솟음쳐야 할 당신들의 심장! 네덜란드의 남쪽 땅에 사는 당신들이여! 바토(Bato)의 조카들이 처했던 운명처럼, 같은 장소에서 그의 영웅들을 가둔 똑같은 사람이 되겠습니까?[17]

플랑드르는 역사적으로 부르고뉴 공국, 스페인, 오스트리아, 프랑스 등의 지배를 받았던 곳이다. 지금도 벨기에, 네덜란드, 프랑스 등이 분점하고 있다. 하나의 온전한 공동체를 이루지 못한 상처 난 곳이기도 하다.

벨기에 내에서도 플랑드르와 왈로니는 인종, 종교, 언어 등 여러 면에서 차이가 많다. 독립 초기 왈로니는 석탄과 철광석의 주산지라는 이점으로 플랑드르의 경제력을 압도하고 있었다. 왈로니 주민들이 '벨기에 혁명'을 주도한 것도 그 때문이었다. 독립의 주역이자 국가國歌를 만들고 두 차례 수상을 지낸 샤를 로지예조차도 '플라망어 일소'를 주장했을 정도로 왈로니 중심의 국가를 지향했다.[18] 로지에는 프랑스권의 리에주 출신으로 안트베르펜 출신 얀 빌렘스와 상반된 입장에 있었다.

19세기 말부터 남과 북의 경제력이 역전되기 시작했다. 식민지에서 금과 다이아몬드 등 귀금속이 유입되면서 동북부의 항구는 공업과 무역업으로 번창하기 시작하였다. 안트베르펜은 벨기에 제2의 도시로 급성장했다. 지금도 세계 다이아몬드 세공의 80퍼센트를 차지하고 있다. 제3의 도시 헨트도 플랑드르에 속한다. 그에 따라 플랑드르 주민들 사이에는 앞선 경제력을 바탕으로 '분리'의 여론이 높아지고 있다.

벨기에는 국민을 하나로 묶을 수 있는 정체성에 한계가 있다. 플랑드르와 왈로니는 언어가 다르고 문화적 차이도 크다. 단일 국가로서 역사가 짧은 데다가 1, 2차 대전의 그림자도 짙다. 독일 점령군은 플랑드르에서 프랑스어 사용을 금지하고 여타 지방과 행정을 분리시키려 했다. 그것이 전후 연방제를 요구하는 단초가 되었다.[19] 2차 대전 때도 다르지 않았다. 독일군에 저항한 남부 주민과 달리 북부에서는 협력적 분위기가 높았다. 전후 부역자에 대한 처벌 문제가 불거지면서 남북간의 지역 갈등은 더욱 심화되었다.[20]

한 나라가 위기를 극복하는 데 있어서 '국가 정체성'은 중요한 요소 중의 하나이다.[21] 그것은 고유의 언어, 문화, 역사와 관련이 있다. 특히 민속, 민요, 민족 서사시 등의 문화적 정체성은 매우 중요하다. 루벤스나 반다이크와 같은 화가, 헨드릭 콘시안스·위고 클라우스·모리스 메테를링크 등의 작가, 아돌프 삭스·유진 이사에와 같은 음악가가 있었다. 하지만 핀란드나 발트 국가들과 같은 민족 서사시나 국민 음악을 찾아보기 어렵다. '하나의 벨기에'에 도움이 되는 문화적 정체성을 만들어 내는 데 한계가 있어 보인다.[22]

그런 가운데서도 헨드릭 콘시안스는 황금박차의 전투에서 민병대의 활약상을 재현함으로써 민족적 정서를 고취하였다. 다음은 소설

《플랑드르의 사자De Leeuw van Vlaenderen》의 마지막 부분으로, 프랑스와 싸워 이긴 역사에 큰 의미를 부여하고 있다.

> 형제들이여! 오늘 태양이 더 화려하게 비추고 있습니다. 산들바람은 우리의 도시에서 보다 더 깨끗하고 가볍게 불고 있습니다. 이방인의 숨결이 더 이상 더럽히지 못합니다. 오만한 프랑스인들은 우리를 영원히 자신들의 노예로 여깁니다. 그러나 그들은 우리의 사자가 잠자고 있지 않았다는 것을, 죽어도 그렇게 하지 않는다는 것을 생명의 대가를 치르고 배웠습니다. 다시 우리는 조상의 유산을 되찾고, 이방인의 발자국을 피로 씻어냈습니다. 그러나 우리의 적들은 아직 끝나지 않았습니다. 프랑스는 더 많은 무장 병력을 보낼 것입니다. 피는 피를 요구하기 때문입니다. 그것은 아마 짧은 순간에 끝날 것입니다. 이제부터 우리는 무적이기 때문입니다. 그럼에도 불구하고 승리를 거둔 후 잠을 자도 좋다고 생각하지 마십시오. 마음을 굳게, 담대하게, 고요히 유지하십시오. 지금 그대들의 가슴에 빛나는 고귀한 불이 이 순간에도 흔들리거나 약해지지 않도록 하십시오.[23]

국가의 상징인 국가와 국기를 보자. 국가 '브라반트(브라방)의 노래'는 프랑스어, 네덜란드어(플라망어), 독일어, 왈로니어 등 조금씩 다른 네 가지 버전이 있다. 순서대로 부르거나 한 소절씩 섞어서 부른다고 한다. 국민의 정체성과 통합의 기제로서 한계가 있다는 뜻이다.

벨기에의 국장國章과 국기는 브라반트 공국의 문장紋章에서 온 것이다. 국장의 중앙을 차지하고 있는 방패에는 검은 바탕에 황금색 사자가 그려져 있다. 국기의 세로줄 흑색, 적색, 황색은 각각 '검은 바탕', '사자의 붉은 혀', '황금색 사자'를 대표하는 색깔이다. 그런데 '사자'의 형상이 특이하다. 혀뿐만 아니라 발톱까지 진한 빨강색이다.

　국가상징을 브라반트에서 취한 것은 옛 공국이 자리 잡고 있던 브뤼셀 수도권을 중핵으로 국민 통합을 도모하려는 의도로 보인다. 그러나 3개 연방은 제각기 다른 깃발, 문장, 꽃, 동물 등 지역적 상징을 가지고 있다. 예를 들어 프랑스권에 속하는 왈로니에서는 사자가 아닌 수탉이 그들의 상징이다. 수탉은 프랑스 사람들이 조상으로 여기는 골족Gaul에서 온 것이다.

　벨기에는 고통과 영광을 함께 나눈 독립의 역사가 짧은 데다가 언어, 종교, 지역, 문화의 차이로 인해 단일 국가로서 정체성이 뿌리 내리지 못하고 있다. 연방제의 도입에도 불구하고 지역적 갈등과 분리 현상은 현재 진행형이다. 유사한 여건하에서 국민 통합을 이룬 스위스와 다른 점이다. 벨기에가 어떻게 정체성의 약점을 극복하고 '하나의 국가'로 발전할 수 있을지 주목된다.

벨기에 영사관

　서울 사당역 근처에 남서울미술관이 있다. 미술관은 중구 회현동에 있던 구舊 벨기에 영사관을 이전, 복원한 것으로 몇 안 되는 대한제국 시절의 서양 건축물이자 중요한 근대 문화유산의 하나이다. 1905년 세워진 신고전 양식의 영사관 건물은 대한제국이 일본에 강제 병합된 후 일본인 손에 넘어갔다가 광복 후에는 공군본부 등으로 활용되기도 했다.

1897년에 수립된 대한제국은 부국강병의 기치로 군제개편, 도시개조, 식산흥업, 전기·전철·전화의 가설 등 근대화를 적극적으로 추진하였다. 1901년 대한제국이 벨기에와 통상조약을 맺고 수교한 것은 그들의 중립국 전략에 관심이 많았기 때문이다. 실제로 대한제국은 러일 전쟁을 앞두고 중립국을 선언하였다.

올림픽 마라토너

1948년 8월, 런던에서 하계 올림픽이 열렸다. 베를린 올림픽 이후 12년 만에 열리는 대회였다. 한국 선수단은 베를린 올림픽의 마라톤 우승자 손기정을 기수로 당당하게 입장했다. 8월 7일 마라톤 경기, 강력한 우승 후보로 지목되었던 선수는 최윤칠 선수였다. 예상대로 선두를 달리던 최윤칠은 32킬로미터 지점에서 벨기에의 에티엔 가이Étienne Gailly에게 추월당하고 중도 포기했다.

기록 영상을 보면 최윤칠 선수는 273번을, 에티엔 가이는 252번을 달고 있었다. 최윤칠 선수는 우승에 대한 강한 집착 때문이었는지 페이스 조절에 실패했다. 스타디움에 가장 먼저 들어온 선수는 에티엔 가이였다. 그러나 다리가 풀려 비틀거렸다. 그 사이 아르헨티나의 델포 카브레라 선수가 추월했다. 이어 영국의 토마스 리처드가 결승선을 넘었다. 가이는 세 번째로 통과한 뒤 쓰러져 들것에 실려 나갔다. 그의 기록은 2시간 35분 33초 6분이었다.

가이는 동메달로 만족해야 했지만 '런던 올림픽 최고의 영웅'이라는 찬사를 받았다. 올림픽 참가 전에 풀코스를 뛴 적이 없는 초보 마라토너였지만, 2차 대전으로 폐허가 된 조국에 금메달을 선물하겠다는 결의로 출전했다고 한다.

최윤칠 선수 또한 광복된 조국에게 희망을 주겠다는 일념으로 달렸다. 손기정에 이어 한국인 마라토너가 연속으로 우승할 것인가? 세계인의 눈이 그에게 쏠렸다. 우리 선수단은 정부가 수립되지도 못한 상태에서 독립된 국가임을 알리기 위하여 어렵게 참가한 것이었다. 여객선을 타고 요코하마로 가서 재일동포 여성들이 손수 태극기를 바느질하여 만든 유니폼과 성금으로 런던에 갈 수 있었던 것이다.

마라톤 역주가 보여 주는 것처럼 가이는 집념이 강한 행동파였다. 1943년 벨기에가 독일군에 점령된 후 프랑스로 탈출했지만 스페인에서 체포되어 6개월간 수감되었다가 석방되었다. 영국의 벨기에 해방군에 입대하여 공수부대 대원으로 공중 침투 작전에 참가했다. 마라톤을 하게 된 것은 운동선수와 함께 군사 훈련을 받은 것이 계기가 되었다고 한다.[24]

에티엔 가이는 한국전쟁이 발발하자 동생 피에르 가이Pierre Gailly
와 함께 제1진으로 참전하였다. 형제는 모두 공수대원이었다. 아버지
유진 가이Eugène Gailly는 정부의 고위 관리였다고 한다. 벨기에 1개
대대 700명, 룩셈부르크 1개 소대 48명으로 구성된 벨기에-룩셈부
르크 연합부대Bel-Lux는 1951년 1월 말 부산에 입항하여 미 제3사
단에 배속되어 임진강 전투, 학당리 전투, 잣골 전투 등에서 활약
하였다.

동생 피에르 대위는 그해 3월, 김화 잣골 전투 중 경비행기를 타고
전방을 시찰하다가 고사총에 피격되어 추락했다. 다음 날 새벽, 에
티엔 대위가 수색에 나섰지만 동생을 찾을 수 없었다.[25]

에티엔 가이는 파견기간이 완료되어 귀국했다가 1953년 3월에 다
시 참전하여 잣골 전투 중 지뢰 사고로 한쪽 발을 잃고 불구가 되었
다. 그의 불행은 그것이 끝이 아니었는지 1971년 불의의 교통사고로
사망했다고 한다. 벨기에군은 제3공수대대를 '가이 대대'로 명명하였
고, 매년 8.5킬로미터 팀 마라톤 대회를 개최하여 명예와 불굴의 투
지를 기리고 있다고 한다.

벨기에군은 한국전쟁에 연인원 3498명이 참전하여 전사 106명, 부
상 336명의 희생자를 냈다. 그들의 참전에는 특별한 이야기가 하나
둘이 아니다. 당시 벨기에는 상비군이 없었다. 1개 대대 규모의 지원
병 모집에 2000여 명이 지원했다고 한다. 파병을 주도한 인물은 상원
의원이자 국방장관 모로 드 믈랑Moreau de Melen 장군이었다. 믈랑

은 소령의 계급장을 달고 통신장교로 참전했다.

벨기에군 참전자 중 22명이 귀족 출신이었다.[26] 귀족들 가운데는 사병으로 참전한 사람도 있었다. 시몽 피에르 노통브Simon Pierre Nothomb 남작은 통신병으로 참전했다. 당시 그의 부친은 상원 외교 위원장이었다. 노통브 남작은 중공군 70사단과 격전 중 수류탄에 맞아 다리에 부상을 입었다. 간호장교 데레사 캄비에Therese Cambier 는 한국에 계속 남아 안동교구에서 한센인 치료와 그 자녀들의 교육 지원에 헌신했다.

소록도 간호사

가이의 형제자매는 모두 일곱이었다. 에티엔이 셋째, 피에르가 여섯째였다. 에티엔과 피에르 사이에 안 마리 가이Anne Marie Gailly 가 있었다. 간호사였던 안 마리는 1966년 4월, 다미안 재단Damien Foundation의 일원으로 입국하여 5년간 소록도에서 봉사했다. 벨기에에 본부를 둔 다미안 재단은 인도, 방글라데시, 네팔, 나이지리아 등에서 한센병과 결핵 환자 구호사업을 전개했다. 1966년 다이안 재단은 한국 정부와 한센인 구호를 위한 협정을 체결하고 안 마리를 포함한 간호사 2명과 의사 2명을 파견했던 것이다. 봉사단은 먼저 들어와 있던 오스트리아 간호사 마리안느 스퇴거와 마가렛 피사렉을 포함하여 모두 6명이었다.[27]

에티엔, 피에르, 안 마리… 벨기에 세 남매의 봉사는 특별했다. 그렇지만 그것을 기억하는 사람은 거의 없다. 구 벨기에 공사관이든 어디든 그들을 기억할 수 있는 작은 공간이라도 필요하지 않을까?

03

바다사자
정치를 묻다

1588년 영국 해군은 무적함대Armada Invincible라 불리는 스페인 함대를 격파하고 해양강국으로 부상하였다. 해군의 나라 영국에게 치욕을 안겨 준 것은 네덜란드 해군이었다. 1667년 6월, 네덜란드 해군은 영국으로 건너가 메드웨이 강을 거슬러 올라가 채텀의 해군 공창을 기습 공격하였다. 정박 중이던 전함 열세 척이 불타고 두 척이 나포되었다. 나포된 전함 중에는 영국이 자랑하던 기함 '로열 찰스 호HMS Royal Charles'도 있었다.

그해 네덜란드의 시인 요스트 본델Joost van den Vondel은 '템즈의 바다사자De Zeeleeu op den Teems'를 통하여 그들의 승리에 찬사를 보내고 찰스 2세Charles II의 오만을 탓한다.

당신의 마음이 얼마나 괴로웠을까?

바다사자가 당신이 나가떨어진 곳에 서 있었을 때,

공포도 주저함도 없이

당신의 개울에서는 용감했지만,

브레다(Breda)에서는 상황이 변하여

굴복하는 법을 배웠지요.

불멸의 빛이 아니겠습니까?

당신으로부터 기사 작위가 주어졌으니,

로히테르, 겐트, 루바르트 비트에게.[1]

충격에 빠진 영국은 서둘러 네덜란드의 브레다에서 평화 조약 Treaty of Breda을 맺는다. 그때 영국은 흑사병과 런던 대화재의 후유 증으로 큰 어려움에 처해 있었다. 네덜란드는 북아메리카의 뉴암스테르담(지금의 뉴욕)을 영국에 양도하는 대신에 남아메리카 대서양 연안의 수리남을 넘겨받음으로써 설탕 산지를 얻었다. 당시 최고의 상품은 설탕과 향신료였다.

항해조례Navigation Acts도 수정, 완화되었다. 라인강과 스헬더강을 따라서 암스테르담에 들어온 물품은 네덜란드 선박으로 영국에 운송할 수 있게 되었다. 아울러 인도네시아에서 네덜란드 동인도 회사의 독점권이 보장되었다. 이로써 네덜란드는 무역의 우위를 지켜 낼 수 있었다.

찰스 2세는 누구인가? 청교도 혁명Puritan Revolution 때 찰스 1세의 맏아들 찰스 왕자는 부왕을 돕기 위해 동분서주하던 중 1649년 네덜란드에서 부왕의 처형 소식을 들었다. 그에 대한 반발로 스코틀랜드가 찰스 왕자를 국왕에 옹립하였지만 올리버 크롬웰Oliver Cromwell의 공화파에 패배했다. 찰스 왕자는 외가가 있던 프랑스와 독일, 네덜란드 등지를 전전해야만 했다. 1658년 크롬웰이 죽은 후 정정이 불안해지자 찰스 왕자는 브레다 선언Declaration of Breda을 통하여 종교적 관용을 약속하고 귀국하여 국왕에 올랐다.

채텀 해전은 영국 해군의 역사에서 최악의 패전이었다. 영국이 자랑하던 기함旗艦 로열 찰스 호를 빼앗긴 것은 더할 수 없는 치욕이었다. 그로부터 250년이 지난 후 러디어드 키플링Rudyard Kipling의 시 〈메드웨이의 네덜란드인〉은 잊히지 않은 영국인들의 깊은 상처를 보여 준다.

> 국왕은 우리의 경고에 귀 기울이지 않을 것입니다.
> 재판장은 우리의 주장에 신경 쓰지 않을 것입니다.
> 그들의 기분을 돋우기 위하여 템즈를 팔아 버려라!
> 드 로히테르 최고의 항해,
> 벌거벗은 채텀의 쇼를 위하여.
> 우리는 우리의 함대로 그를 만날 수 없다.
> 네덜란드 사람들은 그것을 안다.[2]

네덜란드의 부상

네덜란드의 융성은 유대인과 신교도에 대한 박해가 가져다준 선물이었다. 1492년 이슬람 세력을 몰아내고 국토를 완전히 수복한 스페인 왕국은 알함브라 칙령Alhambra Decree을 통하여 유대인을 추방한다. 금융업과 유통업에 종사하던 유대인 가운데 많은 사람들이 암스테르담에 자리를 잡았다.

16세기 후반에는 프랑스의 위그노 전쟁Huguenots Wars을 피하여 신교도들이 대거 유입되었다. 이렇게 하여 축적된 민간자본을 바탕으로 1602년 동인도 회사, 1621년 서인도 회사가 세워졌다. 그들은 무역을 독점할 뿐만 아니라 조약의 체결과 전쟁까지도 가능한 하나의 작은 나라였다. 그들의 무역 거래를 뒷받침한 것은 주식회사 제도였다. 왕실이 특허권을 주거나 재정적 후원자가 되었던 영국이나 스페인과 차이가 있었다.

17세기 아시아로 진출한 네덜란드 상선의 수는 1770척, 영국의 두 배를 넘었다.[3] 프랑스가 뒤이어 뛰어들기는 했지만 18세기까지도 네덜란드의 우위는 지켜졌다.

상선의 수는 해군력과 직결되어 있었다. 무역에 종사하는 상선을 보호해 주는 대가로 세금을 징수하여 함선을 보유할 수 있었던 것이다. 어느 나라 할 것 없이 해군의 육성에 논란이 많았던 것도 막대한 재정이 들어가는 일이기 때문이다. 그런 것은 경쟁국들도 다르지 않았다.

17세기 재상 콜베르Jean-Baptiste Colbert에 의하여 시작된 프랑스의 해군력 증강은 18세기 말 최고점에 이르렀다. 그러나 1789년 프랑스 대혁명은 해군력의 붕괴를 초래하였다. 해군의 수뇌부와 장교들은 왕당파로 몰려 쫓겨났고 조직은 능력보다 정치적 성향이 더 중시되었다. 그에 따라 1805년 트라팔가르 해전을 끝으로 영국 해군에 우위를 내주었다.

1628년 조선이 만난 최초의 유럽인은 '박연'이라는 이름으로 불렸던 네덜란드 선원 벨테브레J. J. Weltevree 였다. 1653년에는 하멜 Hendrik Hamel 일행 36명이 표류하다가 제주도에 상륙했다. 당시 네덜란드 상인들은 조선과 교역을 원하였지만 나가사키 데지마出島에서 퇴거시키겠다는 일본의 위협으로 포기했다고 한다. 그 이유가 아니라도 해금정책海禁政策으로 어려웠을 것이다.

1651년 영국은 항해조례Navigation Act를 발표하여 네덜란드의 중계무역을 방해하고 나섰다. 영국 또는 영국의 식민지에 수입되는 상품은 영국 선박 또는 생산지의 선박으로만 수송할 수 있도록 하였다. 그에 따라 네덜란드의 유대인 상인들이 영국으로 이동하기 시작하였다. 두 나라의 무역 경쟁은 전쟁으로 비화되었다. 1652년 제1차 영국-네덜란드 전쟁Anglo-Duchy War을 시작으로 20년간 계속되었다. 당시 네덜란드에는 마르텐 트롬프Maarten H. Tromp, 미힐 드 로히테르Michiel A. de Ruyter, 요한 드 비트Johan de Witt, 빌렘 3세Willem III와 같은 걸출한 인물들이 있었다.

미힐 드 로히테르

드 로히테르는 네덜란드 서남부에 위치한 항구 도시 블리싱겐 Vlissingen에서 맥주 배달부의 아들로 태어났다. 열 살을 전후하여 선원이 되어 여러 나라의 언어와 항해에 필수적인 지도 작성법을 익혔다. 1637년 상선의 선장이 된 드 로히테르는 1641년 해군 소장에 임명되어 포르투갈 독립전쟁과 북아프리카 해안의 바르바리 전쟁 Barbary Wars에 참가하였다. 그리고 영국-네덜란드 전쟁에서 바다를 지켜 냄으로써 네덜란드 황금시대의 초석이 되었다.

드 로히테르의 전쟁은 이순신 장군의 임진왜란과 비슷하다. 왕당파와 공화파, 해군과 육군, 영국과 프랑스, 정치인과 무장의 대립구도가 그렇다. 2015년에 나온 영화 〈제독: 미힐 드 로히테르〉를 통해 그의 삶을 따라가 본다.

스헤베닝언의 패전

교회에서 기도하던 드 로히테르의 아내 안나는 바닷가 언덕으로 나가 포성과 화염에 싸인 바다를 바라본다. 1653년 7월에 벌어진 제1차 영국-네덜란드 전쟁의 막바지 스헤베닝언 해전Battle of Scheveningen의 모습이다. 아들과 딸 셋이 안나 곁으로 다가온다. "왜 동생들까지 데리고 왔느냐?" 안나의 나무람에 아들은 이렇게 말한다. "저기 아버지가 있잖아요." 안나는 갑자기 산통을 느낀다.

영국 120척과 네덜란드 127척의 전함이 맞붙은 스헤베닝언 해전에서 네덜란드는 최대 30척의 전함을 잃고 2000여 명이 죽거나 포로가 되었다. 게다가 사령관 마르텐 트롬프 제독이 전사했다. 그는 숨을 거두기 전에 드 로히테르에게 이렇게 말한다. "자네는 한결같은 사람이야." 그에게 지휘를 맡기며 자신의 죽음을 비밀에 부치도록 한다. 영국의 함대를 지휘한 인물은 윌리엄 펜 경Sir William Penn이었다. 훗날 신대륙에서 펜실베이니아를 건설한 윌리엄 펜 주니어William Penn Jr.가 그의 아들이다.

수상에 오른 요한 드 비트

왕당파Orangists를 대표하는 마르텐 트롬프 제독의 죽음으로 공화파가 국정을 주도한다. 영국을 이길 수 없다는 두려움 속에서 홀란트 의회State General가 열린다.[4] 1653년 새로운 수상Grand Pensionary에 요한 드 비트가 선출된다. 그의 나이 고작 28세, 뛰어난 웅변가였다. 그로부터 1672년까지 외교, 내무, 재정, 해군, 전쟁의 책임을 맡아 네덜란드를 지켜 내기 위하여 헌신했다. 그에게는 17세기 유럽 최고의 정치가였다는 평가가 따른다.

우리는 상인의 나라입니다. 2만 척의 배로 바다를 누빕니다. … 왕당파나 공화파로 나누어 교역합니까? 잉글랜드가 왜 우리의 무역로를 막으려 할까요? … 우리가 왕당파나 공화파기 때문일까요? … 잉글랜드는 우리의 자유를 두려워합니다. 자유를 위하여 희생할 준비가 되어 있기 때문입니다. 자유를 위하여 피를 흘렸기 때문입니다. 스페인과 잉글랜드에게 가족을 잃지 않은 사람이 있습니까? 그것이 왕당파의 피였습니까? 아니면 공화파의 피였습니까? 그것은 네덜란드인의 피, 우리의 피였습니다.

의원들은 자유를 위하여 함께 싸우자는 드 비트의 연설에 박수로 화답하며 모처럼 단합된 모습을 보인다. 그러나 공화파와 왕당파의 대립은 꺼지지 않은 불씨였다. 1654년 드 비트는 영국과 웨스트민스터 조약Treaty of Westminster을 체결하여 제1차 영국-네덜란드 전쟁을 마무리 짓는다. 네덜란드는 영국의 스튜어트 가문을 지원할 수 없을 뿐만 아니라 오라네 가문을 홀란트 총독Stadtholder에서 배제하는 내용의 비밀협정이 포함되어 있었다.[5]

그것은 영국의 호국경Lord Protector 올리버 크롬웰과 드 비트로 대표되는 네덜란드 공화파의 이해관계가 맞아떨어진 결과였다. 그들은 왕정의 회복을 원하지 않았다. 네덜란드 오라네 가문의 계승자인 왕자(훗날 빌렘 3세)는 네 살에 불과하였고, 영국의 찰스 왕자(훗날 찰스 2세)는 청교도 혁명Puritan Revolution으로 국외에 머물고 있었다.

고향에 돌아온 드 로히테르

드 로히테르는 가족이 있는 블리싱겐으로 돌아온다. 아내가 유산한 사실을 알고 고민하다가 해군을 그만두기로 한다. 그러나 드 비트 수상의 편지를 받고 마지못해 헤이그로 간다. 함대를 맡아달라는 수상의 부탁에 "지난 15년 동안 집에 있었던 것은 겨우 6개월뿐이었다"라며 거절한다. 수상은 함대를 야곱 오브담Jacob van Wassenaer Obdam 제독에게 맡긴다.

로스토프트 해전

1665년 6월, 제2차 영국-네덜란드 전쟁이 발발한다. 런던 근해에서 벌어진 로스토프트 해전Battle of Lowestoft이다. 네덜란드는 함선 25척을 잃고 5000여 명이 전사하였거나 포로가 되었다. 게다가 사령관 야곱 오브담마저 전사했다. 다시 왕당파의 공격이 시작되고 수상에게 비난이 쏟아진다. 드 로히테르는 불타는 함선을 바라보면서 갈등한다. 안나는 "국가가 없으면 가정도 없다"라며 바다로 나가라고 말한다.

홀란트 의회는 스헤베닝언 해전에서 전사한 트롬프의 아들 코넬리스Cornelis Tromp를 중장 제독에 추천한다. 그는 왕당파의 중심인물 가운데 한 명이었다. 드 비트 수상은 코넬리스 트롬프를 만난다. 혈통의 계승을 주장하는 그에게 "존경은 물려받는 것이 아니라 스스로

증명하는 것"이라고 말한다. 그는 드 로히테르를 마음에 두고 있었다.

이 부분은 극적 반전을 위한 장치로 사실과 차이가 있다. 47세에 고향에 돌아온 드 로히테르는 은퇴하여 조용히 살기를 원했지만 정부는 그를 내버려두지 않았다. 1654년 수상의 설득으로 부제독직을 수락하고 가족과 함께 암스테르담으로 옮겨갔다. 그해 8척의 함선을 이끌고 지중해, 발트해, 기아나 해안, 서인도 제도 등에서 무역로를 보호하는 임무를 수행한다. 그리고 2차 북방 전쟁Second Northern War에서 덴마크를 지원하고 프레데리크 3세로부터 기사 작위를 받았다. 1665년 제2차 영국-네덜란드 전쟁이 발발하자 네덜란드로 돌아오던 중 오브담의 전사 소식을 들었다.

제독직을 받아들이다

다시 영화로 돌아가면, 드 로히테르는 대형 전함의 건조와 선원들의 임금 인상을 조건으로 수상의 제의를 받아들인다. 네덜란드는 상선을 빌려 전함으로 사용하고 있었고, 병사들과 선원들이 섞여 있었다. 드 로히테르는 깃발 신호체계를 개선하고 병사들을 훈련시킴으로써 전투력을 조직화한다.

네덜란드의 조선기술은 원래 청어 어업에서 비롯된 것이었다. 발트해에서 잡히던 청어가 한랭화의 영향으로 북해로 이동했다. 네덜란드 항구가 갑자기 북적이기 시작하였고, 청어 교역을 위한 독특한 염장법이 개발되었다. 청어 산업은 어선뿐만 아니라 상선의 발전을 가져왔다. 뷔스buss라 불리는 100톤짜리 전문 어선의 수가 1560년에 1000척, 1620년에 2000척에 이르렀다고 한다.[6] 그러나 대형 전함의 건조를 조건으로 수상의 제의를 받아들이는 영화의 한 장면처럼 네덜란드는 군사력에서는 영국에 못 미치고 있었다.

영국 해군이 네덜란드 상선의 항행을 방해하고 있다는 보고가 들어온다. 1666년 '4일 전쟁The Four Day's Battle'의 시작이다. 드 로히테르는 근접전을 벌여 불패의 함대라 불리던 로열 찰스 호에 대승을 거둔다. 4일 전쟁의 승리를 찬양한 요스트 본델의 시다.

> 국가의 평안함, 그대에게 기쁨이 되리.
>
> 비교할 수 없을 만큼 성공했으니,
>
> 백성들은 즐거움을 얻었고,
>
> 하나님의 특별하신 은총으로 그리스도의 나라가 되었다.[7]

네덜란드 함대는 같은 해 7월, '성 제임스의 날 전투St. James's Day Fight'에서 큰 타격을 입는다. 코넬리스 트롬프가 시간을 제대로 맞추지 못했기 때문이었다. 그 일로 하여 드 로히테르와 코넬리스 트롬프는 불편한 관계가 된다.

영국은 크롬웰이 죽은 후 왕정이 회복되고 프랑스에 망명해 있던 찰스 왕자가 국왕(찰스 2세)에 즉위한다. 이제 네덜란드의 오라녜 왕자 빌렘 헨드리크Willem Hendrik도 어엿한 청년이 되었다. 찰스 2세는 왕자를 불러 네덜란드 왕으로 만들어주겠다고 말한다. 왕자는 빌렘 2세와 찰스 2세의 여동생 메리 스튜어트 사이의 유복자였다. 왕자는 찰스 2세의 제안을 '속국의 왕'일 뿐이라며 거부한다.

찰스 2세는 혈통의 확대가 더 중요하다고 말하지만 왕자가 원한 것은 독립 왕국이었다. 네덜란드의 남부지역(지금의 벨기에와 룩셈부르크)을 프랑스에 내어줄 수 있다는 찰스 2세의 협박에 대하여 나라의 절반을 떼어 주라는 것과 다름없다며 반발한다.

그럼에도 불구하고 찰스 2세는 배제령Act of Seclusion을 폐기하여 왕자가 총독에 오를 수 있는 길을 열어 주었다. 오라녜 가문 또한 망명해 있던 찰스 왕자를 지원해 준 바 있었다. 혼인으로 얽힌 네덜란드와 영국의 왕가는 이해를 같이하고 있었다. 그러나 두 나라 사이의 무역 경쟁은 혈통적 유대를 넘어섰다.

채텀 기습 공격

네덜란드는 영국뿐만 아니라 프랑스의 위협에 대비해야 했다. 두 전쟁의 위험이 다가오고 있었다. 수상은 드 로히테르의 집을 방문하여 자신의 복안을 밝힌다. 영국으로 건너가 채텀의 함대를 기습 공격하자는 것이었다. 프랑스가 공격해 오기 전에 영국의 기세를 꺾어 놓으면 왕당파의 공격에서 벗어날 수 있다는 판단에서 나온 묘책이었다. 드 비트는 왕당파로부터 육군을 약화시켰다는 비난을 받고 있었다.

1667년 6월, 드 로히테르는 해병대 요원을 이끌고 영국으로 건너가 메드웨이 강에 쳐진 쇠사슬과 차단선을 통과하여 채텀의 해군 공창을 공격한다. 네덜란드 해군의 화공작전으로 도크는 화염에 휩싸인다. 해병대원들은 무기고를 파괴하고 철수한다.

드 로히테르는 나포한 '로열 찰스 호' 선미의 조각판을 떼어 와서 의원들에게 보여 준다. 사자와 유니콘이 새겨진 영국의 문장이었다.[8] 드 비트는 "찰스가 우리의 조건을 받아들여 브레다에서 평화협정을 맺기로 했다"라고 발표한다. 군사적 압박을 통한 외교적 승리에 왕당파는 낭패한 모습을 보인다.

재앙의 해

1667년 홀란트는 영구 칙령Perpetual Edict을 통하여 총독직을 폐지했다. 1670년까지 나머지 6개 주에서 총독직과 군 통수권이 분리되었다. 오라녜 왕자가 총독에 오르는 것을 견제하기 위한 것이었다. 드 로히테르는 평화가 오래가지 않을 거라며 걱정한다. 수상의 형 코넬리스 드 비트Cornelis de Witt가 군사력 증강에 대하여 말하지만 수상은 군대가 왕당파 수중에 있는 상황에서 왕자의 힘만 키워줄 수 있다며 받아들이지 않는다. 오만과 독선이 엿보인다. 수상은 외교에 기대를 걸고 있었다.

1670년 찰스 2세와 루이 14세는 도버 밀약Secret Treaty of Dover으로 네덜란드를 공격하기로 한다. 1672년 양국의 선전 포고로 프랑스-네덜란드 전쟁Franco-Dutch War이 발발한다. 이른바 '재앙의 해'의 시작이었다. 12만 명의 프랑스 육군에 뮌스터와 쾰른의 지원군 2만 5000명이 더 있었다. 그에 비하여 네덜란드 육군은 5분의 1에도 못 미치는 전력이었다. 해군의 전력은 네덜란드 91척에 영국과 프랑스 101척, 서로 비슷했다.

프랑스군은 네덜란드 남부를 우회하여 동부로 진입하였다. 네덜란드는 무방비 상태였다. 수상과 공화파에 대한 비난이 쏟아졌다. "공화파와 드 비트는 영국에 나라를 팔아먹으려 한다. 육군을 약화시킨 것은 드 로히테르를 위한 것이었다." 시위대가 드 로히테르의 집 앞에 몰려온다. 안나는 아이들을 안심시킨 뒤 시위대 앞에 선다. 지금까지 남편이 한 일을 열거하면서 "여러분이 편히 잠들 수 있도록 목숨 걸고 전쟁터에 나섰다"라며 남편을 믿고 기다려 달라고 당당하게 말한다.

네덜란드의 정정은 암흑기를 맞이한다. 왕당파는 의회를 소집하고 드 비트의 퇴진과 왕자의 친정을 요구한다. 왕당파는 '국왕' 칭호 사용을 건의하면서 제독의 자리에 코넬리스 트롬프를 추천한다. 왕자는 "나는 모두의 왕이 되고 싶다"라고 말하며 거부한다. 그는 왕당파 사람들과 결이 다른 인물이었고, 드 로히테르를 놓치고 싶지 않았다.

1672년 드 비트 수상의 사임으로 공화파가 무너지고 정부는 왕자와 왕당파의 수중에 들어갔다. 절망적 상황이 계속되었고 누군가 희생양이 필요했다. 왕당파는 '왕자 암살 음모' 사건을 조작하여 왕자를 끌어들인다. 코넬리스 드 비트를 체포하여 악독한 고문으로 자백을 강요한다. 왕당파는 요한 드 비트를 유인하여 형을 만나게 한 후 감옥에 넣는다. 소식을 접한 드 로히테르는 자신이 직접 증언하겠다며 마차를 몰아 달려온다.

그 사이 드 비트 형제는 폭도들에 의하여 유혈이 낭자한 채 쓰러진다. 폭도들은 형제들의 사체를 마구 훼손한다. 폭도들은 두 형제가 손을 내밀어 마지막으로 잡은 손을 칼로 내려치는 차마 눈뜨고 볼 수 없는 만행을 저지른다. 그야말로 광란의 소용돌이였다.

수감되어 있던 두 형제에게 어떻게 그런 일이 일어날 수 있었는가? 폭도들을 달래기 위하여 코넬리스 트롬프가 문을 열어 주었다고 한다. 역사가들은 그 일이 왕자와 무관하지 않다고 본다. 비정한 권력 앞에 대중은 하나의 도구였을 뿐이다. 뒤늦게 형제의 주검을 목격한 드 로히테르는 집으로 돌아가 오열한다.

왕자를 비롯한 왕당파는 두 형제의 시신이 거꾸로 매달린 현장을 돌아본다. 유럽 최고의 정치가로 손꼽히던 드 비트, 왕당파의 눈에는 정치적 전리품으로 보일 뿐이다. "나는 봉사하고 싶다. 하지만 드 로히테르의 밑에서는 아니다"라는 코넬리스 트롬프의 말에 왕자는 이렇게 답한다. "드 로히테르를 그대로 쓰겠다. 나는 그를 종신 제독으로 임명했다. 나는 나의 말을 지키는 사람이다"라며 드 로히테르와 화해하라고 말한다.

유혈 폭동이 난무하던 그때, 프랑스 육군은 제일란트와 위트레흐트를 넘어 암스테르담을 위협하고 있었다. 평화협상이 시작되었지만 프랑스와 영국의 과도한 요구에 시민들이 분노하자 협상을 포기하고 항전을 결심한다. 왕자와 왕당파는 육군의 증강에 대하여 논의한다. 그러나 왕자에게는 복안이 있었다. 수로waterline를 개방하는 것이었다.

수천 명의 시민이 생명이 달려 있다는 측근들의 우려에도 불구하고 왕자는 남은 병력을 홀란트로 집결시킨 후 강물을 범람시키기로 한다. 수공 작전은 그것이 처음이 아니었다. 왕자의 증조부 오라녜공 빌렘 1세가 1574년 라이덴의 수문을 열어 도시를 물바다로 만들어 스페인 군대의 진입을 저지한 적이 있었다.

왕자는 드 로히테르를 만난다. "프랑스군은 암스테르담 근처에 도달해 있다. 곧 프랑스와 영국의 함대가 공격해 올 것이다. 조국은 두 사람 모두를 필요로 하고 있다"라며 트롬프와 화해를 권한다. 트롬프는 드 로히테르의 명령에 따르기로 한다. 두 사람은 함께 함대에 오른다. 1672년 제3차 영국-네덜란드 전쟁의 시작이다.

솔베이 해전Battle of Solebay과 제2차 슈네벨트Second Battle of Schooneveld 해전의 승리로 프랑스-영국 연합 함대를 바다에 묶어놓을 수 있었다. 왜군의 침공으로 육지가 유린되고 있을 때 바다를 지켜 낸 이순신 장군이 떠오르는 장면이다.

네덜란드는 신성로마제국, 스페인, 브란덴부르크와 반 프랑스동맹을 형성하여 역공에 나섰다. 1674년 2월, 영국은 네덜란드와 평화 조약을 체결하고 프랑스와의 연합에서 이탈했다. 전선이 플랑드르 지방으로 확대되자 덴마크는 프랑스의 반대편에, 스웨덴은 프랑스 편에 섰다.

20년 전쟁의 끝을 맺다

1672년 7월, 홀란트의 총독에 오른 왕자는 제일란트의 총독을 겸한다. 이때부터 빌렘 3세(이하 왕자로 표기)로 불린다. 영국의 찰스 2세는 특사를 보내 네덜란드의 왕위를 제의하지만 왕자는 단호히 거부한다.

1673년 네덜란드 북서부에서 텍셀 전투Battle of Texel가 시작된다. 양측은 모두 상대의 전술을 예상하며 작전계획을 숙의한다. 드 로히테르는 "남풍이 불고 있으니 적군의 예상대로 움직여 주자. 선두가 전열을 이탈하여 적군을 통과시켜 준 뒤, 조수를 이용하자"라며 트롬프에게 선두의 임무를 맡긴다.

유인에 걸린 영국의 함선은 해안까지 들어왔다가 얕은 바다에 걸려 좌초의 위기를 맞는다. 드 로히테르의 전술적 특징은 근해에서 풍향, 조류, 지형을 잘 이용하는 데 있었다. 네덜란드 해군은 퇴각하는 영국군을 향하여 함포를 퍼붓는다. 네덜란드의 대승이었다. 장병들은 베스트바르Bestevaêr를 외친다. '최고의 아버지'란 뜻이다.

"공화파가 다시 결집되고 있습니다. 드 로히테르가 지도자로 떠오르고 있다고 합니다."
"사람들이 좋아하긴 하지요."
"그것이 문제입니다. 그러나 해결책이 있습니다."

왕당파의 견제가 갈수록 더해지는 가운데, 드 로히테르는 왕자를 만나기로 한다. 은퇴를 청하며 구금된 공화파 사람들을 풀어달라고 부탁하지만 왕자는 나라를 망치는 것을 두고 볼 수 없다며 거절한다. 드 로히테르는 드 비트 형제의 살해 배경을 운운하며 격하게 반응한다.

"요한과 코넬리스에게 한 것처럼 말입니까? 진정 그들을 죽인 것이 나라를 위한 것이었습니까?"
"감히 나에게 그런 말을 하다니, 내가 필요로 할 때 복종할지 의문이군."
"저는 항상 조국의 부름에 답할 것입니다. 저는 언제나 폐하께 헌신할 것입니다."
"정말?"

드 로히테르와 왕자가 주고받는 말이다. 그는 한결같은 사람이었다. 공화파가 무너지고 왕당파의 세상으로 바뀌었지만 자기가 해야 할 말을 한다. 그 일이 있기 전에 드 로히테르는 아내에게 이런 말을 한 적이 있다. "바람의 방향을 잘 타야 하는 전함처럼 제독도 마찬가지야." 그러나 드 로히테르는 정치와 거리가 먼 사람이었다. 바다에서는 사자와 같았지만 육지에서는 서툴렀다. 공화파인 드 비트의 요청을 받아들여 제독을 맡은 이래 줄곧 견제를 받아야 했다.

왕자를 만나기 전 부적절한 말을 하지 말라는 아내의 간곡한 당부가 있었지만 그의 성격이 그랬다. 왕자는 은퇴를 수용하면서 한 가지 조건을 제시한다. 지중해로 가라는 것이었다. 왜 가야 하냐는 물음에 왕자는 이렇게 말한다. "반역자의 가족을 보호해 주기 어렵지 않은가?" 그에 대한 신임을 거두는 장면이다.

"당신의 성공이 너무 커요. 그들이 하는 것을 보았잖아요. 그들은 당신이 죽기를 원해요."

"우리는 너무 많은 피를 흘렸어. 나라가 찢어졌소. 평화롭게 은퇴해 편히 살고 싶소."

"왕자가 무슨 말을 한 거예요? 그가 위협했어요?"

"당신과 아이들을 위한 것이야. 그는 내가 거기 가 있는 동안 당신의 안전을 보증했소."

"그러나 당신이 살아 돌아오면? 그러면 아무 일 없이 끝나는 거예요?"

안나는 드 로히테르에게 지중해로 가는 새로운 임무를 받아들인 이유가 무엇이냐고 따진다. 남편이 다시 돌아오지 못할 것 같은 불안감에 휩싸인다. 드 로히테르는 진퇴양난이다. 그러나 가지 않을 수 없다. 이제는 가족의 안위가 더 걱정이다. 두 사람은 죽음이 다가오고 있음을 직감하고 있었다. 암스테르담을 떠나기 전 드 로히테르가 남긴 말이다.

"순간의 작별일 뿐만 아니라, 영원한 작별입니다. 내가 돌아올 거라고 기대하지 않으니까요. 이번 원정에서 나는 돌아오지 않을 것입니다. 나는 그것을 느낍니다."[9]

지중해에서 지다

1674년 7월, 드 로히테르는 18척의 전함과 12척의 소형 선박에 4800명의 병력으로 출항했다. 1767년 4월, 이탈리아 반도 시칠리아 동쪽의 시라쿠사 인근 바다에서 영국과 프랑스, 네덜란드와 스페인 연합 함대 사이에 아구스타 해전Battle of Augusta이 벌어진다. 그해 1월의 스트롬볼리 해전Battle of Stromboli에 이은 두 번째 교전이었다. 망원경으로 네덜란드 함대를 바라보던 프랑스 함대의 아브라함 뒤켄 Abraham Duquesne 제독은 이렇게 말한다.

"열두 척을 넘지 않는 것 같다. 그들의 함대는 어디에 있는 거야? 저게 그들이 가진 전부란 말인가."

양측의 포격으로 전투가 개시된다. 드 로히테르는 다리에 중상을 입고 쓰러진다. 그의 나이 69세였다. 함선에 검은 깃발이 내걸린다. 뒤켄을 비롯한 프랑스 해군은 경례로서 그의 죽음에 예를 표한다. 그의 마지막 말은 "안나"였다. 죽는 순간에도 그는 가족의 안위를 걱정해야 했다. 영화의 장면과 달리 드 로히테르는 일주일 후 사망했다.

드 로히테르의 시신이 암스테르담으로 들어온다. 1677년 3월, 암스테르담의 담 광장에서 국장이 거행되고 가족들이 그 뒤를 따른다. 장례 행렬을 바라보던 왕자는 "왕당파와 공화파가 처음으로 나란히 섰다. 나라면 이루지 못했을 일이다"라며 가장 아름다운 무덤을 만들어 주라고 말한다. 드 로이테르의 관은 담 광장의 니우 케르크 교회에 안치됐다. 이로써 네덜란드는 영국과의 전쟁에서 마르텐 트롬프, 야콥 오브 담, 미힐 드 로히테르, 요한 드 비트 형제와 같은 지도자를 잃었다.

그 후 네덜란드는 어떻게 되었을까? 프랑스의 공세에 대응하기 위하여 영국과 관계 개선에 나선다. 1677년 왕자는 제임스 2세의 딸 메리 스튜어트와 결혼하였다.[10] 1679년 네이메헌 평화 조약Peace of Nijmegen으로 프랑스-네덜란드 전쟁도 종결되었다.

1685년 찰스 2세가 후사 없이 죽고, 그의 동생 제임스 2세가 즉위하였다. 영국 의회는 가톨릭으로 돌아선 제임스 2세로부터 신교를 지키기 위하여 왕자를 옹립하기로 한다. 1688년 왕자는 53척의 군함과 1만 3000여 명의 병력을 이끌고 영국에 상륙하여 제임스 2세를 몰아내고 메리 스튜어트(메리 2세)와 잉글랜드, 아일랜드, 스코틀랜드의 공동 국왕에 오른다. 그리고 1694년 메리 2세가 죽은 후 단독 국왕(윌리엄 3세)이 된다.

윌리엄 3세(네덜란드 빌렘 3세)의 영국 통치는 네덜란드에 어떤 결과를 가져왔을까? 그와 함께 영국으로 건너간 사람 3만 명 가운데 유대인 8000여 명이 포함되어 있었다. 그로부터 세계 금융의 중심이 영국으로 이동하였다.

1702년 윌리엄 3세 또한 후사를 두지 못한 채 죽었다. 다시 공화파가 집권한 네덜란드는 약 1세기에 걸친 '자유의 시대'로 나아갔다. 그러나 1794년 나폴레옹 전쟁으로 프랑스에 점령되었다. 1815년 나폴레옹의 패망과 함께 네덜란드 연합 왕국이 성립되었지만, 벨기에(1839)와 룩셈부르크(1867)가 차례로 독립하였다. 그로 인하여 인도와 동남아의 식민지 판도에도 큰 변화가 일어났다. 런던 조약Treaty of London-1824에 의하여 말라카 해협Strait of Malacca을 기준으로 북쪽은 영국령, 남쪽은 네덜란드령으로 정리되었다.

드 로히테르는 선원이나 병사들에게 아버지나 할아버지와 같은 존재였다. 전근대적인 해군을 조직적으로 변화시켰다. 깃발 신호를 개선하고 세계 최초로 해병대를 만든 사람이기도 하다. 선원의 복지에도 힘썼다. 음식과 임금뿐만 아니라 부상자 치료를 위하여 의료시스템을 개선하였다.

그 무엇보다 뱃사람으로 탁월했다. 날씨, 풍향, 조류, 지형의 이용과 시기 선택의 탁월성으로 스물일곱 번의 승리를 거두었다. 서인도제도에서 노예무역에 관여했다는 의혹이 없지 않지만 신교를 믿는 2500여 명의 노예를 사서 선원으로 만들고 해군에 복무하게 했다고

도 한다.[11] 1896년 그린넬 밀른G. Grinnell Milne이 쓴《드 로히테르 전기》의 결론 부분이다.

네덜란드인들의 예술적 본능을 제외하면, 드 로히테르는 그들의 위대한 특성을 가장 높이 구현했다. 타고난 선원이자 무역업자로 또 사업가의 적성으로, 언어 습득 능력이 뛰어났고, 결코 속이지 않았으며, 모험심을 타고났다. 쉽게 포기하지 않는 한결같은 인내심, 그리고 위험에 직면하여 가장 높은 용기와 지략을 가지고 있었다. 해군 과학에서 보인 그의 천재성은 네덜란드뿐만 아니라 동시대 해군 장교들 가운데 최고였다. 그는 분명히 정치인이 아니었다. 공허한 쇼에 불과하다며 경멸했다. 공적 생활을 좋아하지 않았다. 임무에 충실하였고 관대함이 그를 최고의 시민으로 만들었다. 그는 소박한 시민과 하층민까지도 진정으로 사랑했다. 큰 승리를 거둔 후에도 오두막을 치우고 닭을 돌보았고, 따뜻한 가슴으로 가정을 훌륭하게 만들었다. 홀란트까지도. 그의 조국에 대한 성실함은 종교적 형태를 띠었고, 그렇게 함으로써 고귀하고 단순한 생각에 사로잡히게 되었고, 최고의 높이에 올려졌다. 영웅주의에 영향을 받아온 세계의 위대한 투사들의 정신은 일부라도 그에게 빚을 지고 있다. 블리싱겐 맥주 배달부의 아들보다 더 진정한 고귀함과 따뜻함을 보인 사람은 아무도 없었기 때문이다.[12]

드 로히테르는 2004년에 선정된 '위대한 네덜란드인' 가운데 일곱 번째로 뽑혔다. 정치인, 화가, 스포츠 스타 등 근현대의 인물을 제외하면 국부 오라네공 빌렘 1세에 이은 두 번째다. 제독으로서는 당연히 최고의 인물이다. 네덜란드뿐만 아니라 동시대 최고의 제독이었다는 평가가 따른다.

역사상 최고의 제독은 누구인가? 관점에 따라 다르지만 서양에 있어서 제독의 계보는 기원전 5세기 리산드로스Lysandros로부터 13세기 루지에로 디 라우리아Ruggiero di Lauria, 17세기 미힐 드 로히테르Michiel A. de Ruyter, 18세기 호레이쇼 넬슨Horatio Nelson, 20세기 체스터 니미츠Chester W. Nimitz 등으로 이어진다. 가장 널리 알려진 인물은 단연 트라팔가르 해전의 영웅 넬슨 제독이다. 하지만 조지 발라드George A. Ballard 제독과 도고 헤이하치로東鄕平八郞 제독의 언급은 다르다.[13]

영국 사람으로서 넬슨과 견줄 만한 사람이 있다는 걸 인정하긴 항상 어렵다. 그러나 그렇게 인정할 만한 인물이 있다면, 그 인물은 바로 단 한 번도 패한 적이 없는 위대한 동양의 해군 사령관 이순신 제독뿐이다.

– 조지 발라드

영국의 넬슨은 군신(軍神)이라고 할 만한 인물은 못 된다. 해군 역사상 군신이라 할 제독이 있다면 오직 이순신 장군뿐이다. 이순신 장군과 비교한다면 나는 일개 하사관도 못 된다.

– 도고 헤이하치로

이순신 장군은 흔히 넬슨과 비교되지만, 그것은 전술이나 전투의 결과에 대한 것일 뿐 전체적인 평가라 할 수 없다. 해군을 전략적으로 육성했던 영국과 수군을 폐하려 했던 조선의 정치적 환경이 판이했기 때문이다. 이순신 장군은 스스로 전선을 건조하고 병사들을 모아 전쟁을 준비하여 '26전 26승'이라는 불패의 신화를 썼다.

1세기의 간격이 있지만 드 로히테르와 이순신 장군은 여러 가지 면에서 비슷하다. 정쟁에 내몰린 정치적 상황, 방위 전략을 둘러싼 갈등, 해군력 증강, 연근해에서 풍향·조류·지형을 이용한 전술, 불패의 신화, 최후의 모습 등에서 닮았다. 영화 〈제독: 미힐 드 로히테르〉의 마지막 해전에 '열두 척'이라는 대사가 나온다. 실제 네덜란드 함선은 열일곱 척이었다.[14] 열두 척의 신화를 쓴 명량해전의 영향을 받은 것일까? 하나 더 덧붙인다면 이순신 장군에게 아들 회(薈)가 있었듯이 드 로히테르에게는 앙헬Engel이 있었다.[15]

진정한 리더십을 묻다

이순신 장군, 드 로히테르, 넬슨의 활동 연대는 2세기 이상 차이가 있다. 가장 빠른 이순신 장군이 16세기 말, 가장 늦은 넬슨이 19세기 초반이었다. 시대는 달랐지만 그들의 리더십은 비슷했다.

드 로히테르와 이순신 장군은 스스로 적군에 노출되는 위험을 감수하면서 부하들을 이끌었다. 넬슨도 그와 다르지 않았다. 요란한 장식을 달고 스스로 적의 목표물이 되기도 했다. 넬슨은 트라팔가르 해전에서는 전력이 우세한 프랑스-스페인 연합함대를 상대로 이열 종대로 돌진 공격을 감행하던 중 전사했다. 바다의 싸움 그리고 제독의 리더십은 두려움을 용기로 바꾸는 능력에 있었다.

그 같은 리더십은 20세기에도 다르지 않았다. 대공황의 위기 앞에 대통령에 취임한 프랭클린 루스벨트 대통령은 이렇게 말했다. "우리가 두려워해야 할 것은 두려움 그 자체입니다." 미국이 대공황과 2차 대전의 위기를 극복하고 세계사를 주도하는 국가로 부상한 데는 두려움을 용기로 바꾸는 지도자의 결연한 리더십이 있었기 때문이다.

2017년에 나온 영화 〈다키스트 아워Darkest Hour〉는 두려움을 용기로 바꾸는 과정을 시시각각으로 보여 준다. 2차 대전 초기 연합군이 프랑스 최북단 덩케르크 해안에 내몰린 절체절명의 상황에서 수상에 오른 윈스턴 처칠의 지도력에 초점을 맞춘 영화다. 처칠은 의회와 외로운 싸움을 벌였다. 항전이냐, 협상이냐? 협상파가 더 강했다.

"싸우다 패한 나라는 다시 일어설 수 있어도, 무릎 꿇고 굴복한 나라는 다시 일어설 수 없다." 처칠의 한마디가 두려움을 용기로 바꾼다. 영국은 전쟁을 선택하였고 마침내 이겼다. 국왕의 지지가 있었고 지하철에서 만난 시민들의 격려가 있었다. 전쟁을 결심했지만 영국은 독일 공군의 대공습London Blitz을 이겨내야만 했다. 파괴된 도시의 잔해 속에서 다시 일어나 끝내 승리할 수 있었던 것은 시민의 용기였고 그를 뒷받침한 것은 결단의 지도력이었다.

04

켈트의 호랑이
리피강의 기적을 만들다

2014년 4월 8일, 영국의 윈저성 세인트 조지 홀에서 엘리자베스 2세, 아일랜드의 마이클 히긴스Michael D. Higgins 대통령을 비롯한 양국의 주요 인사 160명이 참석한 성대한 만찬 행사가 있었다. 두 나라의 과거사를 마무리 짓고 새로운 미래를 열기 위하여 여왕의 초청으로 이루어진 자리였다.

아일랜드인들의 영국인에 대한 반감과 증오는 극심했다. 1921년 아일랜드 자유국Irish Free State이 수립된 후에도 북아일랜드 문제를 둘러싸고 갈등이 끊이지 않았다. 1979년 8월, 엘리자베스 여왕의 사촌 마운트배튼 경Lord Mountbatten이 아일랜드 공화국군Irish Republican Army에 의하여 피살되자, 자성의 목소리와 함께 화해를 위한 노력이 가시화되었다.

1980년 호이-대처 회담이 이뤄지고 영국·아일랜드 협정이 체결되었다. 1993년 '북아일랜드 평화를 위한 공동선언'이 이뤄지고 1995년 '북아일랜드 평화안'이 발표되었다. 아일랜드는 헌법을 개정하여 북아일랜드에 대한 영토주권을 삭제하고 영국 또는 아일랜드로의 귀속 여부를 주민의 의사에 맡기기로 하는 내용이었다.

1998년 성 금요일 협정Good Friday Agreement으로 무장해제가 이뤄지고 북아일랜드 의회가 구성되었다. 그리고 2007년 5월 북아일랜드 자치정부가 수립되었다.

1997년 5월, 토니 블레어는 총리 취임 후 첫 방문으로 아일랜드를 찾아 대기근의 고통을 외면한 데 대하여 사과했다.[1] 그리고 화해의 걸림돌이 되고 있던 '피의 일요일Blood Sunday' 사건의 전면 재조사를 지시했다. 2010년 6월 15일에 발표된 조사보고서Bloody Sunday Inquiry는 사전 경고 없는 영국군의 발포로 유혈사태가 발생하였고, 시위대가 무장을 하고 있었다는 당초의 보고가 사실이 아니었다는 것이 밝혀졌다. 후임 총리 데이비드 캐머런은 그날로 발포가 정당화될 수 없는 일이라며 공식 사과하였다.

1998년 11월 11일, 제1차 세계대전 80주년을 맞아 엘리자베스 2세는 벨기에에서 열린 '아일랜드 평화의 탑Island of Ireland Peace Tower' 제막식에 참석하여 아일랜드 군인들의 희생에 깊은 사의를 표했다. 아일랜드 대통령 메리 매컬리스Mary McAleese와 벨기에 국왕 앨버트 2세Albert II가 함께한 자리였다. 1차 대전 때 아일랜드 병사들은 영국군의 일원으로 참전하여 벨기에 전역에서 큰 희생을 입었다.

2011년 5월 17일, 엘리자베스 2세의 아일랜드 첫 방문이 이루어졌다. 영국군의 학살 행위에 사과하고 아일랜드의 자유를 위하여 싸우다가 죽은 사람들에게 조의를 표하는 것으로부터 방문 일정이 시작되었다. 더블린의 기억의 정원Garden of Remembrance에서 매컬리스 대통령과 나란히 헌화했다. 영국의 국가God Save The Queen가 처음으로 연주되었고 '기억의 정원' 벽면에 새겨진 〈비전을 보았다We Saw A Vision〉라는 시가 낭송되었다.[2]

우리는 비전을 보았다.

절망의 암흑 속에서 우리는 비전을 보았다.

우리가 붙인 희망의 불은 꺼지지 않았다.

실의의 사막에서도 우리는 비전을 보았다.

우리는 용기의 나무를 심었고 꽃을 피웠다.

속박의 겨울에도 우리는 비전을 보았다.

우리는 얼어붙은 눈을 녹였고 부활의 강이 흘렀다.

우리는 강에서 백조처럼 헤엄치는 비전을 보냈다.

비전은 현실이 되었다. 겨울은 여름이 되었다. 속박은 자유가 되었다.

우리는 그대들에게 우리의 유산을 남겼다.

자유의 세대들은 우리를 기억하리라, 비전의 세대들을.

그것은 과거사의 정리와 화해를 통한 새로운 시대의 개막을 알리는 첫 발걸음이었다. 엘리자베스 2세는 2012년 6월, 북아일랜드를 방문하여 화해의 노력을 이어갔다.[3] 그리고 2014년 4월의 윈저성 회합은 영국과 아일랜드의 화해를 최종적으로 확인하는 자리였다. 길게는 750년의 지배, 짧게는 200년의 강제 병합으로 인한 갈등과 반목을 끝내기로 하는 순간이었다.

과거를 기억할 것이지만 더 이상 과거가 미래를 망치게 놔두지 않을 것입니다. 이것이 우리 후세에게 줄 수 있는 가장 위대한 선물입니다.[4]

엘리자베스 2세의 만찬사에 히긴스 대통령은 이렇게 답했다.

두 나라의 평화 정착 과정에 무한한 자부심을 느낍니다. 물론 아직도 가야 할 길이 멉니다. 그 길은 영속적이며 창조적인 화해의 길이 될 것입니다.[5]

아일랜드 민요 몰리 말론Molly Malone은 그날 밤 연회의 절정이었다. 몰리 말론은 아일랜드 전래 동화에 나오는 여성이다. 열병에 걸려 죽은 후 유령이 되어 수레를 밀고 다니는 생선 장수의 모습은 17세기 영국의 지배하에서 신음하는 민중의 고통을 상징하는 것이었다. 1988년 더블린 시 당국은 몰리 말론의 사망일을 1699년 6월 13일로 확정하고 그날을 몰리 말론 기념일로 선포하였다.

그녀는 열병에 걸려 죽었다오.

아무도 그녀를 구할 수 없었다오.

그것이 상냥한 몰리 말론의 마지막.

그녀의 영혼은 손수레를 끌고,

넓은 길 좁은 길을 누비고 다니며 외치네.

새조개와 홍합을 사세요. 싱싱해요, 싱싱해, 오!

아일랜드 저항의 노래가 영국의 심장부에서 울려 퍼졌다는 것은 침략과 지배로 점철되었던 한 시대의 종언을 고하고 새로운 시대를 알리는 것을 의미했다. 그것은 또한 고해성사와 같은 것이었다. 그 자리에는 마틴 맥기네스James Martin P. McGuinness 북아일랜드 행정부 제1부장관도 있었다.[6] "미래가 과거에 저당잡혀서는 안 된다"라는 여왕의 건배사에 고개 숙여 예의를 표했다고 한다.[7]

맥기네스는 1972년, 스물한 살에 아일랜드 공화국군의 부사령관이 되어 '피의 일요일'에 참가하였고, 임시공화군Provisional IRA의 북아일랜드 총사령관을 지낸 인물이다. 공화군의 무장 해제와 평화협정을 주도함으로써 "총알이 아닌 투표로 평화를 찾았다"라는 평가를 받는다.

수난이 시작되다

아일랜드인은 기원전 3세기 중부 유럽으로부터 이동해 온 켈트족을 모태로 하고 있다. 5세기경 전파된 가톨릭과 켈트문화가 결합하여 독특한 신앙으로 발전했다. 8세기 말 북유럽 바이킹이 침입하여 더블린에 소왕국을 세웠지만 오래가지 못했다.

1066년 노르망디 공작 윌리엄이 잉글랜드를 침공하여 노르만 왕조를 세운 후 아일랜드는 위험해졌다. 1171년 헨리 2세의 더블린 점령을 시작으로 아일랜드는 무려 750년간 영국의 지배를 받았다. 16세기 영국과 스페인의 경쟁, 그리고 종교개혁은 그들에게 큰 고통을 강요했다.

헨리 8세에 이은 엘리자베스 1세의 강압적 통치에 견디지 못한 아일랜드 지배층은 1592년 스페인의 지원을 받아 무장 봉기에 나섰다. 그러나 9년에 걸친 투쟁은 킨세일 전투Battle of Kinsale의 패배로 끝나고 말았다. 그때 아일랜드 지배층을 형성하고 있던 사람들은 주로 잉글랜드에서 건너온 앵글로 색슨 계통이었다.

1653년 왕당파를 물리치고 영국의 호국경에 오른 올리버 크롬웰은 아일랜드 가톨릭교도 6000여 명을 학살하고 전체 토지의 4분의 1을 몰수하는 등으로 아일랜드를 황폐화하다시피 했다.

1690년 아일랜드 가톨릭 세력은 영국에서 축출된 제임스 2세와 합세하여 윌리엄 3세(네덜란드 빌렘 3세)에 대항하였지만 보인 전투 Battle of Boyne에서 패배하고 남은 병사 1만 4000여 명이 아일랜드를 떠나야 했다. 1695년 영국은 형법Penal Laws을 제정하여 가톨릭교도들을 말살하다시피 했다. 토지, 공직, 언어, 교육, 문화, 결혼 등에 족쇄가 씌워졌다. 18세기 후반 가톨릭교도의 소유 토지는 5퍼센

트로 줄어들어 대다수 소작인으로 전락하였다.[8]

아이리시 연합

미국 독립과 프랑스 혁명은 희망의 불씨가 되었다. 1791년 종파간의 갈등과 분열을 극복하고 하나의 나라를 만들기 위한 민족운동의 일환으로 아이리시 연합United Irishmen이 창설되었다. 울프 톤Theobald Wolfe Tone은 프랑스와 협력하여 영국군을 몰아내려고 하였다. 그는 프랑스 위그노의 후손이었다. 1796년 1만 4000명의 병력을 실은 프랑스 함대가 들어왔지만 짙은 안개로 상륙하지 못하고 되돌아갔다.

1798년 대규모 무장 봉기가 발생하자 다시 프랑스로 건너가 함대와 함께 들어왔지만 영국군에 패퇴하고 말았다. 체포된 울프 톤은 사형 선고를 받았지만 집행 전에 자살하였고, 부상을 입고 체포된 또 다른 지도자 에드워드 피츠제럴드Edward Fitzgerald는 옥중에서 죽었다.

1798년의 봉기는 로버트 조이스Robert D. Joyes의 '보리밭을 흔드는 바람The Wind That Shakes The Barley'으로 부활한다. 아일랜드 동남부 웩스포드Wexford에 사는 한 청년의 가슴 아픈 사랑을 소재로 쓴 노래다. 청년은 외세의 사슬에 묶인 조국의 현실에 눈뜨면서 오래된 사랑과 새로운 사랑 사이에서 갈등하지만 더 큰 사랑을 위해 골짜기로 들어가 영국군과 싸우기로 한다. 두 연인은 골짜기 초입에서 부둥켜안고 눈물로 이별한다. 그때 숲속에서 날아온 총알을 맞고 연인이 청년의 품에서 숨을 거둔다.

청년은 아이리시 연합에 들어가 1798년 5월, 아우라트 할로우 Oulart Hollow에서 승리한다. 하지만 연인의 무덤가를 서성이며 보리밭을 흔드는 바람 소리를 들을 때마다 미어지는 가슴으로 슬픔에 잠긴다.

초록색 골짜기에 앉아 있었네,

나의 진실한 사랑과 함께.

내 슬픈 마음은 둘 사이에서 싸우고 있었네,

오래된 사랑과 새로운 사랑 사이에서.

그녀와의 오래된 사랑,

소중한 아일랜드를 위한 새로운 사랑.

그 사이 골짜기 아래로 미풍이 불어와

황금빛 보리밭을 흔들었네.[9]

'보리밭'은 아일랜드 사람들의 강인한 민족정신을 상징한다. 1789년 봉기 때 많은 까까머리 소년들croppy boys이 체포되어 처형된 후 집단 매장되었다. 몇 년 후 그곳은 보리밭으로 변해 있었다. 식량으로 지니고 있던 보리와 귀리에서 싹이 돋아났던 것이다.

'해방자' 다니엘 오코넬

무장 봉기에 당황한 영국은 1800년 아일랜드 내 신교도 세력의 보호를 명분으로 연합법Acts of Union을 제정하여 아일랜드를 병합하였다. 그 암울했던 시대, '아일랜드의 해방자'가 나타났다. 북아일랜드의 가톨릭 명문가 출신 변호사 다니엘 오코넬Daniel O'Connell이다. 1813년 가톨릭협회를 창설하여 저항운동에 참가하였고, 1828년 하원 의원에 당선되었다. 가톨릭교도가 어떻게 의회에 입성할 수 있었는가? 가톨릭교도에게 피선거권이 주어진 첫 번째 선거였다.

하원에 출석한 오코넬은 의석에 앉을 수 없었다. 영국 왕실에 대한 충성 선서를 거부하였기 때문이다. 당시 수상은 워털루의 영웅 웰링턴 공작Duke of Wellington이었다. 웰링턴은 오코넬이 의석에 앉지 못하는 상황이 계속될 경우 가톨릭교도가 절대 다수를 차지하고 있는 아일랜드의 반란을 불러올 수 있다고 판단하고 입법적 해결 방안을 모색했다. 웰링턴은 식민지 더블린 출신이었고, 워털루 전투의 영국군 2만 6000명 가운데 3할이 아일랜드 병사였다.

1829년 가톨릭교도 해방법Act of Catholic Emancipation이 제정되었다. 그러나 소급 적용되지 않았기 때문에 충성 선서를 받아들이지 않는 한 재선거를 할 수밖에 없었다. 오코넬은 재선거에서 당당히 당선되었고, 충성 선서를 하지 않고 하원 의석에 앉은 첫 번째 인물이 되었다. 조지 4세는 "웰링턴은 영국의 왕이고, 오코넬은 아일랜드의 왕이며, 나는 윈저성의 학장이다"라는 말로 불만을 표시했다고 한다.

오코넬은 1830년 철회협회Repeal Association를 조직하여 영국-아일랜드 합병 철회 운동에 나서는 한편, 아일랜드 의회 구성과 자치권을 보장받기 위하여 노력하였다. 그러나 1840년 대규모 집회를 계획했다가 영국에 굴복하여 취소함으로써 영향력을 잃었다.[10] 그날의 집회는 10만여 명이 운집할 것으로 예상되었기 때문에 '몬스터 집회 Monster Meeting'라는 이름이 붙었다. 집회를 취소한 것은 대규모 집회가 자칫 영국의 물리적 개입을 불러올 수도 있다는 우려 때문이었지만 거세게 타오른 대중의 욕구를 달래기는 어려웠다.

청년 아일랜드와 '검의 연설'

그 시기, 주간지 《국민The Nation》이 창간되어 시민들 사이에 민족의식이 고조되고 있었다. 오코넬에 실망한 청년 지식인들은 토마스 데이비스Thomas Davis를 중심으로 1842년 '청년 아일랜드Young Ireland'를 조직했다. 1846년 7월, 23세 청년 토마스 머허는 유명한 '검의 연설'로 오코넬과 그 지지자들을 몰아붙였다.

그의 연설은 '평화로운 해결이냐, 아니면 물리적 힘이냐'의 선택에 중요한 논거를 제공했다. 머허는 도덕적, 평화적 수단이 우선시되어야 한다는 것에 동의하면서도 그것이 달성되지 않을 경우에 물리적 힘의 사용이 담보되어야 한다고 주장하였다. 요컨대 평화적 해결안이 관철되지 않을 경우에 위험하고 덜 명예스러운 방법이지만 물리적 힘의 사용이 불가피하다는 주장이었다.

> 방어를 위해서든, 아니면 국가의 자유를 위해서든, 검을 신성한 무기로 간주합니다. 그것이 때때로 압제자의 수의를 대제사장의 거룩한 봉처럼 붉게 물들였더라면, 자유인의 이마를 장식하는 꽃으로 자주 피어났을 것입니다.[11]

"어쩔 수 없는 전쟁은 정의로운 전쟁이며, 무력 이외에 그 어떤 희망도 없을 때 무력 또한 신성한 것이 된다"라고 말한 16세기 초 니콜라 마키아벨리《군주론》의 한 대목이 떠오르는 장면이다.[12]

'청년 아일랜드'는 프랑스에서 '1848년 혁명'이 일어나자 윌리엄 오브라이언William S. O'Brien의 주도로 봉기하였지만 실패로 돌아갔다. 오브라이언과 머허를 비롯한 지도자들에게 사형을 포함한 중형이 선고되었지만 여론을 의식한 당국의 조치로 유형流刑으로 감형되어 오스트레일리아 태즈메이니아 섬에 추방되었다.[13] 그렇지만 그들이 올린 기치는 아일랜드 공화주의 형제단Irish Republican Brotherhood과 아일랜드 공화국군의 조직으로 이어졌다.

대기근의 비극

아일랜드는 1845년에서 1851년까지 감자 잎마름병으로 인하여 초래된 대기근과 전염병으로 600만 명의 인구 중 100만 명이 죽고, 100만 명이 국외로 이주하였다. 이민선은 도중에 죽는 사람이 많아서 관선棺船, Coffin Ship이라는 별명이 붙었다.[14]

아일랜드 서남단에 위치한 코크Cork 카운티는 마이클 콜린스, 테렌스 맥스위니, 패트릭 피어스, 토마스 매커튼, 토마스 켄터, 리암 린치 등 독립운동 지도자들의 고향이자 성지와 같은 곳이다. 코크 최남단의 코브Cobh 항은 이민의 슬픔을 간직한 곳이다. 전체 이민자 650만 명 중 250만 명이 그곳에서 떠났다고 한다.

이민자로 벅적거리던 시기에 잠시 그곳에 들어갔던 한인들이 있었다. 1896년 러시아 니콜라이 2세의 대관식 참석차 유럽을 여행하던 민영환 일행이다. 다음은 그의 여행기《해천추범》에 나오는 내용이다.

> 11시에 승객이 있어서 잠시 킨스타운 땅에 정박하였다. 옛 아일랜드의 항구인데 이 나라는 수백 년 전에 스스로 주장하여 영국에 합병되었다.[15]

코브는 빅토리아 여왕의 땅, 퀸스타운Queenstown으로 불리던 곳이었다. 그에 앞서 아일랜드를 최초로 방문한 한인은《서유견문》을 쓴 유길준이었다. 1885년 더블린을 여행하고 "주민 가운데 비천하고 가난한 무산층이 아주 많아서 도시의 아름다운 모습을 더럽히고 있다"라는 여행기를 남겼다.[16] 유길준도, 민영환도 아일랜드의 사정을 정확하게 알지 못했던 것 같다. 그때 아일랜드는 영국에 강제 합병되어 고초를 겪고 있었다. 두 사람은 조선의 운명이 그렇게 되리라고는 생각하지 못했을 것이다.

이민자들이 떠난 코브 항에는 아일랜드 국기와 함께 미국, 캐나다, 호주, 뉴질랜드의 국기가 게양돼 있다. 이민자들이 살고 있는 지역을 가리킨다. 아일랜드 해외 동포는 7000만 명 내지 9000만 명, 본토 인구 470만 명의 약 20배나 된다. 미국의 약 11퍼센트, 호주의 30퍼센트, 뉴질랜드의 15퍼센트, 캐나다의 13퍼센트를 차지하고 있다.

미국의 아일랜드계 인구는 3352만 명으로 전역에 걸쳐 분포하고 있지만 보스턴, 뉴욕, 시카고, 필라델피아의 거주 비율이 특히 높다. 매사추세츠주의 경우는 인구의 4분의 1을 차지하고 있을 정도이다. 아일랜드 이민자 중에는 정치인, 관료, 대법관, 군인, 사업가, 문화예술인 등으로 성공한 사람들이 매우 많다.[17] 독립선언문 서명자 56명 가운데 8명이 아일랜드계였고, 앤드루 존슨Andrew Johnson, 존 F. 케네디John F. Kennedy, 로널드 레이건Ronald W. Reagan, 조 바이든 Joe Biden 등의 대통령이 나오기도 했다.[18]

코브 항은 타이태닉호의 마지막 기항지였다. 영국의 사우샘프턴을 출발하여 코브 항에서 123명의 이민자를 태우고 뉴욕으로 향했다. 3등석 승객이었던 그들은 7할이 사망하거나 실종되었다. 코브 헤리티지 센터Cobh Heritage Centre와 타이타닉 체험관Titanic Experience Cobh은 대기근, 이민, 타이태닉호, 루시타니아호[19] 침몰 사건 등에서 겪은 고난과 비극의 역사를 보여 주는 장소이다.

타이타닉 체험관에는 아일랜드 사람들을 울린 슬픈 사연이 있다.[20] 39세의 마가렛 라이스Margaret Rice는 열 살에서 두 살까지 다섯 아들과 함께 타이태닉호에 오른 3등석 승객이었다. 라이스 가족은 미국 워싱턴 주에 거주하던 아일랜드 이민자였다. 남편 윌리엄 라이스는 그레이트 노던Great Northern에서 일하던 중 1910년 엔진 사고로 목숨을 잃었다. 졸지에 남편을 잃은 라이스는 다섯 아이들을 데리고 고향에 돌아왔다. 그리고 다시 미국으로 가기 위해 타이태닉호에 승선하였던 것이다.

"라이스는 두 살 난 아들을 부둥켜안고 있었고, 나머지 네 아들은 엄마의 치맛자락을 붙잡고 있었다." 1912년 4월 15일, 갑판 위에서 목격된 라이스 가족의 마지막 모습이다.

이민자들이 나서다

'런던데리의 노래Londonderry Air'라는 북아일랜드의 민요가 있다. 북아일랜드 제2의 도시, 런던데리에서 유래된 노래로 대기근을 피하여 미국과 캐나다 등지로 이민한 아일랜드인들이 고향을 그리워하며 부른 노래였다. 우리의 아리랑과 마찬가지로 여러 버전이 있지만 '대니 보이Danny Boy'가 가장 잘 알려진 노래다. "나는 맑은 날도 흐린 날도 여기서 너를 기다리고 있다"라는 구절에는 전장에 나간 아들에 대한 애절한 그리움이 담겨 있다.

2003년 '런던데리의 노래'는 '유 레이즈 미 업You Raise Me Up'으로 재탄생했다. 노르웨이-아일랜드 듀오 시크릿 가든Secret Garden의 롤프 뢰블란Rolf Løvland이 편곡하고 아일랜드 작가 브렌던 그레이엄Brendan Graham이 가사를 붙인 곡이다. 전 세계에서 120명이 넘는 아티스트들이 앞다퉈 불렀을 정도로 유명한 곡이 되었다. 아일랜드 사람들의 한이 서린 민요가 세계인의 영혼을 위로하고 힘을 주는 노래가 된 것이다.

아일랜드 이민자들은 "빵이 있는 곳이 조국이다"라는 마음을 다지며 미국 사회에 정착하기도 바빴지만 조국을 외면하지 않았다. 1858년 페니언 형제회Fenian Brotherhood를 조직하여 기금을 모으고 채권을 발행하여 독립운동을 후원했다. 페니언 형제회는 같은 해 창설된 아일랜드 공화주의 형제단과 연계하여 활동하였다.

1861년 남북전쟁이 발발하자 아일랜드인과 아일랜드계 미국인 15만 명 내지 20만 명이 참전했다. 북군 15만 명, 남군 4만 명 내외의 인원이 참가한 것으로 추산되고 있다. 그 가운데 장군으로 활약한 사람도 18명이나 된다. 살길을 찾아 이민 온 사람들이 남북군으로 갈라져 적으로 만나는 비극적 상황이 벌어졌다. 그러나 로버트 리 Robert Lee 장군으로부터 "그들만큼 용감한 군인은 없었다"라는 찬사를 들을 만큼 용감했다고 한다.

문예부흥운동

19세기 말 아일랜드 고유의 전통을 되살리고 정체성을 회복하기 위한 문예부흥운동Gaelic Revival이 일어났다. 게일어보존협회, 게일운동협회, 게일문학협회, 게일연맹과 같은 조직이 창설되고 신문과 잡지가 발행되었다. 정치적 독립에 앞서 문화적 정체성의 확보가 더 중요하다는 입장이었다. 사회를 단결시키기 위하여 문화에 의존했던 것은 19세기 유럽의 보편적 흐름이었다.[21]

그에 따라 많은 문필가와 민족주의자들이 등장하여 아일랜드인의 민족적 각성을 촉구했다. '과거를 잊은 가슴과 머리는 천한 침대의 천한 산물일 뿐'이라는 예이츠의 시구처럼 그들은 민족적 정서를 되살리는 것이 굴종의 역사를 끝내는 일이라고 믿었다.[22]

그에 앞선 1878년 스탠디시 오그레이디Standish O'Grady는 '영웅시대Heroic Period'라는 부제가 달린 《아일랜드 역사History of Ireland》를 통하여 신화 속의 영웅들을 불러냈다. 그 가운데 아일랜드의 영웅 쿠훌린Cuchulain이 있다. 아무도 대적할 수 없는 괴력을 지닌 용감하고 고귀한 인물로 그려진 쿠훌린은 아일랜드인의 정체성을 형성하는데 중요한 역할을 하였다.[23] 쿠훌린은 영국의 아서 왕King Arthur과 같은 존재로 각인되었다.

자치법안이 통과되다

아일랜드 자치안이 논의되기 시작했다. 자치를 주장하는 아일랜드 의용군IVF과 자치를 반대하는 신교도 테러조직 얼스터 의용군UVF 사이에 무장 충돌의 위기가 고조되는 가운데, 1914년 자치법안Third Irish Home Rule Bill이 통과되었다. 얼스터 신교도들의 반발 속에 1차 대전이 발발함으로써 자치법의 시행이 연기되었다.

제1차 세계대전

1차 대전 때 아일랜드인 총 20만 명이 영국군, 영연방군, 미군 등으로 참전하여 약 5만 명이 전사했다. 1915년 터키 갈리폴리, 1916년 프랑스의 솜, 1917년 벨기에 플랑드르는 그들의 무덤이 되었다. 군수 공장에 일한 여성 노동자도 5만 8000명이 넘었다. 전쟁의 장기화로 지원자가 급감함에 따라 징병제가 검토되었지만 반발을 우려한 나머지 실행에 옮기지 못했다. 지원자가 급감한 것은 전쟁 초기에 사상자가 속출한 탓도 있지만 1916년 4월의 부활절 봉기가 주된 이유였다. 아일랜드 민족주의자들은 무장 봉기에 나섰고, 독일은 영국을 견제하기 위하여 그것을 부채질하였다.

부활절 봉기

1916년 4월 24일, 비무장 의용군 1600명이 수도 더블린으로 몰려가 중앙우체국 등 주요 건물을 점령했다. 부활절 봉기는 패트릭 피어스Patrick H. Pearse의 공화국 선언으로 정점에 달했지만 영국군의 강제 진압으로 450명이 사망하고 2500명이 부상을 입는 유혈사태로 끝났다. 주동자 77명에게 사형이 선고되었고, 그중 피어스를 포함한 15명의 총살형이 집행되었다. 봉기가 무산된 마지막 순간, 피어스는 이렇게 외쳤다.

> 우리는 죽을 준비가 되어 있으며, 기쁘고 자랑스럽게 죽을 것이다. 당신들은 이 모든 것에 대해 슬퍼하지 마라. 우리는 아일랜드의 명예와 우리 자신의 명예를 지켰다. 지난주 우리의 행동은 아일랜드 역사상 가장 훌륭한 것이었다.[24]

피어스는 북아일랜드의 교사, 시인, 작가, 변호사 등으로서 다재다능한 인물이었다. 시, 소설, 에세이 등으로 게일어 부활 운동에 앞장섰고 아일랜드 의용군Irish Volunteers 총사령관을 맡아 부활절 봉기를 주도하였다. 그는 일찍이 죽을 결심을 하고 있었던 것 같다. 부활절 봉기 전인 1915년 8월, 동료의 장례식에서 이렇게 말했다. "삶은 죽음으로부터 불쑥 생겨나고 살아 있는 국가는 애국심이 강한 자들의 무덤으로부터 불쑥 생겨난다."[25] 소름이 돋을 만큼 결연한 그의 의지는 윌리엄 예이츠William B. Yeats의 시, 〈부활절 1916Easter, 1916〉으로 되살아난다.

희생이 너무 오래되면

가슴을 돌로 만들 수 있는 것.

오, 언제 끝날 것인가?

…

지금 그리고 앞으로 올 날에,

초록색이 입혀지는 곳이라면 어디든지.

변했다, 완전히 변했어.

소름끼치는 아름다움이 탄생했다.

부활절 봉기를 막으려다가 순교한 사람도 있다. '20세기 인권 조사의 아버지'라 불리는 영국 외교관 출신 로저 케이스먼트 경Sir Roger Casement이다. 1904년 벨기에의 레오폴트 2세에 의하여 콩고 자유국에서 자행된 착취 실태를 조사한 보고서Casement Report를 제출한 공로로 기사의 작위를 받았다.

식민지 문제에 관심을 갖게 된 케이스먼트 경은 1913년 외교관을 사직하고 아일랜드 독립운동에 투신했다. 1차 대전이 발발하자 독일의 지원을 모색하던 중 부활절 봉기가 결정되었다는 소식을 접하고 독일의 잠수함을 타고 급히 귀국하였다. 독일의 지원이 없는 봉기는 위험하다고 판단했기 때문이었다. 해안에 상륙하자마자 체포된 그는 영국으로 이송되어 그해 8월, 반역죄로 처형되었다. 다음은 재판정에서 행한 최후 진술이다.

> 아일랜드는 세계 각국으로부터 유죄 판결을 받은 범인처럼 취급되고 있습니다. 이처럼 부자연스러운 운명에 맞서 싸우는 것이 반역이라면 반란군이 된 것이 자랑스럽습니다. 마지막 한 방울까지 나의 피로써 나의 '반역'에 매달릴 것입니다. 저항하지 않고 견뎌 낼 수 없는 노예 상태에 있는 민족에게 반역할 권리가 없다면 나는 옳지 않은 상태로 살아가는 것보다 옳지 않은 방법으로 싸우다 죽는 것이 더 낫다고 확신합니다.[26]

케이스먼트 경은 장문의 진술을 통하여 자신은 "살아 있는 현재의 동료들에 의해서가 아니라 죽은 과거에 대한 두려움에 의하여, 20세기의 문명이 아니라 14세기의 야만에 의하여 시험받고 있다"라고 하며 자신의 처형을 사법살인이라고 주장했다. 그러나 전쟁 중인 상황에서 그 같은 주장이 받아들여지기 어려웠다.

부활절 봉기로 많은 지도자들이 희생되었다. 1차 대전에서의 적극적인 역할을 통하여 발언권을 행사함으로써 자치권법의 시행을 보장받고 독립에 이르는 방법이 있지 않았을까? 오스트레일리아와 뉴질랜드의 길이 바로 그런 것이었다. 그러나 아일랜드의 지정학적 위치는 좀 더 미묘하다. 영국은 아일랜드가 프랑스, 스페인, 독일 등 대륙 국가와 이해를 같이하거나 그 영향력하에 들어가는 것을 우려했

다. 그와 반대로 아일랜드는 스페인, 프랑스, 독일 등의 도움을 받고
자 했다.

임시 정부를 수립하다

부활절 봉기는 아일랜드 사람들의 저항을 결집하는 계기가 되었
다. 신 페인당Sinn Féin[27]이 세를 얻어 1918년 12월 총선거에서 아일
랜드에 배분된 의석 105석 중 73석을 차지하였다. 그들은 런던 의회
에 출석하지 않고 더블린에 아일랜드 공화국의 수립을 선포하고 의
회Dáil Éireann를 구성하여 에이먼 데 벌레라Éamon de Valera를 대통
령으로 선출했다. 영국은 좌시하지 않았고, 1919년 1월, 두 나라 사
이에 전쟁이 일어났다.

아일랜드 독립전쟁Irish War of Independence은 마이클 콜린스
Michael Collins, 리처드 멀케이Richard Mulcahy, 카헐 브루Cathal
Brugha 등이 이끈 아일랜드 공화국군의 주도로 이뤄졌다.[28] 아일랜드
계 미국인과 식민지 자치령으로부터 들어온 자금이 큰 힘이 되었다.

테렌스 맥스위니Terence MacSwiney의 단식 투쟁은 큰 충격을 주
었다. 그는 아일랜드 의용군에서 활동하였고, 게일어 부활 운동의
후원자인 동시에 작가였다. 1916년 부활절 봉기 때 체포되어 옥고를
치룬 후 1920년 코크 시장에 선출되었다. 그리고 독립전쟁 때 아일랜
드 공화국군 코크 제1부대 사령관을 맡았다.

1920년 8월, 체포되어 군법회의에서 2년형을 선고받았다. "내가 살든 죽든 한 달 안에 나는 자유로울 것이다." 단 15분 만에 끝난 재판에서 한 말이다. 영국 남부의 브릭스톤 감옥에 수감된 그는 "나의 석방보다 나의 죽음이 대영제국을 분쇄하는 데 더 큰일을 할 것이라고 확신한다"라며 단식으로 저항했고, 74일 째 되는 날인 1920년 10월 25일 죽음을 맞이했다.[29] 역사상 가장 긴 단식 투쟁으로 기록되었다.

고통을 가하는 사람들이 아니라, 고통을 견뎌내는 사람들이 이길 것이다.[30]

그의 단식 투쟁과 죽음은 피지배 민족에게 큰 충격을 주었다. 런던의 한 음식점 주방에서 접시를 닦던 호치민胡志明은 "그런 사람이 있는 한 그 나라의 국민은 결코 항복하지 않을 것이다"라는 말로 독립운동에 투신하였고, 인도의 간디와 네루도 영향을 받았다고 한다.[31]

영국과 아일랜드는 1921년 7월 휴전에 합의하고 12월 영국-아일랜드 조약Anglo-Irish Treaty을 체결하였다. 영국은 미국을 비롯한 국제사회의 비난 여론을 의식하지 않을 수 없었고, 아일랜드 공화국 또한 더 이상의 전쟁 수행이 어려운 상황이었다. 조약의 핵심 부분은 다음과 같다.

영국군은 아일랜드 대부분 지역에서 철수한다. 아일랜드를 영국의 국왕을 원수로 하는 자치령으로 한다. 아일랜드 자유국(Irish Free State)의 새 의원들은 영국 국왕에게 충성 서약을 해야 한다. 북아일랜드는 조약 발효 후 한 달 이내에 자유국에서 탈퇴할 수 있는 선택권을 갖는다.

1922년 남부 가톨릭 26개 지역은 자치령의 지위를 갖는 아일랜드 자유국Irish Free State·Saorstat Eireann으로 탄생했다. 그러나 북부 신교 얼스터 6개 지역은 영국의 일부로 남았다. 그곳은 스코틀랜드에서 건너온 신교도들이 다수를 차지하고 있었고, 경제적으로 우위에 있었다.

조약은 아일랜드의 갈등과 분열을 불러왔다. 완전한 독립이 주어진 것이 아닌 데다가 북아일랜드가 제외되었기 때문이었다. 데 벌레라의 요청으로 협상에 나섰던 아서 그리피스Arthur Griffith와 마이클 콜린스의 입지는 축소되었다. 상황이 복잡하게 돌아가자 더 벌레라는 조약의 서명을 거부하고 반대파로 돌아섰다. 조약 찬성파와 반대파 사이의 갈등은 내전으로 비화되었다. 내전은 영국의 지원을 받은 자유국의 승리로 끝났다.

그리피스는 작가와 신문사 편집장으로 활동하였고 1905년 신페인당을 창당했다. 자유국 임시정부의 협상 대표를 맡아 영국-아일랜드 조약을 성사시켰지만 내전이 발생한 후 얼마 되지 않아 병사했다.

임시정부 주석과 총사령관을 맡았던 콜린스는 반대파에게 목숨을 잃었다. 공화주의 형제단과 공화국군의 지도자였던 그가 자치령을 수용한 것은 위험한 결단이었다. 공화국군의 대다수가 완전 독립을 요구하며 그의 반대편에 섰다. 내전이 끝난 후 공화국군은 북아일랜드를 포함한 완전 독립을 주장하며 투쟁을 이어가다가 1998년 '성금요일 협정'으로 무장을 해제하고 준군사적 조직으로 남았다.

미국 뉴욕에서 이민자의 아들로 태어난 더 벌레라는 더블린대학교를 졸업하고 교사로 있으면서 게일어 부활 운동에 참가했다. 부활절 봉기로 사형이 선고되었지만 미국 국적자라는 이유로 목숨을 부지할 수 있었다.

1918년 독립 선언과 함께 대통령에 올랐지만, 위에서 보았던 대로 자신이 파견했던 협상 대표단이 합의한 조약의 서명을 거부하고 공직에서 물러났다. 1923년 내전이 끝난 후 수감되었지만 1932년 집권에 성공하여 16년간 총리로 있으면서 새 국가의 기초를 다졌다.[32] 1937년 아일랜드는 자치령의 지위에서 벗어나 완전 독립을 달성하였고, 1949년 영연방에서도 탈퇴했다.

보리밭을 흔드는 바람

두 형제를 통하여 아일랜드 독립전쟁과 내전의 아픔을 그린 영화가 있다. 2006년에 개봉된 〈보리밭을 흔드는 바람〉이다. 앞에서 나왔던 로버트 조이스의 시 제목을 차용한 것이다.

영화는 아일랜드 동남부의 코크, 푸른 잔디 위에서 아일랜드 사람들의 전통 스포츠 헐링hurling이 벌어지는 장면으로부터 시작된다. 앞에서 보았듯이 코크는 아일랜드 독립운동의 상징적 장소다. 시합이 끝난 뒤 형 테디와 동생 데이미언, 그리고 친구들은 즐겁게 마을로 돌아온다. 그런데 갑자기 영국 군인들이 몰려와 공중 집회를 금지하는 법을 위반했다며 총으로 위협하며 몰아붙인다. 금지된 아일랜드어를 사용하며 반항하던 미하일은 건물 안으로 끌려 들어가 폭행을 당하고 죽는다.

그때 아일랜드에서는 고유의 민속과 운동은 물론이고 집회와 게일어 사용도 형법에 의하여 금지돼 있었다. 헐링과 게일축구는 아일랜드 사람들의 국민 스포츠였다. 1884년에 창설된 게일운동협회는 아일랜드 전통체육의 대중화를 통하여 민족의식을 고취하고자 했다.

친구의 죽음에 격분한 테디와 친구들은 아일랜드 공화국군에 참가한다. 의사였던 데이미언은 형의 권유를 뿌리치고 런던으로 가기 위해 기차역으로 향하지만 기관사가 영국군의 수송을 거부하다가 폭행을 당하는 장면을 목격하고 공화국군에 합류한다.

두 형제는 영국군에 체포되지만 아일랜드계 영국 병사의 도움으로 위험에서 벗어난다. 그러나 다른 동료들은 크리스라는 어린 대원의 밀고로 처형된다. 데이미언은 자기 손으로 동생 같은 크리스를 처단하고 죄의식에 휩싸인다. "조국이라는 게 이렇게 할 가치가 있는 것이겠죠?" 자기 위안이며 자기 정당화지만 확신이 없어 보인다. 그 사이 남은 가족들은 영국군에 폭행을 당하고 집이 불태워진다.

1921년 영국과 아일랜드는 자치를 허용하는 내용의 평화 조약을 맺는다. '영국령 아일랜드 자유국'의 지위를 부여하겠다는 것이었다.

조약의 수용 여부를 놓고 형제는 심하게 대립한다. 무장에 필요한 돈을 빌려준 자본가에 대한 처분을 놓고 형제는 갈등한다. 데이미언은 무기를 사기 위하여 자본가를 이용할 수밖에 없다는 형에게 지금부터라도 자본가에 유리한 환경을 고쳐야 한다고 주장한다. 그것은 현실과 이상, 개량과 혁명, 자강과 투쟁 등 국가의 진로를 둘러싼 갈등이었다.

형제의 분열은 아일랜드 내전의 시작을 알린다. 테디는 자치를 받아들이고 자유국 군대의 장교가 되기로 하지만, 데이미언은 완전한 독립을 주장하며 아일랜드 공화국군에 남는다. 1차 대전에 참가했던 제대 군인조차 둘로 갈라져 서로 총을 겨누는 비극적 상황이 전개되었다.

내전의 와중에 데이미언은 무기를 훔쳐내다가 체포된다. 테디는 무기가 있는 곳을 알려 주는 대신에 사랑하는 아내 시네이드와 함께 집으로 돌아가 어릴 적부터 원했던 의사 일을 하라며 동생의 마음을 돌려 보려고 한다. 그러나 데이미언은 "나는 크리스의 심장을 쏘았어. 난 그렇게 했어. 내가 왜 그렇게 했는지 알잖아"라며 거부한다. '보리밭을 흔드는 바람'의 구슬픈 곡조가 흐른다. 죽음을 앞둔 데이미언이 아내에게 마지막 편지를 쓴다.

사랑하는 시네이드, 나는 이 전쟁에 끼어들지 않으려고 했었어. 그런데 참가했어. 이제 그만두려고 해도 그렇게 할 수 없어. 우리는 스스로도 알 수 없는 이상한 존재들이야. … 언젠가 댄(Dan)은 여태까지 내가 투쟁해 온 것에 대해 말한 적이 있지. "무엇에 반대하는지는 알기 쉽지만 무엇을 원하는지 아는 것은 어렵다"라고 했지. … 안녕, 시네이드. 널 사랑해. 항상 사랑할게.

영화의 메시지를 함축한 말로 보인다. 형제와 동료를 죽이면서까지 선택할 만큼 가치가 있는 조국이라면 어떤 나라여야 하는가? 좋은 세상을 만든다는 명분으로 폭력을 정당화할 수 있는가? 그렇게 하면 좋은 세상이 반드시 보장되는가? 모두가 희망이고 가정일 뿐이다. 데이미언은 해답을 얻지 못한다. 다만, 지금까지 자신이 견지해왔던 신념을 버릴 수 없다는 이유로 죽음을 택했을 뿐이다. 실제로 내전 중 반대파 81명이 공식 처형되었다. 영화 속 데이미언의 이야기는 그 하나의 사례일 뿐이다.

피의 일요일

북아일랜드는 얼스터Ulster와 동일시되어 왔다. 전체 9개 지역 가운데 동쪽의 6개 지역은 영국령 북아일랜드, 서쪽의 3개 지역은 아일랜드 공화국에 속한다. 영국령 북아일랜드는 신교도가 3분의 2를, 가톨릭교도가 3분의 1을 차지하고 있다. 다수를 점하고 있던 신교도와 소수의 가톨릭교도 사이에 갈등이 끊이지 않던 곳이다.

1972년 1월 30일, 북아일랜드 런던데리Derry에서 '피의 일요일' 사건이 발생한다. 영국군 낙하산 부대의 발포로 14명이 사망하고 13명이 중상을 입었다. 무장투쟁에 나선 아일랜드 공화국군은 1998년 평화협정이 체결될 때까지 26년간 3600여 명이 목숨을 잃었고 5만여명이 부상을 입었다.

비극적인 사건의 배경에는 북아일랜드의 종교적 갈등이 깔려 있었지만 근본적인 원인은 영국의 식민정책에 있었다. 17세기부터 북아일랜드 지역에 신교도를 이주시켜 아일랜드의 독립을 견제했다. 이주자들은 주로 스코틀랜드 저지대 출신이었다.[33] 1921년 아일랜드의 독립에도 불구하고 북아일랜드가 계속 영국령으로 남은 것도 이해관계가 달랐기 때문이다.

북아일랜드의 수도 벨파스트에는 평화선Peace Line 또는 평화의 장벽Peace Wall이라 불리는 벽이 쳐져 있다. 런던데리 포터타운, 루건 등 다른 도시도 마찬가지다. 1998년 굿 프라이데이 협정Good Friday Agreement으로 신·구교도 사이의 갈등이 가라앉으면서 낮 동안 왕래가 허용되고 있다. 언제든지 충돌이 발생할 수 있다는 뜻이다.

다시 처음으로 돌아가면, 2014년 4월, 영국과 아일랜드 수뇌부의 윈저성 회합으로 북아일랜드 문제가 일단락되었다. 그러나 북아일랜드의 선택이 남아 있다. 정치적 화해와 달리 주민들 사이의 감정의 화해는 쉽지 않을 것이다. 그들을 가로막고 있는 '평화의 벽'은 열릴 수 있을지 여전히 의문으로 남는다. 헌법상 공식 국명은 아일랜드Ireland이지만, 영국은 아일랜드 공화국Republic of Ireland이라는 국명을 쓴다. 북아일랜드를 제외한다는 뜻이다.

아일랜드 삼색기를 다시 보다

1945년에 제정된 아일랜드 국장國章에는 수호성인 성 패트릭St. Patrick을 상징하는 파란색 방패 안에 황금색 하프Harp가 그려져 있다. 기네스 맥주의 로고에서 볼 수 있는 그 하프다. 아일랜드의 역사는 하프 문장과 함께해 왔다. 13세기 이래 아일랜드의 문장이었던 하프는 1541년 아일랜드 국왕에 오른 헨리 8세에 의하여 왕실 문장으로 채택되었다. 1922년 아일랜드 자유국이 수립되면서 하프 문장을 되찾을 수 있었다. 그러나 영국 문장 속 하프는 여전히 남아 있다. 북아일랜드가 영국의 자치령이기 때문이다.

아일랜드의 공식 컬러는 국장의 바탕색인 청색, 패트릭 블루St. Patrick's blue라 불리는 색이다. 그러나 아일랜드 사람들이 가장 좋아하는 색은 초록색으로 사실상 국가를 상징하는 색깔이라 할 수 있다. 초록색은 샴록Shamrock이라는 토끼풀과 관련이 있다.

켈트인은 세계가 하늘과 땅과 바다로 구성된 것처럼, 달이 상현에서 만월로 그리고 하현으로 변하는 것처럼 삼라만상이 모두 3(three)에서 나왔다고 믿었다. 토끼풀은 예로부터 날씨를 미리 알 수 있는 신비한 능력을 가진 식물로 여겨졌다. 성 패트릭은 세 잎 토끼풀로써 삼위일체 교리를 설명했다고 한다. 그 후 토끼풀은 아일랜드의 국화가 되었고, 성 패트릭의 날St. Patrick's Day은 국경일이 되었다.

초록색은 아일랜드 독립운동을 대표하는 컬러였다. 1858년 아일랜드 공화주의 형제단이 초록색 바탕에 황금색 하프가 들어 있는 깃발을 사용한 이래 저항의 기치를 상징하는 색이었다. 미국 남북전쟁 때 아일랜드 여단 중 가장 먼저 창설된 제1연대(뉴욕 제69연대) 또한 그와 비슷한 문장을 사용했다고 한다.

지금의 아일랜드 국기는 삼색기tricolour다. 세로로 3등분된 깃발의 왼쪽은 녹색, 오른쪽은 오렌지색, 그 가운데는 흰색이다. 녹색은 가톨릭교도를, 오렌지색은 신교도를, 그리고 백색은 두 종교 집단 간의 평화를 상징한다.

1848년 아일랜드의 대의에 공감한 프랑스의 한 여성 단체가 가톨릭교도와 신교도의 화해를 희망하며 '청년 아일랜드'의 지도자 토마스 머허에게 선물로 준 깃발에서 유래한 것이라고 한다. 두 종파의 화해 없이는 아일랜드의 독립은 이뤄지기 어렵다는 것을 암시한 것일까? 삼색기는 청년 아일랜드 운동의 깃발이 되었고, 1922년 아일랜드의 국기로 채택되었다. 다음은 삼색기에 대한 머허의 언급이다.

> 중앙에 있는 흰색은 오렌지색과 녹색 사이의 영원한 정전(停戰)을 의미한다. 아일랜드 신교도와 가톨릭교도들은 너그럽고 영웅적인 형제자매로서 손을 꽉 붙잡고 있을 것으로 믿는다.[34]

녹색과 오렌지색은 각각 공화파와 왕당파를 상징하기도 한다. 녹색은 아일랜드의 자연과 관련이 있지만 오렌지색의 유래는 다른 데 있다. 1690년 윌리엄 3세(네덜란드 빌렘 3세)의 보인 전투 승리를 기념하여 아일랜드 왕당파가 오렌지색을 상징으로 사용한 것에서 비롯된 것이라고 한다. 독립 투쟁에 나섰던 사람들과 그 반대편에 섰던 사람들이 국기 속에서 함께하고 있는 셈이다.

게일어 살리기

"국민이 설혹 노예의 처지에 빠지더라도 국어만 잘 지키고 있으면 스스로의 손에 감옥의 열쇠를 쥐고 있는 것이나 다름없다."[35] 1871년 보불 전쟁 때 독일군에 점령된 알자스 주민들에게 프랑스어 사용이 금지되었던 상황을 그린 알퐁스 도데의 단편 《마지막 수업》에 나오는 말이다.

영국 치하의 아일랜드 민족주의 지도자들의 생각도 그와 다르지 않았다. 1916년 부활절 봉기의 지도자 패트릭 피어스는 이렇게 말했다. "언어가 없는 나라는 영혼이 없는 나라다." 독일의 요한 피히테 Johann G. Fichte의 '정신적 국경'이나 독립운동가 박은식의 '국혼國魂'과 다르지 않다. 한 민족의 정체성은 언어에 의하여 결정적으로 좌우된다고 해도 지나친 말이 아닐 것이다.

부활절 봉기의 지도자 패트릭 피어스는 게일연맹이 발행한 신문 《검의 빛An Claidheamh Soluis》의 편집자로 활동한 적이 있었다. 그는 게일어Gaeilge의 회복을 독립의 관건으로 보았고 게일연맹이 창설된 1893년부터 아일랜드 혁명이 시작되었다고 주장했다.[36]

아일랜드는 16세기 중반부터 영어가 공용어가 되면서 게일어 사용 인구가 급격히 감소했다. 게일어 부활을 위한 노력에도 불구하고 영어의 벽을 넘어서지 못하고 있다. 오랜 기간 고유어 사용이 금지되었기 때문이다. 아일랜드는 헌법의 규정에 의하여 게일어를 제1공용어로, 영어를 제2공용어로 하고 있다. 실제에 있어서는 대다수가 영어를 사용하고 있으며, 게일어를 제1공용어로 사용하는 인구는 14만 명에 불과하다.[37]

어딘지 닮은 사람들

아일랜드 섬은 남한의 지도에서 수도권 일부를 제외하면 면적과 모양이 흡사하다. 강원도에 해당하는 부분이 영국령 북아일랜드, 나머지가 아일랜드에 해당하는 것으로 보면 된다. 수도 더블린의 위치는 경상북도 포항과 비슷하고, 호미곶과 같은 곳도 있다. 지정학적 여건은 물론이고 수난과 저항으로 점철된 투쟁의 역사에도 비슷한 부분이 많다. 식민지 시대 인도의 네루는 딸에게 쓴 편지에서 이렇게 말한다.

이 나라는 용감하고 불요불굴한 정신을 가진 나라다. 그래서 영국 제국이 온 힘을 다 기울여도 그 정신을 붕괴시킬 수 없었고, 또 길들여 복종시킬 수도 없었다.(1933.4.28)[38]

코리아에서는 오랫동안 독립을 위한 항쟁이 계속되어 여러 차례 폭발했다. 그 가운데서도 중요한 것은 1919년의 독립 만세 운동이었다. 한민족, 특히 청년 남녀는 우세한 적에 맞서 용감히 투쟁했다.(1932.12.30)[39]

아일랜드와 우리나라는 단기간에 큰 발전을 이룬 점에서도 비슷하다. 우리에게 한강의 기적이 있다면 그들에게는 리피강Liffey의 기적이 있다. 아시아의 용이 있다면 켈트의 호랑이Celtic Tiger가 있다.

아일랜드의 성공은 1987년 찰스 호이 총리의 과감한 개혁에 힘입은 바 컸다. 노사정 대타협을 통하여 노사 관계를 안정시키고 법인세율을 인하하여 외자 유치에 성공한 것이 주효했다. 때마침 유럽공동체EU가 발족되면서 마이크로소프트, 인텔, 애플, 구글, 아이비엠, 화이자 등 다국적 기업의 유럽 본부가 들어섰다. 1990년대 중반 이후 연평균 6~11퍼센트의 고도성장을 기록했다.

아일랜드는 2008년 국제 금융 위기에 따른 경기 침체로 구제 금융을 신청하기도 했지만, 유로존에서 가장 먼저 졸업하고 5~7퍼센트의 높은 성장을 이어갔다. 그 같은 아일랜드의 성장은 '돼지들 중 샛별'이라는 칭찬을 들었다. 돼지들piigs은 포르투갈, 이탈리아, 아일랜드, 그리스, 스페인을 가리킨다.

아일랜드의 1인당 국민소득은 영국을 추월한지 오래됐다. 국제통화기금IMF 2020년 기준, 8만 3850달러(3위) 대 4만 406달러(22위)로 큰 차이를 보이고 있다.[40] 지금도 세계 최고의 성장률을 기록하며 격차를 벌이고 있다. 이것만 보면 이미 영국을 극복한 것처럼 보인다. 영국의 사과를 이끌어낼 수 있었던 것도 그들의 눈부신 발전이 가져온 결과가 아닐까 싶다. 스스로 '세상에서 가장 슬픈 나라'[41]라 자조했던 지난날의 악몽을 떨치고 앞서 나가고 있다.

아일랜드는 1998년을 기점으로 1인당 국민소득이 2만 5000달러를 넘어 근소한 차이로 영국을 앞지르기 시작했다. 2000년 아일랜드가 3만 달러를 넘어섰을 때, 영국은 2만 6000달러 수준이었다. 2003년 영국이 3만 달러를 간신히 넘어섰을 때 아일랜드는 3만 6000달러로 격차를 벌이고 있었다.

공교롭게도 그해 더블린 중심가 오코넬 거리에 '빛의 기념비Monument of Light'라는 120미터 높이의 더블린 첨탑Spire of Dublin이 들어섰다. 그곳은 넬슨 기념비Nelson's Pilar가 있던 자리였다. 국민소득으로 영국을 추월했다는 자신감을 과시하기 위하여 넬슨 기념비를 파괴하고 그 자리에 첨탑을 세웠다는 이야기가 전한다.

국민소득 통계상으로는 그럴듯하지만 사실과 다르다. 넬슨의 기념비는 1966년 과격파에 의하여 파괴되어 공터로 남아 있었다. '파괴된 기념비를 복원할 것인가, 새로운 기념물을 세울 것인가' 논란이 계속되다가 최종적으로 첨탑을 세우는 것으로 결론이 났다고 한다.

근면하고 강인한 반면에, 감정적 성격이 강하고 술과 노래를 좋아하는 등 국민성에서도 비슷한 점이 많다고 한다. 그런 곳에서는 집단 이성이 작동하기 어렵고 타협과 협상의 여지가 적다. 프로이트가 '정신분석을 할 수 없는 사람들'이라고 했다는 말이 있을 정도로 감정의 폭이 크다고 한다. 인구 500만 명의 작은 나라에서 4명의 노벨 문학상 수상자를 배출한 것도 풍부한 감성과 무관하지 않을 것 같다.[42]

그들에게 진 빚

"지금 세계의 대세를 보라. 아일랜드는 영국으로부터 독립하고 인도의 독립은 가까이에 있다. 한국이 일본으로부터 독립한다는 것은 의심의 여지가 없다." 아일랜드인 조지 루이스 쇼George Lewis Shaw가 했다는 말이다. 그는 한민족의 독립운동을 지원해 준 특별한 사람이었다.[43]

쇼는 1900년 경 금광의 회계원으로 한반도에 들어왔다고 한다. 1907년을 전후하여 중국 단둥의 영국 조계에서 무역회사 겸 선박대리점인 이융양행怡隆洋行과 제재소를 운영하면서 큰 부를 축적했다. 이융양행은 중국과 국내를 연결하는 임시정부 교통국의 거점이었고, 무기·자금·서류 등을 운송하거나 보관해 주는 비밀기지였다.

3·1독립만세운동 후 백범 김구와 15명의 독립지사들이 상하이로 망명할 수 있었던 것도 그의 배편을 이용할 수 있었기 때문이었다.[44] 동농 김가진의 상하이 망명 또한 그의 배편을 이용하였고 미수에 그

쳤지만 의친왕 이강의 탈출 계획에도 깊이 개입됐다고 한다.[45] 쇼가 위험을 무릅쓰고 자신의 기선을 이용하여 폭탄을 국내로 반입하고 대원들을 숨겨 주거나 국외로 탈출시키는 등 의열단의 활동을 적극 지원했다는 증언도 있다.[46]

일제의 눈엣가시가 된 그는 1920년 7월, 총독의 직접 지시로 신의주에서 체포되었다. 그의 체포는 외교 문제로 비화되었고 영국 정부의 항의로 수감 4개월 만에 석방되었다. 그 후 일제의 엄혹한 감시와 탄압 속에서도 단둥과 상하이를 오가며 임시정부와 의열단을 비롯한 독립운동 단체에 대한 지원을 포기하지 않았다. 그러나 일제의 파괴 공작을 견디지 못하고 1935년 이융양행의 재산을 처분한 뒤 푸저우福州로 옮겨 석유 판매업에 종사하다가 1943년 11월 사망했다.

쇼는 1880년 푸저우에서 무역업에 종사하던 아일랜드계 영국인 사무엘 루이스 쇼Samuel Lewis Shaw와 일본인 엘렌 오시Ellen Oh'Sea의 사이에서 장남으로 태어났다. 1821년 런던에서 태어난 사무엘 쇼는 어린 시절을 아일랜드 동남부 코크의 삼촌 집에서 보냈다고 한다. 앞에서 보았던 것처럼 코크는 아일랜드 독립의 역사에서 특별한 곳이다. 트라팔가르 해전과 워털루 전투가 끝난 지 얼마 되지 않은 때라 호레이쇼 넬슨을 존경하고 모험을 좋아했다고 한다.

1836년 마카오로 온 사무엘 쇼는 극동의 무역에 종사하다가 1839년부터 1867년까지 선장으로 있으면서 한때 태국 왕의 요트를 몰기도 했다. 중국 푸조우 파고다 아일랜드Pagoda Island에서 해사검정인Marine Surveyor으로 일하다가 1908년 그곳에서 사망하였다.[47]

조지 루이스 쇼의 아내와 둘째 며느리도 일본인이었다. 일본의 영향을 받았을 법도 한 그가 한민족의 독립운동에 깊이 관여한 이유는 무엇일까? 사업상 경쟁 관계로 인하여 반일감정이 있었다고는 하지만 그것이 전부는 아니었을 것이다. 오랜 피지배 민족으로서의 아픔과 깊은 연민이 그를 이끌지 않았을까? 1919년 당시 아일랜드는 영국과 전쟁 중이었다.

님 웨일즈Nym Wales의 《아리랑》은 또 하나의 단서를 제공한다. "그는 일본인을 거의 영국인만큼 싫어하였다. 그래서 큰 위험을 무릅쓰고 조선의 독립운동을 열렬히 지원해 주었다. 조선의 독립을 위해 자신이 희생할 수 있었던 것이 자랑스럽고 기쁘다."[48]

정정화의 《장강일기》에도 그와 비슷한 내용이 나온다. "에이레도 영국의 식민 통치에 대항하여 오래도록 싸워 온 나라이므로 자연히 우리의 독립운동에 깊은 동정을 가졌고 쇼는 여러모로 우리 독립운동가들을 도왔다."[49] 다행히 조지 루이스 쇼의 공헌은 묻히지 않았다. 1963년 독립유공자로 선정되어 건국훈장이 추서追敍되었다.

일제 강점기에 제주도에서 항일의식을 고취하다가 체포되어 옥고를 치룬 세 명의 아일랜드인 신부도 있었다. 패트릭 도슨Patrick Dawson, 孫신부에게는 징역 5년, 토마스 라이언Thomas D. Ryan, 羅신부 그리고 어거스틴 스위니Augustine Sweeney, 徐신부에게는 징역 2년이 선고되었다. 이들도 1999년 독립유공자로 인정되어 건국훈장이 추서되었다.

한국전쟁 때도 아일랜드인 159명이 전사했다. 아일랜드는 유엔에 가입하지 않았기 때문에 영국군 소속의 얼스터 대대Royal Ulser Rifles와 아이리시 기병대Royal Irish Hussar로 참전했다. 미군, 캐나다군, 호주군, 뉴질랜드군 속에도 있었다. 그들은 1951년 1월 해피 밸리 전투Battle of Happy Valley와 1951년 4월 임진강 전투Battle of the Imjin River에서 중공군의 공세를 저지하고 수도 서울을 방어하는 데 큰 힘이 되었다.[50]

2013년 4월, 한국전 참전용사 마크 맥코넬Mark McConnell이 전쟁기념관 경내에서 가진 '아일랜드 참전 기념비' 제막식에서 읊은 추모시Korean Lament의 일부다.[51]

한국의 언덕에 피를 묻어 주오.

우리가 사랑하는 자유의 피.

우리는 영광의 이름으로 영원히 살고

우리의 영혼은 하늘 위에서 편히 쉴 것입니다.

한반도에 처음 온 사람들

처음 한반도에 온 아일랜드인은 누구일까? 1871년 신미양요 때 들어온 미국 해군 장교 휴 맥키Hugh W. Mckee와 네 명의 병사였다.[52] 아시아 함대의 존 로저스 제독John Rodgers은 제너럴셔먼General

Sherman호 사건에 대한 보복과 개항을 목적으로 다섯 척의 군함을 이끌고 강화도 해협으로 들어왔다. 미군은 초지진, 덕진진, 광성진을 차례로 점령하였다. 340명의 조선군은 650명의 미군을 상대로 광성진에서 사투를 벌였다.

어재연 장군을 포함하여 243명이 전사하였고, 미군은 휴 맥키 중위를 포함하여 3명이 전사했다. 드라마 〈미스터 션샤인〉이 보여 주는 신미양요의 한 장면이다.

> 적군은 참패의 와중에도 물러서지 않고 결사항전 중이다. 패배가 뻔해 보이는 상황에서 단 한 명의 탈영병도 없었다. 아군이 압도적인 전력으로 몰아붙임에도 불구하고, 적군은 장군의 깃발 수자기 아래 일어서고 또 일어선다. 창과 칼이 부러진 자는 돌을 던지거나 흙을 뿌려 저항한다. 이토록 처참하고 구슬픈 전투는 처음이다.

이 같은 장면은 존 로저스 제독이 해군장관에게 보낸 보고서에서도 확인된다. '요새 안의 싸움은 필사적이었다. … 그들은 죽을 때까지 싸웠고 마지막 한 명이 쓰러졌을 때 끝났다.'[53] 해병대 장교의 또 다른 보고서에서도 발견된다. '그들은 극히 용맹했다. 한 치의 두려움도 없이 요새 위에서 허리를 드러내면서까지 싸웠다. … 마지막에는 돌을 던지며 저항했다.'[54]

미국에서 신미양요는 '코리아 원정Korean Expedition'으로 기록되었다. 아시아 함대를 창설한 후 첫 번째 전투였다. 첫 원정의 승리를 기넘하여 수병과 해병대원 15명에게 명예훈장Medal of Honor을 수여하였고, 광성진을 '맥키 요새Fort Mckee'라 명명하였다.

1738년 아일랜드 얼스터 런던데리에서 신대륙 펜실베이니아 랭커스터로 이주한 11명의 형제들이 있었다. 그들은 주로 원주민 에이전트와 군인으로 활약하였다. 1891년 휴 맥키의 형 조지 맥키George W. McKee 소령이 쓴《버지니아와 켄터키의 맥키스》를 통하여 가문의 내력과 광성진에서 전사한 휴 맥키의 이야기를 확인할 수 있다.

맥키 가家는 군인 집안이었다. 두 형제의 아버지 윌리엄 맥키 William R. McKee 대령은 멕시코-미국 전쟁Mexican-American War에서 전사했다. 두 형제는 각각 육군사관학교와 해군사관학교를 졸업하고 장교로 복무했다.《버지니아와 켄터키의 맥키스》의 서문에 흥미로운 부분이 있다.

> 책의 표지에 찍힌 '호랑이' 문양은 고(故) 존 로저스 제독이 나의 어머니에게 보내온 코리아 군기에 그려진 엠블럼을 모사한 것이다.[55]

조지 맥키의 설명에 의하면 책 표지에 '호랑이' 문양을 넣은 것은 동생의 피로써 승리한 전투를 기리기 위한 것도 있지만, 조선군의 호랑이 깃발이 매킨토시 부족의 문장 '살쾡이'와 비슷했기 때문이었다.[56] 당시 미군이 승리의 증표로 빼앗아 갔던 어재연 장군의 수자기 帥字旗가 2002년 장기 임대 방식으로 돌아왔다.

맥키 가家의 사람들은 스코틀랜드-아일랜드계 미국인이다. 스코틀랜드에서 맥키Mckees와 매킨토시Macintoshes는 앙숙이었다. 부족 간의 싸움에서 전멸되다시피 한 맥키 사람들은 프랑스로 넘어가 위그노Huguenots와 어울려 살다가 박해를 피하여 네덜란드로 이주하였다. 그러다가 윌리엄 3세(네덜란드 빌렘 3세)의 데리 공성전Siege of Derry에 참가한 것을 계기로 아일랜드에서 살게 되었다고 한다.[57]

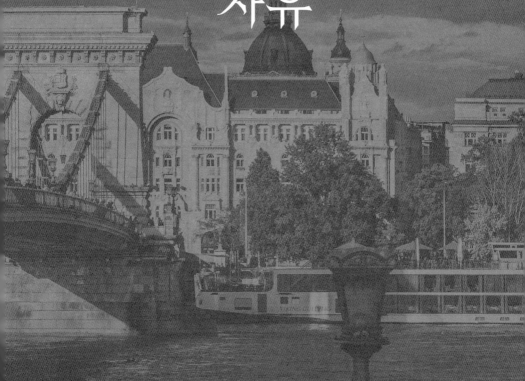

제 **2** 부

도나우강과
볼가강 사이의
자유

유럽사를 바꾼
독립운동 이야기

01

거위의 꿈
진실이 승리한다

체코의 수도 프라하를 흐르는 블타바강 위에는 유럽에서 가장 아름다운 다리로 알려진 카를교(체코어 카렐교)가 있다. 14세기 프라하를 신성로마제국의 수도로 올려놓은 카를 4세(카렐 4세)가 건설을 시작한 다리다. 길이 516미터, 폭 9.5미터, 다리 양옆에는 30개의 성인 조각상이 세워져 있다. 그 가운데 세례 요한St. John Baptist의 동상이 있다. 왼팔로 황금 십자가를 안은 채 오른팔을 들어 어딘가 가리키고 있다. 그의 시선은 구시가지 광장의 얀 후스Jan Hus 군상群像에 머문다.

프라하 구시가지 광장은 늘 여행객으로 붐빈다. 틴 성당, 천문 시계탑, 킨스키 궁전, 구시청사 등 중세 건축물이 즐비하다 보니 얀 후스 군상의 주변은 잠시 쉬어가거나 만남의 장소로 이용되곤 한다. "서로를 사랑하십시오. 모든 이들 앞에서 진실을 부정하지 마십시오." 군상에 새겨진 후스의 말이다. 그가 순교하기 전 옥중에서 프라하의 친구들에게 보낸 편지의 마지막 부분에서 따온 것이라고 한다.

얀 후스

얀 후스는 종교개혁의 역사에서 빼놓을 수 없는 인물이다. 그에 앞서 12세기 말 프랑스의 페트뤼스 발데스Petrus Valdes, 14세기 영국의 존 위클리프John Wycliffe가 있었다. 발데스는 검소와 청빈을 주장하며 복음을 전하다가 로마 가톨릭에 의하여 이단으로 단죄되었다. 발도파Waldenses라 불리는 그의 추종자들은 박해를 피하여 북이탈리아 산속에서 숨어 살다가 종교개혁에 합류한다.

14세기 말 옥스퍼드대학교 교수였던 위클리프는 로마 가톨릭을 비판하고 복음의 중요성을 설파함으로써 교회 개혁에 불씨를 놓았다. 그는 라틴어 성경을 영어로 번역함으로써 로마 가톨릭의 분노를 샀다. 위클리프와 추종자들에게는 롤라드파Lollardy, '헛소리를 지껄이는 놈들'이라는 경멸적 이름이 붙었다.[1] 그러나 그들의 '헛소리'는 종교의 역사를 새로 쓰게 했다.

존 위클리프의 종교 사상은 프라하의 얀 후스에게 큰 영향을 미쳤다. 당시 런던과 프라하는 교류가 빈번하게 이뤄지고 있었다. 보헤미아의 국왕이자 신성로마제국의 황제 카를 4세의 장녀와 영국의 리처드 2세의 혼인으로 왕실 간에 유대가 있었고, 옥스퍼드대학교와 프라하 카렐대학교의 관계도 긴밀했다.

카렐대학교 교수였던 후스는 교회의 최고 권위는 교황이 아니라 그리스도이며 교황의 법이 아니라 성서라고 주장하면서 교황의 무오류성, 고해성사, 독신주의, 면죄부와 성직 매매 등 가톨릭의 부패에 대한 비판을 서슴지 않았다. 또한 철자법을 개혁하고 자국어 성서와 찬송가를 보급하는 등 복음의 전파와 함께 보헤미아의 정체성을 옹호하였다.

1411년 설교가 금지된 후 보헤미아 남부에서 복음 활동을 계속하던 후스는 1414년 11월, 독일 남부의 콘스탄츠에서 개최된 공의회에 소환되었다. 로마 가톨릭은 당초 약속과 달리 그를 수감하고 그의 주장을 부정否定하도록 강요하였다. 그러나 후스는 "인내심과 영원성에 대하여 설교하던 내가 어떻게 거짓말과 거짓 맹세를 할 수 있는가?"라며 받아들이지 않았다.[2] 다음은 1415년 6월, 옥중에서 신앙을 지켜줄 것을 당부하며 프라하 시민들에게 보낸 편지의 마지막 부분이다.

> 하나님의 율법과 성자들의 말씀을 근거로 제가 했던 설교와 썼던 글에 있는 하나님의 진리를 지켜 주십시오. 물론 그렇게 하지는 않았겠지만, 만약 하나님의 진리를 거스른 저의 설교나 글이 있다면, 지키지 말아 주십시오.[3]

얀 후스는 마지막 편지에서 프라하 시민들에게 그가 설교했던 프라하 카렐대학교의 베들레헴 채플Bethlehem Chapel을 사랑해 달라는 부탁을 남겼다. 이름에서 엿볼 수 있는 것처럼 채플은 거대한 성당의 구조와 분위기가 사뭇 달랐다. 권위를 탈피한 소박한 강의실에서 종교개혁의 싹이 돋고 있었던 것이다.

1415년 7월 6일, 얀 후스는 콘스탄츠에서 화형으로 순교했다. 후스는 처형 선고가 내려지자 무릎을 꿇고 이렇게 기도했다. '원수를 위한 기도' 또는 '용서의 기도'라는 이름으로 널리 알려진 기도문이다.

> 주 예수 그리스도여, 위대한 자비로 저들을 용서하여 주시옵소서. 당신께서는 저들이 거짓으로 저를 고발했다는 사실을 알고 계십니다. 부디 무한한 자비로 저들을 용서하여 주시옵소서.[4]

화형대에 불을 붙이기에 앞서 집행관이 마지막 기회를 주겠다며 그의 주장을 철회할 것을 종용하였지만 후스는 신념을 거두지 않았다. "하나님이 증인이다. 나는 거짓 증인이 나에게 덧씌운 것과 같은 내용을 가르치지도, 설교하지도 않았다. 나는 내가 쓰고, 가르치고, 설교한 복음의 진리 속에서 죽을 준비가 되어 있다."[5] 그리고 장작에 불길이 오르자 "살아계신 하나님의 아들, 그리스도는 우리에게 자비를 베풀 것이다"라는 말과 함께 죽음을 맞이하였다.

> 너희는 지금 거위 한 마리를 불태워 죽이지만 100년 후에는 태울 수도, 삶을 수도 없는 백조가 나타날 것이다.[6]

얀 후스의 마지막 말이라고 알려진 또 하나의 버전이다. 훗날 마르틴 루터Martin Luther의 출현을 암시한 것이라는 해석을 낳았다. 하지만 후스가 그런 말을 남겼는지는 정확히 알 수 없다. 다만, 보헤미아어로 '후스'가 거위goose를 뜻하며, 그 스스로도 거위에 비유한 적이 있었다고 한다.[7] 로마 가톨릭의 처사에 반감을 가진 후스주의자들이 후스의 죽음을 거위를 불태워 죽인 것에 비유하면서 강력한 백조의 출현을 염원한 데서 비롯된 이야기가 아닐까 싶다. 루터는 자신을 백조에 비유하기도 했다.[8]

얀 후스의 유골은 라인강에 버려졌다. 성소聖所가 되는 것을 막기 위한 것이었다. 공의회는 후스가 순교하기 직전에 존 위클리프에 대한 단죄를 결행했다. 개혁 사상을 뿌리 뽑기 위한 것이었을까? 1415년 5월, 이미 1384년에 죽은 그에게 성경을 영어로 번역했다는 이유로 이단으로 파문하고 그의 저작들을 소각하며 무덤을 파헤치는 결정을 내렸다. 후스는 공의회의 신문 과정에서 위클리프를 적극 옹호함으로써 더 큰 노여움을 샀다.

후스가 처형된 장소에는 후스 스톤Hus Stone이라는 순교비가 세워져 있다. 매년 7월 6일, 후스와 또 다른 순교자 예로님 프라시스키Jeroným Pražský를 기리는 행사가 열린다. 프라시스키는 1454년 4월, 후스에 앞서 콘스탄츠에 갔다가 체포되어 수감되었다. 영문도 모른 채 1년 가까이 구금되어 있다가 재판에 부쳐졌다.

내가 지금 호소하는 대의는 나만의 것이 아니오. 그것은 많은 사람의 대의이자 그리스도인들의 대의요. 나는 여기서 내 모든 존재를 걸었소. 이 대의는 후손의 권리에 영향을 미칠 것이오.[9]

그는 얀 후스와 존 위클리프를 변호하며 순교자의 길을 갈 준비가 되어 있다고 말했다. 1416년 5월 30일, 콘스탄츠 평의회에 의하여 화형에 처해져 "이 영혼을 불길 속에서 그리스도께 드리나이다"라는 말을 남기고 순교하였다. 그에게는 '프라하의 제롬Jerome of Prague'이라는 이름이 붙었다.[10]

후스 전쟁

후스가 처형된 후, 보헤미아의 귀족 452명이 연명하여 콘스탄츠 공의회에 항의 서한을 보냈다. 그들은 로마 가톨릭의 간섭에 거부감을 가지고 있었다. 후스의 추종자들은 독립된 교회를 창설하여 저항하다가 수감되거나 추방되었고, 후스가 번역한 성서와 찬송가도 불태워졌다.

격분한 후스주의자들은 1419년 7월, 프라하를 점령하고 평의원 일곱 명을 창밖으로 던져 죽게 하였다. 제1차 '프라하 창문 밖 투척 사건Defenestration of Prague'이다. 이 사건을 계기로 급진 타보르파 Taborites[11]와 로마 가톨릭 세력 사이에 후스 전쟁Hussite Wars이 발발한다. 로마 가톨릭은 총동원령을 내려 진압에 나섰지만 1420년부터 1431년까지 여덟 차례 전투에서 모두 패배하였다. 그러나 타보르파는 내전의 발생으로 가톨릭 세력과 온건 우트라크파Utraquist[12]를 동시에 상대하여야만 했다. 1434년 프라하 근교에서 벌어진 리파니 전투Battle of Lipany를 끝으로 타보르파의 저항은 막을 내렸다.

후스 전쟁이 끝난 후, 가톨릭교회와 보헤미아 국왕에 순종하는 대신에 평신도들에게도 빵과 포도주를 나누는 이종성찬utraquism이 허용되었다. 빵과 포도주를 나누는 성만찬은 종교개혁의 역사에서 중요한 의미를 갖는다. 평신도에 대한 이종성찬의 허용은 가톨릭의 화체설transubstantiation에 대한 부정이었고, 사제의 권위와 권력에 대한 도전이기도 했다.

후스 전쟁을 이끈 인물은 얀 지슈카Jan Žižka 장군이었다. 프라하 비트코프 언덕Vítkov Hill에 서 있는 거대한 기마상의 주인공이다. 그는 얀 후스의 신앙을 지키기 위하여 헌신한 종교 지도자이자 불패의 신화를 쓴 군사 지도자였다.

지슈카는 1410년 폴란드-리투아니아 연방과 독일 기사단이 격돌한 타넨베르크 전투Battle of Tannenberg에 참가하여 이름을 알렸다. 후스 전쟁이 일어나자 농기구와 개인용 총기로 농민군을 무장시켜 뛰어난 전술로 8전 8승, 전승을 거두었다. 게다가 후반부 네 차례 전투는 두 눈이 먼 상태였다.[13] 1424년 온건파를 제압하고 평화에 합의한 후 가톨릭 세력을 추격하던 중 전염병에 걸려 숨졌다.

종교개혁

마르틴 루터는 '100년 후의 백조'였을까? 14세기 말, 존 위클리프로부터 시작된 개혁 운동은 얀 후스의 순교와 후스 전쟁을 거쳐 루터로 이어졌다. 종교개혁은 작센 공국의 작은 도시 비텐베르크대학교 교수였던 루터가 교회의 문에 '95개조 의견서Ninety-five Theses'를 붙임으로써 시작되었다. 그의 의견서는 순식간에 독일 전역에 뿌려졌다.

루터의 95개조 의견서는 엄청난 파장을 몰고 왔다. 루터는 1518년의 하이델베르크 논쟁Heidelberg Disputation으로 대중적 지지를 얻을 수 있었다. 1519년, 교황 측 신학자 요한 에크Johann Eck와의 라이프치히 논쟁Leipzig Debate은 그 절정이었다.

노련한 에크는 얀 후스를 언급하며 루터를 함정에 빠뜨리려고 했다. 루터는 점심시간을 이용하여 대학 도서관으로 달려가 후스의 저술을 확인한 후 놀라움을 금치 못하였다. 자신의 주장이 후스의 논지와 다르지 않았던 것이다. "우리는 모두 후스파이다"[14]라는 생각에 이른 루터는 계속된 오후 논쟁에서 후스를 옹호하였고, 교회의 권위가 아니라 성경의 권위에 복종해야 한다는 점을 분명히 하였다.

교황 측은 신성로마제국 카를 5세에게 루터에 대한 개입과 탄압을 요청하였다. 카를 5세는 1521년 3월, 보름스 제국의회를 소집하여 루터의 의견을 듣기로 한다. 루터의 친구들은 콘스탄츠 평의회에 참석했다가 순교한 얀 후스를 거론하며 참석을 만류하였지만 그의 고

집을 꺾을 수 없었다. 훗날 종교개혁의 분수령이 된 최고의 용기였다는 찬사가 주어졌다.

루터는 청문회에서 저술의 내용을 철회하고 타협할 것을 종용받았지만 카를 5세 앞에서 "나의 양심은 하나님의 말씀에 사로잡혀 있다"라며 자신의 주장을 철회하지 않았다. 위험한 자리에서 벗어난 루터는 작센의 선제후 프리드리히 3세의 보호와 후원으로 개혁 운동을 계속할 수 있었다.

1521년 5월, 카를 5세는 '보름스 칙령'을 통하여 루터의 책을 모두 불태우라는 명령을 내린다. 그렇지만 루터는 성경을 독일어로 번역하고 찬송가를 만들어 종교개혁 운동을 이어갔다. 다음은 루터가 지었다는 찬송가 '내 주主는 강한 성城이요'의 첫 소절이다.

내 주는 강한 성이요, 방패와 병기되시니
큰 환란에서 우리를 구하여 내시리로다.

루터의 시대는 그 스스로 밝혔듯이 얀 후스의 시대에 비하면 훨씬 나은 편이었다.[15] 성직자의 전유물이던 성경이 자국어로 번역되고 평신도들에게도 보급되었다. 15세기 구텐베르크 활판 인쇄술이 이를 가속화하였다. 루터의 95개조 의견서가 빠르게 전파된 것도 그 덕분이었다. 루터가 보름스 제국의회에서 살해의 위험을 피할 수 있었던 것도 종교개혁에 대한 대중적 열망과 지지 기반이 있었기 때문이었다. 당시 보름스에는 루터를 지지하는 2만여 명의 시민들이 몰려나왔다고 한다. 얀 후스에게 자행되었던 것과 같은 일은 일어나기 어려운 상황이었다. 루터는 '삶을 수도, 태울 수도 없는 백조'가 되어버렸다.

루터의 종교개혁 운동은 칼뱅과 츠빙글리 등으로 이어졌다. 그들의 공통된 주장은 다섯 솔라Five Sola로 압축될 수 있다. 교황과 성직자가 아니라, '오직 성경과 믿음과 은혜와 그리스도, 그리고 하나님의 영광으로 돌아가자'라는 것이었다.[16] 그것은 존 위클리프와 얀 후스로부터 시작된 개혁 사상에 기초한 것이었다. 지금은 당연한 것이지만 교황과 성직자가 모든 권위와 권력을 독점하고 있었던 때, 프로테스탄트Protestant는 '반항'이나 '헛소리'에 불과했다. 종교개혁의 핵심은 신비주의와 비밀주의를 극복하고 모든 신도들에게 평등한 권리를 보장하는 교회의 민주화와 대중화에 있었다.

1546년 루터가 죽자 카를 5세는 직접 병사들을 이끌고 루터주의자 제거에 나선다. 슈말칼덴 전쟁Schmalkaldic War이다. 그러나 카를 5세의 공세는 실패로 끝났고, 1555년 아우구스부르크 화의Peace of Augsburg가 성립되었다. 그때부터 루터주의자에게도 가톨릭교도와 동등한 권리가 허용되었지만, 영주에게 신앙의 선택권이 주어졌다.

30년 전쟁

종교개혁의 소용돌이 속에 남유럽은 로마 가톨릭이, 북유럽은 신교가 주류를 이뤘다. 1617년 보헤미아·헝가리·독일의 왕 그리고 신성로마제국의 황제에 오른 오스트리아의 페르디난트 2세는 가톨릭 신앙을 강요하였다. 1618년 프라하에 4명의 특사를 보내 신교를 불법화하고 가톨릭으로의 복귀를 명령하였지만 거부되었다. 신교 측 귀족들이 특사 두 명과 비서관을 21미터 높이에서 창밖으로 던져 버리는 '제2차 프라하 창문 밖 투척 사건'이 발생하였다. 유럽을 소용돌이에 빠지게 한 '30년 전쟁Thirty Years War'의 서막이었다.

보헤미아 신교도들은 페르디난트 2세를 배척하고, 신교도인 팔츠의 선제후 프리드리히 5세를 국왕으로 추대하였다. 페르디난트 2세는 보헤미아를 침공하였다. 1620년 11월 프라하 근교의 백산 전투 Battle of White Mountain는 분수령이었다. 보헤미아 왕국은 오스트리아에 병합되었고, 가톨릭을 받아들여야만 했다.

페르디난트 2세가 독일 북부를 침공하자 덴마크-노르웨이 왕국은 독일 내 신교 세력과 영국과 합세하여 대항하였다. 1630년 크리스티안 4세의 덴마크군은 '전쟁 기계'라고 불리는 발렌슈타인Wallenstein 이 이끈 오스트리아군에 대패하였다.

크리스티안 4세를 대신하여 신교 세력을 이끈 인물은 스웨덴의 구스타프 2세였다. 1630년 구스타프 2세가 나서자, 프랑스는 가톨릭 국가였지만 신교 세력을 지원하였다. 오스트리아의 확장을 좌시할 수 없었기 때문이었다. 이 같은 선택에는 종교보다 국가를 우선시한 루이 13세와 명재상 리슐리외Armand Richelieu가 있었다. 프랑스가 루이 14세 치세에서 전성기를 누릴 수 있었던 것도 리슐리외의 뒤를 이은 마자랭Jules Mazarin이 있었기 때문이다. 구스타프 2세는 발렌슈타인을 격파하고, 오스트리아 수도 빈을 향하여 총공세를 폈다. 그러나 1632년 11월, 독일 라이프치히 서남쪽 뤼첸 전투Battle of Lützen에서 식별하기도 어려울 정도의 참혹한 사체로 발견되었다.

30년 전쟁의 후반부는 영토 전쟁의 양상으로 전개되었다. 1648년 베스트팔렌 강화 회의는 유럽의 지도를 확정하였고, 가문이나 종파가 아니라 주권 국가를 단위로 하는 근대 국가의 성립을 가져왔다. 1625년 위고 그로티우스Hugo Grotius가 《전쟁과 평화의 법De jure belli ac pacis》을 저술한 것도 주권 국가 간의 관계를 법률적으로 규정할 필요가 있다고 보았기 때문이었다. 그가 국제법의 아버지로 불리는 이유도 거기에 있다.

1648년 베스트팔렌 조약으로 종교의 자유가 보장될 때까지 엄청난 희생이 있었다. "30년 전쟁으로 750만 명 내지 800만 명에 달하는 사람들이 죽었다. 그리스도교도들이 교회 내부의 불화 과정에서 서로에게 가한 고통이 광신적인 이교도에게 당한 박해보다 훨씬 더 가혹했다는 사실은 인정해야 한다."[17] 에드워드 기번Edward Gibbon 이 《로마제국 쇠망사》에 남긴 글이다.

"3세기에 걸친 모든 박해와 희생자를 다 합친다 해도, 다신교를 믿는 로마인들이 살해한 기독교인은 몇 천 명을 넘지 않았다. 이와 대조적으로, 이후 1500년간 기독교인들은 사랑과 관용의 종교에 대한 조금 다른 해석을 지키기 위해서 다른 기독교인 수백만 명을 학살했다."[18] 유발 하라리Yuval N. Harari의 평가다.

요컨대, 중세 말부터 근세 초기의 종교전쟁에서 발생한 순교자의 수가 로마제국의 그것을 훨씬 능가했다는 것이다. 유럽에서 종교 분쟁이 극심했던 이유는 다른 신앙과 양립할 수 없는 종교적 배타성과 가톨릭 성직자의 강한 세속적 권력과 관련이 있었다.[19]

보헤미안에서 체코인으로

보헤미아 왕국은 서부의 보헤미아와 동부의 모라비아에 걸쳐 있었지만 그 중심부는 보헤미아였다. 그들은 오랫동안 보헤미안Bohemian 으로 불렸다. 보헤미안은 몇 가지 종족적, 문화적 의미가 내포되어 있다. 첫째는 지금의 슬라브계 민족인 체코인이다. 둘째는 15세기 보헤미아에 거주하던 유랑민족Gipsy이다. 셋째는 '일정한 직업이 없이 자유로운 생활을 하는 작가나 예술가'를 지칭한다.

체코인들은 스스로를 보헤미안이라고 여긴 적이 없다. 유럽인들은 집시와 구별하기 위하여 '진짜 보헤미안' 또는 '보헤미아어를 사용하는 보헤미안'이라는 이상한 이름을 붙이기도 했다. 그러다가 20세기에 들어오면서 '체코인Czechs'이라는 이름이 붙었다. 체코의 독립은 보헤미안에서 체코인으로 거듭나는 과정이었다.

체코의 역사는 6세기 경 슬라브인들의 정착으로부터 시작되었다. 7세기 초 사모Samo 왕국이 건설되었지만 30여 년 만에 해체되었다. 830년 보헤미아를 중심으로 대모라비아 왕국Great Moravia이 건설되어 지금의 슬로바키아, 폴란드, 헝가리 일부를 지배하였지만 907년 마자르족의 침입으로 무너졌다.

1198년 프르제미슬 가문의 오타카르 1세에 의하여 세워진 보헤미아 왕국은 오타카르 2세의 치세에 신성로마제국 내에서 가장 강력한 국가로 발전하였다. 황제의 자리를 놓고 합스부르크의 루돌프와 경쟁하였지만 강한 황제의 등장을 꺼린 제후들의 견제로 실패하였다. 1278년 루돌프는 오타카르 2세의 반발을 제압하기 위하여 보헤미아를 공격하였다. 오타카르 2세는 전사하였고, 루돌프는 오스트리아를 차지하였다.

1306년 룩셈부르크 왕가로 이어진 보헤미아 왕국은 카를 4세에 이르러 신성로마제국의 황제에 올라 전성기를 누렸다. 그의 통치 지역은 '보헤미아 왕관령Lands of the Bohemian Crown'이라는 명예로운 이름을 얻었다.

1355년 황제에 즉위한 카를 4세는 대공위大空位 시대와 같은 혼란을 방지하기 위하여 금인칙서Goldene Bulle를 통하여 7인 선제후選帝侯 체제를 확립하고, 아비뇽에 유수되어 있던 교황을 로마로 귀환시킴으로써 황제의 위상을 높였다. 아울러 프라하를 제국의 수도로 삼아 상공업을 육성하고 대학을 설립하는 등으로 유럽의 중심 도시로 발전시켰다.

1378년 카를 4세의 뒤를 이어 황제에 오른 바츨라프 4세는 종교적 갈등을 해소하지 못한 채 제1차 '프라하 창문 밖 투척 사건' 직전에 죽었다. 1419년 바츨라프 4세의 동생 지기스문트 또한 오스만 제국에 대응하기 위하여 보헤미아, 헝가리, 독일의 연합에 골몰하다가 사망하였다. 1526년 보헤미아와 헝가리는 모하치 전투Battle of Mohács의 패배로 오스트리아 합스부르크 제국과 오스만 튀르크의 지배를 받게 되었다.

보헤미아가 종교전쟁의 진원지가 된 이유는 무엇일까? 보헤미아는 이탈리아, 스페인, 프랑스, 신성로마제국 등 가톨릭 세력에 대항하는 중부 유럽 신교 세력의 교두보였다. 1620년 프라하 방어선이 무너지자 위기감이 고조된 덴마크와 스웨덴이 합세하여 방어에 나섰지만 역부족이었다. 그로부터 보헤미아는 1620년부터 1918년까지 오스트리아(오스트리아-헝가리제국)의 지배를 피할 수 없었다.

체코 독립으로 가는 길

19세기 유럽에서의 자유주의 확산은 민족적 자각의 계기가 되었다. 나폴레옹 전쟁의 종결로 성립된 보수주의 빈체제에 대항하여 일어난 1848년 혁명Revolutions of 1848은 민족 부활 운동의 기운을 고조시켰다. 그리고 1866년 프로이센-오스트리아 전쟁Austro-Prussian War에서 그들이 겪은 참혹한 희생은 강렬한 저항 의식으로 나타났다.[20] 체코 부활 운동의 중심적 역할을 한 것은 작가와 음악가였다.

다음은 요세프 이르지 콜라르Josef Jiří Kolář의 시에 베드르지흐 스메타나Bedrich Smetana가 곡을 붙인 '체코 자유의 노래Czech Song of Freedom'의 한 부분이다.[21]

전쟁, 전쟁, 깃발이 날린다.
앞으로, 체코인이여. 하나님이 원하노니,
우리의 권리를 되찾자.
조국과 체코의 영광을 지키자.
조국과 체코의 영광을 지키자!
이것은 조국의 고함이니.
캠프의 노랫소리!
이것은 조국의 고함이니.
캠프의 노랫소리!

작가이자 연극 감독이었던 콜라르는 체코어로 연극을 공연하는 등 부활 운동에 참가하였다. 중간 이름 이르지Jiří는 영어의 조지 George와 같다. 영국 시인 조지 고든 바이런George G. Byron에 대한 존경의 뜻으로 붙인 것이라고 한다.

체코 부활 운동에는 베드르지흐 스메타나, 안토닌 드보르작Antonín Dvorak, 레오시 야나체크Leoš Janáček 등의 국민악파가 있었다. 보헤미아의 전설과 자연 그리고 고유한 역사를 노래한 스메타나의 교향시 〈나의 조국Má vlast〉[22]은 그들의 정체성과 민족적 단결에 큰 영향을 미쳤다. 이 곡은 말년에 청각을 잃은 상태에서 사력을 다해 쓴 곡으로 알려져 있다.

전체 여섯 곡 가운데 후스파 찬송가의 선율을 사용한 제5곡 타보르 Tábor와 마지막 제6곡 블라니크Blaník는 그 절정이다. 타보르에서 한껏 고무된 저항정신은 블라니크에서 체코의 부활을 알린다. 보헤미아 남부의 타보르는 1420년 급진 후스파에 의하여 건설된 군사 도시로 숙영지camp를 의미한다. 타보르는 19세기 중반 체코어 교육을 위한 학교가 처음 세워진 곳이기도 하다.[23] 체코인들의 정신적 지주가 얀 후스였다면, 저항 정신의 진원지는 타보르였다.

체코의 지도자들은 런던과 파리에 정치적 결사체를 만들어 독립을 모색했다. 외교로써 독립한 나라로 알려지고 있지만 사실과 다르다. 연합국과 협력하여 10만 명의 병사들이 러시아를 비롯하여 프랑스, 이탈리아, 세르비아 등지에서 활약하였다.

1914년 러시아 거주 체코인들은 의용군을 만들어 러시아군에서 순찰 임무를 수행하고 있었다. 그러던 중 오스트리아-헝가리 제국에 동원되어 동부전선에서 싸우다가 러시아군에 포로가 되거나 투항한 체코 병사들이 대규모 집단을 이룰 정도로 늘어났다.

러시아는 체코 병사들을 전선에 투입하는 문제에 신중한 입장이었다. 1917년 7월, 체코 병사들은 우크라이나의 즈보로프 전투 Battle of Zborov에서 뛰어난 활약으로 깊은 인상을 남겼다. 마침내 러시아군 수뇌부는 체코슬로바키아 군단(이하 체코군단)을 창설하기로 한다.

1917년 11월, 러시아에서 내전이 발생하고 독일과 단독강화 기미가 보이자 6만여 명의 체코군단은 프랑스로 철수하여 서부전선으로 이동하기로 한다. 하지만 독일군의 저지를 뚫고 직접 이동하기는 어려운 상황이었다. 체코 지도자들은 볼셰비키 당국과 협의하여 시베리아를 횡단하여 블라디보스토크에서 배편으로 이동하기로 한다.

체코군단은 시베리아 횡단 열차에 오르기 직전인 1918년 3월, 바흐마흐 전투Battle of Bakhmach에서 독일군의 공세를 뿌리쳐야 했다. 그해 5월, 시베리아 횡단 열차에 오를 수 있었지만 도중에 볼셰비키 당국에 의하여 무장해제와 체포명령이 내려졌다. 하지만 체코군단은 열차가 지나는 곳곳에서 볼셰비키 적군과 싸움을 벌이면서 주요 거점 도시를 점령하였다.

1918년 7월, 선발대는 블라디보스토크를 장악하고 연합군의 일원이라고 선언하였다. 이에 고무된 연합국은 1918년 7월, 체코군단의 보호를 명분으로 시베리아에 출병하였다. 일본군 7만 명을 포함하여 미국, 영국, 이탈리아, 프랑스군 등 총 7만 7000여 명이었다.

1918년 11월, 해군 제독 알렉산드르 콜차크Alexander V. Kolchak 는 옴스크Omsk의 시베리아 임시정부를 장악하고 볼셰비키 적군에 대항하고 있었다. 한때 모스크바를 향하여 진군하는 등 큰 기세를 올렸지만 옴스크를 내주고 수세에 몰렸다. 1920년 2월, 체코군단은 돌연 볼셰비키 적군과 휴전 협정을 맺고 안전한 귀국을 보장받고 콜차크를 체포하여 넘겨주었다. 러시아 내전은 볼셰비키의 승리로 끝나가고 있었다.

체코군단은 블라디보스토크를 통하여 1920년 3월부터 그해 9월까지 군인 5만 6000여 명을 포함한 총 6만 8000명이 조국으로 귀환하여 신생 체코슬로바키아 군대의 주력이 되었다. 당시 체코군단에는 16명의 한인도 있었는데, 그 가운데 기관총 사단의 사단장도 있었다고 한다.[24]

"시베리아와 러시아의 반을 장악하고 있는 것과 같다." 체코군단이 시베리아를 장악하고 있을 때 토마슈 마사리크Tomáš G. Masaryk가 미국 국무부 장관에게 했다는 말로, 강한 자부심이 묻어난다.[25] 마사리크는 체코군단의 창설과 성공적 철수, 그리고 독립과 국가 건설에 헌신한 체코슬로바키아의 국부로 존경받는 인물이다.

1차 대전 발발 후 체코의 독립을 촉구하다가 국외로 추방된 마사리크는 정치적 결사체를 만들어 연합국과 협력하면서 독립을 인정받으려고 했다. 체코군단의 창설도 그 일환이었다. 1918년 5월, 우드로 윌슨Woodrow Wilson 대통령과 독립 문제를 논의한 후 15만 명의 환영 속에 시카고를 방문하였다. 1902년부터 1907년까지 시카고대학교에서 강의를 했던 곳으로, 체코 이민자들이 가장 많이 거주하는 도시였다.

1918년 11월, 마사리크는 프라하 의회에 의하여 체코슬로바키아 임시정부 대통령에 선출되었다. 그리고 1935년 12월까지 대통령을 맡아 중부 유럽의 모범적인 민주주의 국가로 발전시켰다. 그가 채택한 새 국가의 모토Motto는 얀 후스의 '진실이 승리한다Pravda vítězi'였다.

진실을 찾아라, 진실을 들어라, 진실을 배워라, 진실을 사랑하라, 진실을 붙잡고 죽을 때까지 지켜라.[26]

공산화로 향하다

체코슬로바키아는 국방력을 겸비한 선진 공업국으로 발전하였다. 그러나 2차 대전 발발 직전에 독일군에 점령되었다. 그에 앞선 1938년 9월, 독일·이탈리아·영국·프랑스 4개국은 뮌헨협정Munich Agreement을 체결하였다. 체코슬로바키아 내 독일어를 사용하는 주민들이 살고 있는 슈데티Sudety[27]를 독일에 할양하는 대신에 영토의 안전을 보장하는 내용으로, 영국과 프랑스가 히틀러의 위협에 굴복한 결과였다. 체코슬로바키아와 불가침 조약을 맺고 있던 소련은 협상에 끼지도 못하였고, 영국 수상 체임벌린이 협정서를 흔들며 평화가 왔다고 큰소리를 쳤지만 얼마 지나지 않아 유럽 전체가 절체절명의 위기를 맞이하였다.

뮌헨협정은 상대방의 선의에 기대어 평화를 구한다는 것이 얼마나 위험한 일인가를 여실히 보여 주는 사례로 꼽힌다. "우리 없이, 우리에 대하여 결정할 수 있는가?" 체코슬로바키아는 자신의 영토를 논의하는 자리에서 배제된 채 보헤미아와 모라비아 지방의 38퍼센트, 인구 500만 명을 잃었다.

그로부터 반년 후, 독일은 협정을 무시하고 체코슬로바키아를 침공하였다. 보헤미아와 모라비아 지역을 합병하고 괴뢰정부를 수립하였다. 뮌헨협정은 '뮌헨의 배신Munich Betrayal'이 되고 말았다. 히틀러의 공세는 윌슨 대통령의 민족자결주의를 교묘하게 이용한 것이었다. 체코슬로바키아 내에서 핍박받는 독일인의 요구를 외면할 수 없다는 것이 명분이었다.

성 바츨라프의 나라는 결코 노예 국가가 될 수 없다.[28]

체코슬로바키아 망명정부는 대독 선전 포고와 함께 연합군에 참가하였고, 연합국은 뮌헨협정을 무효화 했다. 체코슬로바키아 내 저항운동을 주도한 것은 공산당이었다. 1945년 소련군이 프라하에 입성하였고, 1948년 2월 공산당 정권이 수립되었다. 1968년 프라하의 봄Prague Spring을 거쳐 1989년 벨벳혁명Velvet Revolution으로 공산당 정권을 무너뜨리고 민주화에 성공했다. 1993년 체코와 슬로바키아로 평화롭게 분리되어 오늘에 이르고 있다.

한국 독립군이 진 빚

체코군단은 블라디보스토크를 떠나기 전 한국 독립군에 무기를 팔았다고 한다. 그게 사실이라면 1920년대 독립군 전투에 체코군단의 무기가 사용되었을 것이다. 다음은 청산리 전투에 참가하고 광복군 참모장을 역임한 철기 이범석 장군의 회고록에 나오는 내용이다.

체코슬로바키아는 오스트리아의 철쇄로부터 해방되어 미, 영, 불의 원조 아래 자유 민주국으로 독립하게 되었다. 이 소식이 전해지자 오스트리아에서 참전하였던 체코슬로바키아인 2개 군단은 동구전선으로부터 시베리아를 경유, 서부에 이르러 연합국과 손을 잡고 싸워서 개선, 귀국하려는 생각을 하게 되었다. 그래서 이들은 시베리아를 가로질러 우랄산맥을 넘어 우라디보스토크(블라디보스토크)에 집결했다. 서쪽으로 떠나는 배를 기다리는 동안 그들은 한국 독립운동의 이야기를 전해 듣고 지난날 그들 자신이 오스트리아 철제 아래 지내온 노예 생활을 회상하여 우리에게 동정심으로 보였다. 마침내 그들은 우라디보스토크의 무기고에 저장한 무기를 우리 북로군정서에 팔게 되었다.

이 매매는 깊은 밤 빽빽한 삼림 속에서 이루어졌다. … 작은 대포, 중기관총, 일제 및 러시아제 소총, 수류탄 등등… 더욱이 적에게 피의 빚을 청산할 80만 발의 탄환까지 끼어서.[29]

한국 독립군과 체코군단의 관계자는 블라디보스토크에서 집중적으로 접촉했던 것으로 보인다.[30] 독립군의 무기 조달은 일본 측의 자료에 의해서도 확인된다.[31] 독립군의 무기 거래와 관련한 또 하나의 증언이 있다. 230명의 북로군정서 대원들이 1920년 7월 22일부터 9월 7일까지 무기를 인수하여 본대로 운반해 오는 데 성공함으로써 청산리 전투 등에서 일본군을 격파할 수 있었다는 것이다.[32]

이들 체코군은 시베리아 철도를 타고 블라디보스토크를 향해 오면서 소지하고 있던 체코제의 우수한 무기를 곳곳에서 팔아먹기 시작하였다. 그런 속에서 한국 독립군 조직들이 체코제 무기를 구입하기 원하자 체코군은 일제의 식민지 통치하에 있던 한국의 입장을 같은 피압박 민족의 처지에서 깊이 이해하여 당시 세계에서 가장 우수하다고 이름이 나 있는 체코제 무기를 한국 독립군에 다량으로 팔았던 것이다.[33]

북로군정서 참모장 조성환이 무기 구입을 위하여 체코군단의 라돌라 가이다Radola Gajda 장군과 접촉했다는 주장이 있지만 근거가 확실하지 않다.[34]

조성환은 체코군단장 가이다 장군과 밀림 속에서 비밀접촉에 성공하였다. … 조성환이 우리의 서러운 일제 식민지 사정을 호소하자 가이다 장군은 체코도 한국과 마찬가지로 독립을 하려는 입장이기 때문에 도와주어야 한다면서, 다만 자기 처지로서는 공개적으로 할 수 없으니 비밀리에 부대의 무기 일부를 넘겨주겠다면서 무기인도를 승낙하고 소요장비 세목을 요구하므로 조성환은 강력한 전술단위로 싸우는 데 필요한 1개 연대분의 세목을 그에게 제시하였다.[35]

일본군은 체코군단의 동향을 주시하고 있었던 모양이다. 러시아 당국이 한인들의 무기 구입을 금지할 수 없다면 일본군이 상황 통제를 위하여 감독하게 될 것이라고 경고했다는 체코 신문 《덴니크Czechoslovak Daily》1920년 3월 7일자 보도를 통하여 확인할 수 있다.[36]

가이다는 1917년 7월 즈보로프 전투에서 활약하고 체코군단의 시베리아 이동을 주도한 청년 장군이었다. 내전에 휘말리지 말고 중립을 지키라는 마사리크의 지침에도 불구하고 볼가 동쪽의 시베리아 철도를 점령하고 볼셰비키 적군赤軍과 싸웠다. 1919년 페름 작전 Perm Operation에서 대승을 거두고 소장으로 진급한 가이다는 '시베리아의 호랑이'라는 별명을 얻었다. 콜차크의 제안으로 잠시 육군 사령관을 맡았다가 해임된 후 1919년 11월 시베리아를 떠나 유럽으로 향했다.

가이다는 귀로에 상하이에 들러 안창호, 여운형, 이광수를 만나 한국의 독립에 대하여 의견을 나눴다. 그 같은 사실은 대한민국 임시정부가 발행한 1920년 1월 13일자 독립신문의 '까이다 장군 방문기'와 박은식의 《한국독립운동지혈사》를 통하여 확인할 수 있다.[37] 가이다가 무엇 때문에 임시정부 인사들을 만났던 것일까? 다음은 독립신문 기사 일부이다.

나의 조국도 수백 년 노예의 치욕을 당하다가 지금 부활하였소. 작년 3월에 귀국이 독립을 선언하고 역사에 유래를 보지 못했던 용기와 애국심을 발휘함을 볼 때에 세계가 다 놀래고 칭찬하였겠지마는 그 중에 가장 깊은 감동을 받은 자는 아마 우리(체크) 국민이었을 것이요. 그때부터 나는 귀국 독립운동의 진전을 동정과 기도로써 주목하였더니 오늘 여기서 한국인을 만나니 얼마나 반가운지 모르겠소. 나는 귀국의 전도를 혁혁한 희망으로 보오. 지금은 비록 일본이 귀국을 압박할지나 세계의 대세는 일본의 군국주의를 용납할 시기가 지났소. 그러니까 귀국민이 통일과 인내와 용전으로써 나아가면 독립을 완성할 날이 멀지 않을 것이요. 나는 가장 친하여야 할 우국의 일인으로 귀국민에게 고하려 하오. 그것은 안으로 굳게 결속하고, 밖으로 힘 있게 선전하여 용장한 최후의 일전을 준비하라 함이요.[38]

인터뷰를 마무리하면서 가이다는 유럽에 가서 필설筆舌로써 한국의 독립운동을 선전하겠다고 말했다. 아울러 "성탄절에 주신 선물은 영원히 기념하고 내 국민에게 자랑하겠다"라는 답례의 말을 덧붙였다. 선물은 임시정부가 체코의 독립을 기념하여 만든 은잔이었다고 한다.[39] 그러나 기사 중에 무기 거래에 관한 내용은 나오지 않는다. 무기 거래는 공공연히 발설할 사항이 못 되었고, 체코군단 지휘부의 일탈행위였다는 추론이 가능하다.[40] 이후 금비녀, 금반지 등 귀중품이 체코슬로바키아 골동품 시장에 나돌았다고 한다.[41]

가이다가 무슨 연유로 대한민국 임시정부 지도자들과 만나게 된 것일까? 그 중심에는 윌슨 대통령의 고문이자 특사였던 찰스 크레인 Charles R. Crane이 있었다. 그는 '민족 자결 선언'이 있은 후 분주히 움직였다. 1918년 11월 말, 윌슨 대통령의 비공식 특사이자 베이징 주재 미국대사 예정자로서 상하이를 방문하였다. 그는 상하이 외교 관협회와 범태평양협회 상하이 지부가 공동 개최한 환영연에서 이렇게 말했다.

> 윌슨 대통령이 독트린 14개조를 제창하였는데 피압박 민족의 해방을 강조하고 있으므로 약소민족으로서는 해방을 도모하기에 절호의 기회가 될 것입니다.[42]

그의 연설에 고무된 몽양 여운형은 연회가 끝난 후 크레인을 만나 파리 강화 회의에 대표단을 보내는 문제를 논의하고 긍정적 답변을 들었다는 것이다. 몽양은 독립청원서 두 통을 작성하여 한 통은 크레인으로 하여금 윌슨 대통령에게 전달하도록 했다. 크레인은 파리강화회의 미국 대표단의 일원이었다. 나머지 한 통은 파리에 대표단 파견이 여의치 않을 것에 대비하여 상하이《밀러드 평론Millard Review》의 발행인 토마스 밀러드Thomas Millard에게 맡겼다고 한다.[43]

몽양은 1919년 1월 하순 경 블라디보스토크를 방문하였다. 파리에 대표단을 파견하기 위해 필요한 제반 사항을 논의한 후 하얼빈에 들렸다가 국내에서 만세 시위가 일어났다는 소식을 접하고 서둘러 상하이로 돌아갔다.[44] 그의 블라디보스토크 방문에는 알려지지 않은 또 다른 이야기가 전한다. 그가 크레인의 조언에 따라 블라디보스토크를 방문하였고, 가이다 장군을 만나 약소민족의 독립 문제를 논의하고 지원을 요청하였다는 것이다. 가이다 장군은 안전한 귀로를 위하여 부관 요셉 한츠Josef Hanč를 열차편에 동행하도록 했다고 한다.[45]

당시 독립신문 기사를 보면 임시정부는 러시아 내전과 체코군단의 움직임에 촉각을 곤두세우고 있었음을 알 수 있다. 체코군단의 무기가 1920년대 한국 독립군에 큰 도움이 되었던 것은 사실로 보인다. 그러나 체코군단의 이동은 일본군의 시베리아 출정의 명분과 기회를 제공하였고, 한국 독립군이 조기에 일본의 대규모 병력과 마주치는 계기가 되었다.

1920년 일본군은 봉오동 전투와 청산리 전투에 대한 보복으로 간도대학살(경신대학살)을 자행하였다. 일본군의 추격을 피하여 국경지대 밀산密山에 집결한 독립군 부대들은 총 3500명 규모의 대한독립군단(총재 서일)을 조직하고 일본군의 지원을 받는 반 볼셰비키 백군을 물리치는 데 협력하는 대신에 독립군 활동에 도움을 받기로 하고 러시아로 넘어갔다.

그러나 1921년 6월 자유시참변自由市慘變으로 많은 독립군 병사들이 볼셰비키 적군에 포위되어 학살되었다. 독립군의 주력은 사실상 와해되었고, 남은 병력은 다시 만주로 이동하여야 했다. 상해파와 이르쿠츠크파 사이의 주도권 다툼이 하나의 원인이 되었다고 하지만, 일본군의 철수를 노린 볼셰비키의 이중 정책이 초래한 비극이었다.

다시 체코군단 이야기로 돌아가 보자. 내전의 발생으로 러시아가 독일과 단독 강화講和할 경우, 독일군의 집중 공세로 서부전선이 위험할 것으로 판단한 연합국은 우랄산맥 일대에 새로운 전선을 구축하기로 한다. 이러한 구상을 적극적으로 환영한 것은 일본이었다. 볼셰비키 적군에 앞서 시베리아를 장악할 수 있는 절호의 기회로 여겼던 것이다.

일본의 야심에 제동을 건 것은 미국이었다.[46] 연합국은 체코군단을 블라디보스토크에서 배편으로 이동시켜 서부전선에 투입하는 방안에 합의하였다. 그리고 체코군단의 보호를 명분으로 시베리아에 출병하였던 것이다. 앞에서 본 대로 그 대부분의 병력이 일본군이었다. 만약 처음 구상대로 동부전선을 대신하는 새로운 전장이 만들어졌다면 일본은 만주에 앞서 시베리아에 괴뢰국을 세웠을지 모른다.

그들이 남긴 더 많은 이야기

독립군과 체코군단의 접촉이 첫 만남은 아니었다.[47] 체코인 첫 방문자는 미국의 유명 잡지 《하퍼스Harper's》의 막스 터블스Max Taubles 기자였다. 1886년 2월 취재차 조선에 입국하였다가 천연두로 사망하여 제물포의 외인묘지에 묻혔다.

1901년에 입국한 요세프 코르젠스키Josef Kořenský는 여행기를 쓰는 전문여행가로, 한국인에 대한 부정적 인상을 남겼다. 그는 명성황후의 장례식 연습 장면을 목격한 사람이기도 하다.

같은 해 입국한 엔리케 브라즈Enrique S. Vráz는 코르젠스키와 달리 우호적이었다. 1910년부터 1921년 사이 미국에 머물고 있을 때 3·1독립만세운동이 일어났다는 소식을 듣고 시카고의 체코어 일간신문 《스보르노스트》에 '한국과 한국인Korea a Korejci'이라는 제목으로 다섯 차례 기고를 했다고 한다. 그의 주장을 간추려 보면 다음과 같다.

> 자신을 보호하고 독립을 쟁취하려는 사람들의 피로 거리가 물들었다. 나는 한국인들에 깊이 공감한다. 일본인들이 자유의 외침을 뿌리 뽑기 위해 칼과 피를 동원하고 있는 와중에 어떤 새로운 소식이 전해질까 걱정스럽다. 한국의 시위가 아무런 결과 없이 머물지 않을 것이며, 일본은 어느 정도의 자치를 허용할 수밖에 없을 것이고, 독립적이고 민족적인 추가 발전의 여지를 얻을 수 있을 것이다.[48]

1926년 한반도를 방문한 이르지 빅토르 다네시Jiří Viktor Daneš도 있다. 한국인의 수난을 체코인이나 다른 슬라브 민족이 겪었던 박해와 동일시하면서 일본의 강압적 지배를 용인한 강대국을 비판하였다.

한국과 한국인에 대한 이런 주장은 우리에겐 낯익다. 지역은 다르지만 얼마 전까지 외세의 굴레를 썼던 우리의 경험이다. 독일과 그들의 우방국이 슬라브 민족에 대해 유사한 정서를 퍼뜨렸고, 서유럽은 이들의 주장을 믿었고, 소수의 사람들을 제외하고는 우리에 대한 비방을 의심하지 않았다. … 한민족의 예속에 대한 유럽 강대국의 태도는 슬라브 민족을 대상으로 저질러진 참혹한 만행에 대한 태도와 동일하다. … 누구도 일본에 반대하는 목소리를 내지 않았고, 1000년 역사를 지닌 한 나라를 노예화하기 위해 일본이 가장 잔인한 수단을 동원할 때도 반대하지 않았다.[49]

바르보라 엘리아쇼바Barbora M. Eliášová라는 여성은 특이한 경력의 소유자였다. 일본 주재 체코슬로바키아 대사관에서 근무한 일본통이었지만 한반도를 여행하고 독립운동을 소재로 소설을 썼다.《한국인 청년 남석》과《순애와 기태-한국 아이들》이다. 1928년 보후밀 포스피쉴Bohumil Pospíšil은 서울에 체류하면서 대중 강연을 통하여 체코슬로바키아가 독립하게 된 역사적 과정을 알림으로써 한국인의 독립의식을 고취하였다.[50]

한국인이 체코의 독립에 관심을 갖게 된 것은 언제였을까? 뜻밖에

윤치호의 일기에서 확인할 수 있다. 그는 몇 차례에 걸친 일기를 통하여 체코의 독립이 오랜 기간의 실력 양성과 국제정치적 역량의 결과였다는 소회를 밝히고 있다. 다음은 1919년 12월 20일의 일기다.

마사리크 교수가 미국에서 선전을 잘해서 체코슬로바키아의 독립을 이끌어냈다고 생각하는 조선인이 더러 있는 모양이다. 이들은 유럽의 정치를 발칵 뒤집어 놓은 세계대전이 없었더라면, 마사리크든 다른 어느 누구든 간에 체코슬로바키아에게 독립을 가져다 주지는 못했을 거라는 사실을 간과하고 있다. 또 체코슬로바키아는 지적으로 일정 수준에 도달해 있었다는 것과 국제 정세를 완벽하게 이용했다는 것을 잘 기억해야 한다.[51]

02

니즈니 노브고로드
상인과 귀족이 손잡다

모스크바의 '붉은 광장Red Square' 주변은 크렘린, 성 바실리 성당, 굼 백화점 등의 볼거리가 많다. 크렘린은 도시의 방어를 목적으로 세워진 성채였다. 12세기에 목조로 건설된 모스크바 크렘린은 타타르의 침입으로 불타 없어졌고, 지금의 크렘린은 15세기 말 이반 3세에 의하여 다시 세워진 것이다.

성 바실리 성당의 아름다움에 취하여 눈여겨보는 사람이 드물지만 성당 바로 앞에는 '미닌과 포자르스키 동상'이 서 있다. 입상立像은 드미트리 포자르스키Dmitry Pozharsky, 좌상坐像은 구즈마 미닌 Kuzma Minin이다.

모스크바 동쪽의 니즈니 노브고로드Nizhny Novgorod에도 같은 동상이 서 있다. 그곳은 모스크바 동쪽 400킬로미터, 볼가강과 오카강이 합류하는 지점에 위치한 오래된 도시다. 인구는 160만 명으로 러시아에서 다섯 번째로 큰 도시다. 크렘린, 알렉산더 넵 스키 성당,

미닌과 포자르스키 동상, 국립은행, 칼로프 계단, 오래된 시장 건물 등의 명소가 있다.

17세기 초 러시아는 심각한 내부적 혼란 속에서 폴란드와 스웨덴의 침공으로 존망의 위기를 맞았다. 러시아를 구한 것은 미닌과 포자르스키의 국민군이었다. 그들은 니즈니 노브고로드에서 출발하여 폴란드–리투아니아 연방 군대(이하 폴란드군)로부터 모스크바를 탈환함으로써 러시아의 기초를 다시 세웠다. 2005년부터 러시아는 미닌과 포자르스키의 봉기를 기념하여 11월 4일을 국민통합의 날Unity Day로 지정하였다.

타타르의 멍에

유라시아 초원지대는 사르마티아, 고트, 훈, 불가르, 이바르, 하자르, 마자르족 등에 의하여 차례로 지배되고 있었다. 이들의 영향으로 헝가리 평원의 슬라브족은 동, 서, 남 세 방향으로 흩어졌다. 동슬라브는 돈강에서 드네프르강 사이에, 서슬라브는 폴란드·체코·슬로베니아 등 동유럽에, 남슬라브는 세르비아·크로아티아·슬로바키아·불가리아 등 발칸 지역에 자리 잡았다.

9세기 경 동슬라브족은 지금의 러시아 서북부 노브고로드와 우크라이나 드네프르강 상류의 키예프에 부족연맹체를 형성하였다. 부족 사이에 분란이 끊이지 않자, 바이킹의 지도자 류리크를 초청하였다. 류리크는 두 부족 사이의 분쟁을 정리하고 862년 노브고로드 공국Duchy of Novgorod의 첫 통치자에 올랐다.

류리크의 후계자 올레크는 지금의 우크라이나 드네프르강 상류로 이동하여 882년 키예프 공국을 수립하였다.[1] 오늘날 러시아, 우크라이나, 벨라루스가 서로 자기들의 역사라고 주장하는 나라다. 키예프 공국은 드네프르강을 통하여 콘스탄티노플에 진출하려는 북유럽의 바이킹과 동슬라브족이 결합하여 수립된 것으로 볼 수 있다.

올레크는 키예프 주변의 부족들을 제압하고 콘스탄티노플을 원정하여 통상조약을 체결하였다. 올레크에 의하여 후계자로 키워진 류리크의 아들 이고리 또한 콘스탄티노플을 원정하여 평화 조약에 합의하고 공물을 챙겼다. 블라디미르 1세는 비잔틴의 황녀 안나와 혼인하고 그리스 정교를 국교로 받아들였다.

키예프 공국은 야로슬라프 1세(1019~1054)의 치세에 전성기를 이뤘다. 처음으로 법전이 편찬되고 성 소피아 성당, 학교, 도서관 등이 세워졌다. 그러나 12세기 초반 내란으로 키예프 공국은 주도권을 상실하고 8개 독립 공국으로 분열되었다. 1240년 키예프는 바투의 몽골군에 완전히 파괴되었고, 1480년까지 킵차크 한국Kipchak Kahnate의 지배하에 있었다.[2] 이른바 역사에서 말하는 타타르의 멍에Mongol-Tatar yoke였다. 타타르의 지배 아래에서 남쪽의 공국들은 '이아르리크iarlik'라고 하는 허가장을 받아 자치권을 행사할 수 있었지만 북쪽의 공국들은 리투아니아 대공국에 흡수되었다. 그 후 키예프를 포함한 드네프르강 유역은 리투아니아-폴란드 연방과 러시아의 각축장이 되었다.

모스크바 대공국

모스크바는 블라디미르-수즈달 공국의 변경 요새였다. 주변 공국에 둘러싸여 있었던 데다가 무역의 중심지라는 지리적 이점으로 상업도시로 성장할 수 있었다. 1283년 블라디미르-수즈달 공국에서 분리, 독립한 모스크바 공국Duchy of Moscow은 이반 3세(1462~1505)에 이르러 키예프 공국 대부분을 병합하고 대공국으로 발전하였다.

1453년 비잔틴 제국이 오스만 튀르크에 멸망하자 마지막 황제 콘스탄티누스 9세의 조카딸과 결혼하고, 그 계승자를 자처하였다. 비잔틴의 '쌍두 독수리' 문장을 가져와 서로마와 동로마를 이은 제3의 로마라고 선언하였고, 이반 대제Ivan the Great, 차르tsar의 칭호가 붙여졌다.

1547년에 즉위한 그의 손자 이반 4세는 '차르'를 공식적으로 사용했다. 모스크바 대공국은 러시아 차르국Tsardom of Russia이 되었다. 이반 4세는 국정의 개혁을 통하여 차르의 권력을 강화하고 마지막 남은 타타르의 보루였던 카잔과 볼가강 하류의 아스트라한을 정복하였다. 모스크바 크렘린의 성 바실리 성당은 그의 치적을 기려 세워

진 것이다. 그러나 뇌제雷帝, Ivan the Terrible라는 별명에서 알 수 있
듯이 광기에 찬 폭정으로 수천 명을 학살하였다. 1598년 그의 아들
표도르 1세가 후사를 남기지 못하고 죽음으로써 류리크 왕조는 사
실상 막을 내렸다.[3]

동란의 시대

러시아는 1598년부터 1613년 로마노프 왕조가 성립될 때까지 15
년간 '동란의 시대Time of Troubles'에 빠진다. 1598년 보리스 고두노
프가 귀족들의 추대로 차르에 올랐지만 농노제를 강화함으로써 반
란이 빈발하였다. 게다가 이반 4세의 아들 드미트리Dmitry Ivanovich
를 참칭하는 자가 나타난다. 세 차례에 걸친 이른바 '가짜 드미트리
False Dmitry 소동'이다.[4] 러시아의 정정은 차르를 차지하려는 귀족들
사이의 다툼으로 극심한 혼란에 빠진다.

폴란드와 스웨덴 그리고 코사크까지 개입하여 혼란을 부채질했다.
폴란드는 가짜를 이용하여 사실상 모스크바를 지배하고 있었고, 러
시아 귀족들은 폴란드에 의탁하여 기득권을 지키려 했다. 귀족들은
지기스문트 3세 바사[5]의 왕자 브와디스와프(훗날 브와디스와프 4세)
의 차르 옹립을 제안하기도 했다.

폴란드-모스크바 전쟁

1605년 폴란드-모스크바 전쟁Polish–Muscovite War이 발발한다. 공식적인 개입을 자제하고 있던 지기스문트 3세 바사는 1609년 러시아와 스웨덴이 동맹을 맺자 국경을 넘어 스몰렌스크를 포위, 공격한다. 당시 권력을 장악하고 있던 차르 바실리 슈이스키(바실리 4세)는 '가짜 드미트리' 세력을 격퇴하기 위하여 스웨덴과 용병 파견 조약을 체결하였다. 스웨덴 용병을 끌어들인 것은 통제가 어려운 의용군에 대한 의존을 피하기 위한 것이었지만 대가의 지급이 문제였다.[6]

폴란드군이 침공하자 '7인 귀족회의'는 브와디스와프를 새 차르로 공포하여 안전을 도모하려고 했다. 하지만 러시아 정교로의 개종을 받아들일 수 없었던 왕자는 차르에 오르지 않았다. 폴란드군의 포위 공격을 받고 있던 스몰렌스크는 624일을 버틴 끝에 1611년 6월 함락되었다.[7] 그 틈을 이용하여 스웨덴군이 모스크바 서북쪽의 벨리키 노보고로드[8]와 핀란드 연안을 점령하였다.

폴란드군은 모스크바로 진격하여 상업 중심지 키타이-고로드에 요새를 세우고 크렘린의 보물과 재산을 강탈하고 학살을 자행하였다. 랴푸노프, 트루베츠코이, 자루츠키 등 삼두체제[9]에 의하여 제1차 의용군이 조직되었지만 잘 무장되고 훈련된 폴란드군을 감당하기 어려웠다.

외우내환의 위기에 내몰린 러시아를 구한 것은 1611년 가을, 미닌과 포자르스키에 의하여 니즈니 노브고로드에서 결성된 제2차 의용군이었다. 그들은 1612년 11월 모스크바에서 폴란드군을 축출하고 미하일 로마노프를 새로운 차르에 선출하였다. 미하일로부터 시작된 로마노프 왕조는 300년간의 통치를 통하여 러시아를 근대국가로 발전시켰다.

미닌과 포자르스키

미닌은 니즈니 노브고로드의 상인, 포자르스키는 백작이었다. 두 사람은 귀족들이 외세에 의존하여 기득권을 유지하기에 급급했던 시기에 사심 없이 봉사하고, 나라를 구한 후 제자리로 돌아갔다. 그들은 러시아 역사에서 몇 가지 중요한 스토리를 남겼다. 니즈니 노브고로드 시민들은 세계 최초로 '금 모으기 운동'에 나선 사람들이었다. 그들이 이끈 병사들은 귀족의 군대가 아닌 최초의 국민군이었다.

오래된 고대 도시에,
영광스럽고 부유한 니즈니에,
한 부유한 시민이 그의 거처를 세웠다.
부유한 시민은 쿠즈마, 수크호루크의 아들.
용감한 청년들을 모아,
용감한 청년들, 니즈니의 상인들,

그리고 그들에게 연설을 했다.

오! 귀를 기울여라. 그대 동지들이여, 니즈니의 상인들이여!

그대들의 집을 위하여,

그들의 아내와 아이들을 버려 두고,

그대들의 금과 은을 팔아서,

그대들을 위하여 날카로운 창을 사라.

날카로운 창, 강철의 칼을.

…

모스크바의 튼튼한 장벽에,

영광의 포자르스키 그의 군대 앞에 발걸음을 멈추고,

용감한 청년들에게 연설을 했다.

오! 귀를 기울여라, 용감한 병사들이여.

용감한 병사들이여, 니즈니의 상인들이여![10]

러시아 서부 오카강 변의 도시 칼루가의 어떤 할머니로부터 채록採錄했다고 알려진 노래의 일부다. 앞부분은 미닌을, 뒷부분은 포자르스키를 칭송하는 내용이다. 1939년 구소련의 흑백영화, 〈미닌과 포자르스키Минин и Пожарский〉를 기초로 역사적 사실과 대조하면서 국민군의 조직과 폴란드군 축출 과정을 복원해 본다.

불타는 모스크바

"말해 줘요, 아름다운 모스크바. 승리의 벌판에 잊힌 비극에 대하여." 영화는 웅장한 합창으로부터 시작된다. 1610년 겨울, 폴란드 군대가 쓸고 간 자리, 두 남자가 불에 타고 연기가 솟는 마을을 돌아본다. 미닌과 그의 동료다. 그들은 모스크바 동쪽의 니즈니 노브고로드에서 육류업에 종사하는 상인들이다. 폴란드 군대가 가까이 오고 있다며 걱정하는 동료와 달리 미닌은 "니즈니 사람인 우리는 총 없이도 폴란드 군대를 놀라게 할 수 있다"라고 말한다.

그들은 시체 더미 속에서 로만이라는 노예를 발견하고 마차에 태운다. 로만은 "사람들을 불러 모아 한방에 폴란드와 스웨덴 놈들을 끝장내야 한다."며 결기를 보인다. 로만은 제3의 주인공, 하층민의 강한 저항 의식을 대변하는 인물이다.

로만은 모스크바 근교의 헛간에 숨어 있다가 포자르스키의 하인 스테판에게 발각된다. 한바탕 뒤엉켜 소란이 벌어진다. "무엇을 하는 사람이냐?" 포자르스키의 물음에 로만은 모스크바로 가서 사람들을 모을 것이라고 말한다. "거짓말이 아니라면 모스크바의 내 집으로 가라. 포자르스키의 집을 찾으면 될 것이다." 포자르스키는 일단 로만을 믿어 보기로 한다.

모스크바 북서부에 위치한 스레텐카 입구의 모습이다. 폴란드 주둔군은 장작을 수거하여 폐기한다. 무기가 없었던 시민들은 장작을 무기삼아 싸웠다. 로만은 검문을 당하지만 무사히 모스크바에 입성한다.

폴란드군은 모스크바를 방어하기 위하여 도시를 불태우기로 한다. 모스크바는 타타르에 의하여 이미 두 차례나 불탄 적이 있었다. 1611년 4월 27일 아침, 폴란드 기마병, 윙드 후사르Winged Husar가 기름뭉치를 단 긴 막대기를 들고 요새에서 나온다. 로만은 그가 말했던 대로 100여 명의 사람들을 모아 포자르스키 앞에 나타난다.

나는 그대들의 사령관이 될 것이다. 그대들은 들었는가? 우리는 폴란드 군대가 도시를 불태우도록 내버려두지 않을 것이다.

요새를 나온 폴란드 기마병이 집집마다 불을 붙인다. 미리 포진하고 있던 포자르스키의 병사들은 자작나무 장작을 던지며 대항한다. 유래를 찾기 힘든 이른바 '장작 전쟁'이다. 기세에 놀란 기병대는 황급히 후퇴하여 요새로 들어간다. 승리에 고무된 포자르스키는 이렇게 말한다.

멋진 친구들이여! 폴란드 군대가 모스크바를 불태우게 내버려두지 말라. 그들은 여기 모인 우리가 전부인 것으로 알고 있다. 모스크바의 여러 곳에서 우리를 도우러 올 것이다. 그들은 좋은 무기를 가지고 있다. 사령관은 트루베츠코이와 랴푸노프다.

선발부대를 이끌고 있던 포자르스키는 트루베츠코이와 랴푸노프의 병사들이 도착하기를 기다리고 있다. 도시 전역에서 불길이 오르는 가운데 포자르스키의 병사들은 폴란드군이 주둔하고 있는 요새로 몰려간다. 하지만 역부족이다. 모스크바 전역이 불타고 많은 희생자가 나온다. 게다가 포자르스키마저 부상을 입고 쓰러진다. 포자르스키는 로만을 불러 무기 공장 뒤에 숨겨 놓은 곡물을 전부 불에 태우라고 지시한다. 폴란드군에 넘어가지 않도록 하기 위한 고육책이었다.

불타는 모스크바로부터 탈출한 시민들과 패잔병들의 행렬이 이어지고 있다. 그 속에는 부상으로 누운 포자르스키, 그의 아내와 시종도 있다. 뒤늦게 달려온 랴푸노프는 "그가 대단히 자랑스럽다. 총독과 같은 행동이다"라고 위로하지만, 포자르스키의 아내는 눈물이 글썽해지며 "당신이 너무 늦었다"라고 원망 투로 말한다.

1611년 6월, 폴란드군의 포위 공격을 받고 있던 스몰렌스크가 함락된다. 도시의 마지막 방어자들은 죽음을 피하지 못했다. 그 와중에 스웨덴군은 벨리키 노브로고드와 그 주변을 장악한다. 부상에서 회복된 포자르스키는 홀로 말을 몰며 생각에 잠긴다. 무척 수척해진 모습이다.

모스크바를 지키지 못했다. 랴푸노프는 좋은 지휘관이었지만 죽었다. 트루베츠코이와 자루츠키만 남았다. 그들은 어디에 있을까? 그들은 티진(Tyzhin)의 총독을 그 자리에 올렸다. … 그들을 믿을 수 없다.

그때 의용군 진영에 분란이 있었다. 잠정적으로 수반을 맡고 있던 랴푸로프가 1611년 8월 자루츠키의 돈 코사크 병사들에 의하여 살해되었다. 자유와 급여를 주겠다는 약속을 파기하고, 코사크를 비하한 것이 원인이 되었다.

국민군의 조직

모스크바에서 살아남은 사람들이 니즈니 노브고로드의 총독에게 몰려가 항의한다. 조용히 앉아 있던 미닌이 단상에 오른다. 모스크바를 되찾아야 한다고 역설하지만 사람들은 "폴란드군은 니즈니까지는 오지 않을 것"이라며 들으려 하지 않는다. "모스크바는 니즈니보다 훨씬 큰 도시지만 함락되었다. 연령과 지위를 불구하고 모든 사람들을 불러내야 한다. 나는 부자가 아니지만 100루블을 낼 수 있다. 그것을 위해 집을 팔겠다"라고 말하며 호소하지만 그들의 마음을 움직이지 못한다.

우리는 반드시 일어서야 한다. 그들의 도시와 집을 위한 것이 아니라, 이 나라의 전체를 위하여 싸워야 한다. 나는 말하고 싶지 않다. 그러나 우리의 슬픔은 말한다. 우리는 결코 폴란드의 속박에서 벗어날 수 없다. 굴욕을 견디는 것만으로 나라를 지켜낼 수는 없다. 우리가 강해지지 않으면 그들에게 어떻게 대항할 것인가? 그들이 주는 부담을 견

더 낼 수는 있다. 그러나 그들은 우리 조국의 주인을 남기지 않을 것이다. 우리 각자 나눠서 싸우자. 상인들은 이것이 최선의 방도라는 것을 안다. 우리를 정복하는 폴란드를 계속 내버려둔다면 다시는 자유로울 수 없다. 우리 아이들은 영원히 노예가 될 것이다. 우리의 뿌리와 언어를 잊게 될 것이다. 노브고로드 시민들이여! 우리는 싸워야 한다. 우리는 거대한 공격을 시작해야 한다. 모든 도시에서 싸울 수 있는 병사들을 모으자. 기꺼이 총을 들고 나설 사람들을 모으자. 그리고 그들에게 말, 무기, 음식을 제공할 수 있도록 하자. 그러기 위해서는 돈이 필요하다. 대장장이, 장인, 고기 장수, 노동자들은 결정했다. 우리는 가진 돈의 3분의 1을 내기로 했다. 우리는 2000루블을 모았다. 적은 돈이다. 폴란드 군대와 싸우기 위해, 몰아내기 위해 우리는 많은 돈이 필요하다. 우리는 무기를 만들기 위한 철이 필요하다. 대포를 만들기 위한 구리와 납과 질산염도 필요하다. 만약 상인들이 돕지 않는다면, 더 많은 사람들이 돕지 않는다면, 아무도 그렇게 하지 않는다면 우리는 조국의 땅을 되찾을 수 없다.

1611년 가을, 니즈니 노브로고드의 크렘린 광장, 수많은 시민들로 가득하다. 미닌의 연설이 이어지고 있다. 연설이 채 끝나기도 전에 한 기독교인이 나선다. 신발 속에서 헝겊에 싼 돈을 꺼내며 이렇게 말한다. "적은 돈이지만 당신에게 내놓겠다. 우리는 죽을 준비가 되어 있다." 그에 자극을 받은 시민들은 이기적이고 인색한 사람, 조국의 배신자가 될 수 없다며 너도나도 돈과 금은, 귀중품, 심지어 구두,

장화, 화병, 카펫까지 내놓는다. 실제로 시민들은 자신이 가진 것의 3분의 1을 내놓았다고 한다.[11]

미닌이 중심이 된 상인 길드는 병사들을 모집하고 무기를 만든다. 러시아 최초의 '국민군'이다. 봉건 귀족, 상인, 농민, 농노까지 참가하여 점점 더 거세게 타올랐고, 포자르스키는 만장일치로 사령관에 선출된다.

폴란드군 진영

지기스문트 3세는 스몰렌스크를 점령한 후 모스크바 공략에 고심한다. 옆에 있던 얀 카롤 호드키에비츠 사령관이 1만 2000명의 병력을 추가로 요청하자 "러시아 귀족들은 나의 보호하에서 먹고살고 있다. 어제 차르 바실리가 파티에 왔었다"라며 귀족들을 잘 이용하라고 말한다.

실제 호드비에비츠는 리투아니아의 대수장Grand Hetman으로 폴란드 기병 윙드 후사르를 이끈 최고의 지휘관이었다. 1605년 라트비아에서 벌어진 키르홀름 전투Battle of Kircholm에서 3600명의 기병으로 단 20분 만에 스웨덴군 1만 1000명을 깨트리는 신화를 쓴 인물이다.

국민군의 출정

1612년 3월, 포자르스키 국민군은 니즈니 노브고로드를 출발하여 볼가강 변의 야로슬라블로 이동한다. 이동하기 전 스웨덴의 왕자를 차르로 옹립하겠다는 제안을 통하여 폴란드와 스웨덴의 동맹 가능성을 차단하고 북방을 보호하는 외교적 전략을 구사했다.[12] 미닌과 포자르스키는 야로슬라블에 주둔하면서 4개월에 걸쳐 병력을 보충하고 훈련을 시킨다.

지기스문트 3세 바사는 포자르스키의 병사들이 볼가강 변에서 야영 중이라는 보고를 받고 "농부들이 믿고 따르는 인물이라면 죽여야 한다"라고 말한다. 포자르스키의 하인 스테판은 주인을 살해하라는 사주를 받는다. "전쟁은 언제나 그랬던 것처럼 폴란드가 이긴다. 그러면 당신은 죽을 수밖에 없다. 당신의 주인이 해 준 것이 무엇이 있나? 그는 고기 장수 미닌에게 영혼을 팔았다." 완강했던 스테판의 마음이 흔들린다. 부츠에서 단도를 꺼내서 본다.

스웨덴 군 복장을 한 지휘관이 대원들과 함께 국민군 진영에 들어와 합류를 청한다. 폴란드군 진영에 있던 그들은 처우에 불만이 있었다. 포자르스키는 "당신들은 모스크바를 불태웠고 많은 사람을 죽였다. 당신들은 우리와 함께 싸울 수 없다. 우리는 도움이 없이도 폴란드군을 방어할 수 있다"라며 단호하게 내친다. 그 순간, 포자르스키에게 접근하는 사람이 있었다. 스테판이 칼로 포자르스키를 찌르려는 순간, 폴란드군의 소식을 전하려고 달려온 로만이 대신 칼을 맞고 쓰러진다. 로만은 호드키에비츠의 폴란드군이 모스크바에 접근하고 있다고 말한다.

포자르스키의 병사들은 흙먼지를 날리며 급히 모스크바로 향한다. 영화에는 짧게 나오지만 200킬로미터를 달려 모스크바 외곽에 진지를 구축한다. 폴란드의 병력은 크렘린에 주둔하고 있던 3000명을 포함하여 1만 5000명이었고, 포자르스키의 국민군은 돈 코사크 2500명을 포함하여 1만여 명이었다. 트루베츠코이의 부대는 모스크바 외곽에서 폴란드군의 진입에 대비하고 있었다.

공격 개시 전날 밤, 폴란드 군대는 강가에서 숙영했다. 호드키에비츠는 크렘린으로 들어갈 수 있는 임시 다리를 놓을 계획을 세우며 이렇게 말한다. "포자르스키는 용감하지만 그 이상은 아니다. 미닌은 고기 장수가 아닌가?" 그들은 국민군을 가볍게 보고 있었다.

1612년 8월, 모스크바의 아침은 짙은 안개에 뒤덮였다. 포자르스키와 미닌은 병사들과 함께 자욱한 안개 속에서 강을 건넌다. "지금처럼 강한 느낌을 받은 적이 없다." 두 사람은 강한 자신감을 내비친다. 대포를 배치하고 총기를 닦으며 전투태세를 갖춘다. 나팔 소리가 울리고 병사들이 집결한다.

폴란드 군대는 어제 크렘린에 들어오려고 했지만 용기가 꺾였다. 어제 그들은 적은 숫자의 병사로 싸웠지만, 오늘 크렘린에 들어온다면 전보다 훨씬 강할 것이다. 그리고 우리 땅에 남을 것이다.

포자르스키의 연설에 병사들이 호응한다.

그들은 들어오지 못할 것입니다! 통과하지 못할 것입니다! 우리는 허용하지 않을 것입니다!

"그들은 들어오지 못할 것이다." 포자르스키의 결연한 맺음이다. 미닌의 연설이 이어진다. 연설이 끝나자 모두 모자를 벗어 결의를 다진다.

우리 선조들은 타타르를 몰아냈다. 우리는 그 위업의 가치를 이을 것이다. 우리의 아이들, 손자녀들 그리고 그 자녀들에게, 그리고 조국의 안녕을 위하여 헌신한 러시아의 모든 사람들을 위하여. 우리의 강토를 강하게 하라! 마지막 한 사람까지 붙잡을 것이다. 그리고 영원히 우리일 것이다.

모스크바 전투

폴란드군 진영에는 국민군을 찾아왔다가 쫓겨난 스웨덴인 부대가 함께하고 있다. 대가를 받는 문제로 다툼이 있었던 모양이다. "우리는 몇 번 싸운 적이 있다. 적이 되기도 했고 한편이 되기도 했다. 그러나 공평한 싸움이었다." 폴란드군 사령관은 전리품을 공평하게 나누겠다고 약속한다.

"기병을 발진하라. 그리고 거리로 들어가라. 보병이 뒤따를 것이다." 폴란드 기병이 돌진해 오자 국민군은 차례로 대포를 발사한다. 이어서 소총수들이 나선다. 폴란드군의 보병이 창검을 들고 달려든다. 치열한 백병전이다. 전장은 쓰러진 병사들로 가득하다. 전투는 오래 계속되었다. 연기가 하늘을 뒤덮었다. 폴란드군은 고전하고 있었다. 공격 명령과 함께 사령관이 앞장서 달려 나가자 윙드 후사르가 포화를 뚫고 국민군 진영으로 돌진한다. 국민군의 전열이 무너지고 폴란드군의 승리가 눈앞에 보인다.

포자르스키는 남은 병사들을 집결시켜 개울가에서 공격을 시도하려고 한다. 그때 미닌이 복안을 내놓는다. 폴란드군의 후미와 측면을 동시에 타격하자는 것이었다. 국민군의 공격으로 폴란드군은 두 동강으로 분리되고 윙드 후사르는 여지없이 무너진다. 크렘린의 폴란드 수비대는 완전히 고립되어 풀과 찌꺼기로 연명하다가 항복했다.

1612년 11월 7일, 크렘린은 해방되었다. 붉은 광장의 성 바실리 성당, 크렘린 궁이 보인다. 축포가 울리는 가운데 포자르스키와 미닌이 단상에 오른다. 시민들은 모자를 벗어던지며 환호한다. 로만은 그의 여인에게 입맞춤한다. "미쳤어요! 모스크바가 지켜보고 있는데…." 로만의 반응이 재미있다. "저 위를 쳐다보고 있지 우리를 보진 않아." 먼저 포자르스키가 나선다.

모스크바는 아름다운 소리를 지니고 있다! 우리는 보다 더 크게 노래를 불러야 한다. 스웨덴 사람들이 듣도록 하기 위하여! 우리의 네바강으로부터 멀리⋯ 이방인은 물러났다. 폴란드는 다시 돌아오지 못한다. (군중들이 모자를 벗어던지며 환호한다.) 모자를 사용하여 그들과 싸울 수 있는 사람은 없다! 총과 대포로 싸울 뿐이다.

미닌의 연설이 이어진다.

우리는 선택된 러시아인이다. 그리고 우리는 하느님의 뜻을 이뤄 냈다. 갈지 않은 들판, 우리의 땅, 도시들은 불탔고 폐허가 되었다. 우리는 폴란드, 스웨덴 군대와 싸웠다. 그리고 우리는 우리의 조국을 밀고 나갈 것이다. 폴란드는 낭패를 당하고 러시아에서 물러났다. 우리는 무기뿐만 아니라 조직으로써 그렇게 할 수 있었다. 그들이 다시 시도한다면 그들은 똑같이 받을 것이다. 더 큰 어려움이 있을지라도.

"잊지 말아요. 적들을 물리친 아름다운 모스크바, 고난의 시간이 있었기에 그대의 시민들이 더 강해졌다." 영화의 마지막 합창이 울려 퍼진다. 끝 장면은 로만과 같은 하층민의 헌신으로 지켜진 나라라는 것을 보여 주는 메시지로 보인다.

잊힌 스트로가노프 가문의 공헌

1939년에 나온 〈미닌과 포자르스키〉는 어쩔 수 없이 구소련의 국가적 이념을 벗어날 수 없는 한계가 있는 영화다. 상인과 하층민을 대변하는 미닌과 로만의 역할에 초점이 맞춰진 것은 그렇다 하더라도 군비를 감당하는 데 중요한 역할을 한 스트로가노프Stroganov 가문의 이야기가 빠졌다.

'동란의 시대'를 극복하고 로마노프 왕조가 제자리를 잡기에 이를 때까지 스트로가노프 가문의 역할이 절대적이었다. 그러나 공산주의 사회에서 자본가의 역할을 긍정적으로 그리기는 어려웠을 것이다. 게다가 러시아 혁명 때 차르를 지지하는 백군(白軍)의 편에 섰다.

소금광산으로 큰 부를 모은 스트로가노프 가문은 16세기 중반 이반 4세로부터 850만 에이커의 땅을 하사받아 타운을 건설하였다. 이 주민들에게 20년간 세금을 면제해 주는 등의 파격적 지원으로 타운의 발전을 도모하였다. 그곳에서 채취한 소금과 광물, 그리고 모피교역을 통하여 막대한 부를 축적할 수 있었다.

발트 해로의 진출이 저지된 이반 4세는 스트로가노프 가문에게 시베리아 정복을 요청하였다. 전초 기지와 요새 건설, 무기, 병력 조달 등 원정에 필요한 모든 비용은 스트로가노프 가문이 부담하는 조건이었다. 그에 따라 예르마크 티모페예비치Yermak Timofeyevich의 코사크 전사들을 고용하여, 우랄을 넘어 시베리아의 몽골-타타르계 국가들을 하나하나 정복하였다. 세계 최대의 러시아 영토는 그렇게 하여 만들어진 것이다.

'동란의 시대'를 끝내고 로마노프 왕조의 기틀을 세우는 데 있어서도 그들의 재정적 역할은 컸다. 폴란드와 스웨덴의 위협이 계속되고 있었지만 국가의 금고는 비어 있었다. 스트로가노프 가문은 세금을 미리 납부하고, 자금을 빌려주는 형식으로 빈 금고를 채워 주었다.

스트로가노프 가문의 공헌은 그것이 끝이 아니었다. 표트르 1세의 발트 진출을 지원하기 위하여 해군 선박 두 척을 건조해 주었고, 스웨덴 원정에 필요한 경비를 전적으로 부담하였다. 스트로가노프 가문은 백작의 작위를 받고 공직에도 진출할 수 있었다. 페름Perm에 있는 그들의 소유지는 6만 4000제곱킬로미터, 하나의 국가나 다름없는 면적이었다.

1917년 러시아 혁명은 가문의 해체를 가져왔다. 그들은 해외로 떠나야 했고, 상트페테르부르크의 스트로가노프 궁전과 저택을 비롯한 전 재산이 국가에 귀속되었다. 궁전은 러시아 미술관의 일부가 되었고, 그들이 세운 학교와 아카데미에는 명목상 그들의 이름이 붙었을 뿐이다. 1992년 뉴욕에 스트로가노프 재단Stroganoff Foundation이 설립되어 러시아 내 유산의 보전과 회복을 위하여 움직이고 있다.[13]

새 차르를 선출하다

미닌과 포자르스키, 두 사람은 각각 상인과 귀족이라는 신분에도 불구하고 협력했다. 승리에도 불구하고 그들은 권력욕을 보이지 않았다. 1613년 포자르스키와 트루베츠코이의 주도로 젬스키 사보르Zasky Sabor가 소집되었다.

귀족, 성직자, 시민, 군인, 코사크 등 각계 대표 700명이 참가한 전국 회의에서 16살의 미하일 로마노프가 새로운 차르로 선출되었다. 러시아 제국을 만든 로마노프 왕조의 시작이었다. 미하일은 모스크바 시민들의 신망이 두터웠던 총대주교 필라레트Patriarch Filaret의 아들이자, 후사를 남기지 못하고 사망한 표도르 1세의 외조카였다.

미하일 로마노프의 즉위에는 비화가 있다. 1612년 모스크바의 크렘린 성에서 국민군에게 포위 공격을 받고 있던 폴란드군은 굶주림에 역병이 돌자 귀족 여성들과 아이들을 풀어 주었다. 그 가운데 열다섯 살 아들 미하일과 그의 어머니가 있었다. 풀려난 두 모자는 중부의 코스트로마 인근의 수도원에 머물렀다.

뒤늦게 미하일의 존재를 알게 된 폴란드군은 병력을 급파하여 체포에 나섰다. 그때 두 모자를 이웃 마을로 급히 이동시켜 보호한 사람은 농부 이반 수사닌Ivan Susanin이었다. 폴란드 병사들이 매질로 자백을 강요했지만 그는 잘 견디어 냈다. 병사들은 농부들이 몰려오자 불을 지른 후 그를 데리고 모스크바로 향했다. 수사닌은 병사들을 늪지대로 유인한 뒤 슬쩍 빠져나오려다가 붙잡혀 죽었다. 다음 날, 병사들은 모두 얼어 죽은 시체로 발견되었다.

미하일이 로마노프 왕조를 열 수 있었던 것도 수사닌의 의로운 죽음이 있었기 때문이다. 1836년에 초연된 미하일 글린카Mikhail Glinka

의 오페라 〈황제에게 바친 목숨A Life for the Tsar〉은 수사닌에게 헌정된 것이다.

그 뒤의 이야기

소강상태를 보이던 폴란드-모스크바 전쟁은 30년 전쟁이 시작되는 1618년, 데울리노 휴전 조약Truce of Deulino으로 스몰렌스크와 체르니히브 주를 폴란드에 넘겨주는 조건으로 휴전에 합의하였다. 그러나 1632년 지기스문트 3세 바사의 사망으로 국왕에 오른 브와디스와프 4세는 차르 칭호를 포기하지 않았고, 휴전조약은 실효되었다.

러시아는 스웨덴의 구스타프 2세 아돌프의 동맹 제의에도 불구하고 단독으로 스몰렌스크를 공격하였다. 폴란드 수비군의 숫자가 많지 않았기 때문에 단독 공격이 가능하다고 판단했던 것이다. 결과적으로 스몰렌스크 전쟁Smolensk War은 러시아의 오판이었다. 그 결정의 배후에는 미하일 로마노프의 아버지 필라레트 총대주교가 있었다. 그는 폴란드 궁정에 갇혀 있다가 휴전과 함께 포로 교환으로 귀환하여 모스크바 총대주교에 올라 사실상 국정을 장악하고 있었다.
처음에는 러시아군의 공세가 주효했지만 폴란드의 대규모 구원병이 도착하자 전세는 역전되었다. 1634년 포랴노프카 조약Treaty of Polyanovka으로 영토의 현상 유지에 합의하고, 폴란드에 배상금 2만

루블을 지급하는 대신에 브와디스와프 4세의 차르 칭호를 영구히 포기하기로 했다.

30년 전쟁 속 가톨릭 세력의 일원이던 폴란드는 러시아에 대하여 반(反) 스웨덴 전선에 참가할 것을 종용했지만 나서지 않았다. 자강의 시대로 나아간 러시아는 1721년 표트르 1세 때 스웨덴을 꺾고 북방의 강자로 부상하였고, 1772년 예카테리나 2세 때 폴란드를 분할 통치하였다.

미닌과 포자르스키는 절망적이던 '동란의 시대'를 끝내고 러시아 제국으로 발전하는 기반을 놓은 사람들이다. 당시 러시아는 절체절명의 위기에 처한 데다 내부 분열로 인하여 나라가 무너져 내리고 있었다. 귀족들은 외세의 힘을 빌려서라도 기득권을 누리려 했다. 그렇지만 국민군 지도자들의 헌신이 있었고, 재산의 3분의 1을 내놓은 평범한 시민들의 결단이 있었기에 국권을 지켜낼 수 있었다. 정치적으로 예민한 시기에 막대한 재산을 내놓은 스트로가노프 가문도 있었다.

중요한 것은 '봉기' 그 자체가 아니라 그것을 추동할 수 있는 통일적 리더십과 재정적 뒷받침, 그리고 동맹 또는 지원 세력의 확보 여부에 달려 있다. 외세에 저항한 수많은 '봉기'가 있었음에도 불구하고 성공하지 못한 나라들의 공통적 특징은 내부 분열과 재정의 결핍이었다.

03

드네프르
자유로운 사람들

프란츠 폰 주페의 '경기병 서곡Light Cavalry Overture'은 빠르고 경쾌한 행진곡에서 시작되어 애상을 자아내는 가라앉은 곡조로 이어지고 다시 행진곡으로 마무리된다. 전장에 나가고, 쓰러지고, 다시 일어서는 경기병의 모습을 표현한 것일까? 행진의 시작을 알리는 트럼펫과 호른의 소리는 마치 눈앞에서 행진이 펼쳐지는 것 같은 생동감을 준다.

주페의 희가극 〈경기병〉은 오스트리아의 빈으로 들어온 헝가리 경기병을 소재로 한 것이다. 유럽은 전통적으로 중기병Heavy Cavalry 체제를 근간으로 하고 있었다. 전쟁은 귀족과 기사 계급이 담당했다. 엘리트 의식이 강했던 기사들은 농민군과 싸우는 것을 자랑스럽게 생각하지 않았다. 심지어 복장을 착용하는 데도 시종의 도움을 받았다. 1415년 프랑스 기사들이 영국의 보병에게 참패한 아쟁쿠르 전투Battle of Agincourt는 그 같은 상황을 잘 보여 준다. 콧대 높은 기사들은 말에서 내려와 보병들과 뒤엉켜 싸우고 싶지 않았다.

그러나 13세기 몽골 기병의 영향을 받은 동유럽에서는 이미 변화가 오고 있었다. 신분적 기사 체제에서 보편적 기병 체제로의 전환이었다. 헝가리 기병 후사르Hussar를 시작으로 폴란드, 코사크(카자크), 러시아 등지로 빠르게 확산되었다. 경기병은 창기병, 흉갑기병, 용기병 등으로 분화되어 수백 년간 전장의 주인공이 되었다. 그 가운데 코사크와 폴란드 기병은 그 용맹함으로 이름이 높았다. 코사크는 폴란드와 러시아 사이에서 삶의 터전을 지키기 위하여 협력과 저항을 반복해야만 했다.

타라스 불바

1962년에 나온 할리우드 영화 〈타라스 불바Taras Bulba〉가 있다. 우리나라에서는 〈대장 부리바〉라는 이름으로 개봉되었다. 우크라이나 출신 러시아 작가 니콜라이 고골Nikolai Gogol의 소설을 각색한 것이다. 영화의 내용은 타라스 불바와 두 아들 안드리와 오스타프, 폴란드 귀족의 딸 나탈리아를 중심으로 전개되지만 많은 부분에서 원작과 차이가 있다.[1]

오프닝을 장식하는 프란츠 왁스만의 오리지널 사운드 트랙은 주페의 '경기병 서곡'과 비슷한 느낌을 준다. 높고 빠른 음에서 낮은 음으로, 다시 높고 빠른 음으로 전환되는 패턴이 닮았다.

16세기, 지금의 우크라이나 초원 위에 폴란드군과 오스만 튀르크
군의 전투가 벌어지고 있다. 폴란드군은 코사크 전사들의 구원을 기
다리고 있다. 코사크는 자치권을 보장받기로 하고 폴란드와 동맹을
맺고 있었다. 폴란드와 러시아는 오스만과 타타르를 방어하기 위하
여 각각 코사크와 협력하고 있었다.

들판을 가로질러 급히 달려온 코사크 전사들은 튀르크군을 격퇴
하고 한바탕 춤을 추며 기쁨을 나눈다. 폴란드군 장교는 타라스 불
바를 사령관의 천막 안으로 안내한다. 그러나 불바는 그곳이 비록
천막일지라도 폴란드의 지붕 밑에는 발을 들여놓지 않겠다며 발걸
음을 멈춘다. 사령관이 천막 밖으로 나온다.

"이름이 무엇이오?"

"타라스 불바, 로멘스키 코사크요."

"국왕 폐하께서 우리 동맹의 결과에 만족해하고 있소. 코사크를 폴란
드 군대의 휘하에 들어오는 영광을 주시겠다고 하셨소."

"이 변발이 보이시오? 자바로스트란 말이오. 자바로스트가 뭔지 아시
오? 코사크 형제란 말이지. 자유인이라는 말이오. 우린 튀르크 놈들을
이 땅에서 몰아낸 것뿐이오. 여긴 우리 땅이기 때문이오. 그놈의 영광
은 폴란드로 가져가고 우리를 내버려두시오."

사령관은 폴란드의 의도를 분명하게 드러낸다. "우린 당신들의 땅이 필요하오. 식량과 군수물자도 필요하고…. 우리는 여기에 주둔할 것이오. 그래서 국왕 폐하께서는 코사크를 해체시키려는 거요. 당신들이 대항하기 전에 말이지." 말이 끝나기가 무섭게 폴란드군의 대포가 코사크 전사들을 향하여 차례로 불을 뿜는다. 군대를 숨겨 두고 코사크로 하여금 대신 싸우게 했던 것이다.

분노한 불바는 칼을 내리쳐 사령관의 손목을 잘라 버린 후 폴란드 포대를 향해 돌진한다. 가까스로 공격에서 벗어난 코사크 전사들은 강을 건너 거주지로 돌아온다. 부족장은 자신의 잘못이라고 말하지만 불바는 폴란드를 믿은 게 실수였다며 복수를 다짐한다. 증표로서 변발을 금지하고 자신의 머리채를 잘라서 던져버린다. 모두 그를 따라 한다. 그리고 붉은 바탕에 황금 독수리 문장이 들어간 깃발 앞에서 무릎을 꿇고 경배한다. 그들의 정교회 신앙을 보여 주는 장면이다. "코사크 형제들은 다시 일어설 것이다." 그들은 농장을 불태운 후 숲속으로 이동한다.

불바는 두 아들 안드리와 오스타프를 얻는다. 큰아들 안드리에게 큰 기대를 걸고 각별한 애정을 쏟는다. 두 아들을 키예프의 신학교에 보낸다. 동슬라브족 최초의 통일국가인 키예프 공국이 무너진 뒤 폴란드가 차지하고 있었다.

어느 날 안드리는 지나가던 마차로부터 흙탕물을 뒤집어쓴다. 마차에는 폴란드 총독의 딸 나탈리아가 타고 있었다. 나탈리아가 건네준 손수건을 받은 순간 첫눈에 반한다. 두 사람의 만남은 이어지고 사랑은 깊어진다. 하지만 금기시된 사랑이다.

나탈리아의 오빠 알렉스 대위는 기숙사에서 안드리에게 집단 린치를 가한다. 격분한 안드리는 결투 끝에 그를 죽이고 동생과 함께 도망친다. 2년 만에 두 아들이 집에 돌아오자 불바는 백부장들을 불러 부족 잔치를 열고 두 아들에게 각각 제일 좋은 백마를 선물한다. 삼부자는 기도로 출정의 결의를 알린다.

> 그들이 용감하게 싸울 수 있도록, 항상 기사의 명예를 지킬 수 있도록,
> 그리고 항상 그리스도교의 신앙을 지킬 수 있도록. 만약 그렇게 하지
> 못한다면 그들은 죽음을 맞이할 것이고, 그들의 영혼은 이 세상에서
> 존재하지 않을 것이다.[2]

검은 말 한 필과 백마 두 필이 들판을 달린다. 자포리자 코사크의 봉기에 참가하기 위해 병영 겸 공동체인 시치Sicz로 가는 길이다.[3] 시치는 드네프르강Dnieper River의 호르티차에 있었다. 총 2290킬로미터로 유럽에서 세 번째로 긴 드네프르강은 러시아 스몰렌스크에서 발원하여 벨라루스를 거쳐 우크라이나 중부를 지나 서남쪽의 흑해로 흘러들어 간다. 그 절반인 1095킬로미터가 우크라이나를 지난다.

여기저기서 코사크 전사들이 몰려나와 초원을 메운다. 대추장 니콜라스가 나타나 폴란드와의 동맹은 유지되어야 한다며 봉기에 반대한다. 불바는 추장들의 의견을 묻기 위해 독수리 깃발을 받아든다. 코사크 전사들이 깃발 주변에 모여든다. 당황한 대추장이 "나를

딛고 폴란드로 행군하라"라고 말하며 초원 가운데 버티고 서지만 코사크 전사들을 막을 수 없다.

십자가를 든 가톨릭 사제들이 폴란드의 두브노Dubno 성안으로 들어간다. 성안에는 창기병을 비롯한 폴란드 병사들이 질서 정연하게 서 있다. 세 개의 큰 부대를 이룬 코사크 전사들이 성을 공격한다. 나탈리아는 코사크 전사들 속에서 안드리를 발견한다.

성루에서 코사크를 향하여 대포가 차례로 발사된다. 폴란드군은 성 밖으로 나와 코사크 전사들과 일전을 벌이지만 감당하지 못하고 퇴각한다. 승리가 눈앞에 보일 때 쯤 성 위에서 기름이 쏟아져 내리고 코사크 전사들은 물러난다. 나탈리아는 안드리가 쓰러지는 모습을 보고 불안에 휩싸인다.

"여기는 코사크의 도시다!" 성 앞에 독수리 깃발을 꽂고 흥겨운 놀이가 벌어진다. 두브노 성은 완전히 고립되어 굶주림에 시달린다. 안드리는 밤을 틈타 폴란드 병사의 옷으로 갈아입고 성안에 들어가 나탈리아를 만나 함께 탈출을 시도한다. 하지만 두 사람은 체포되고 나탈리아는 화형대에 묶인다. 불을 붙이는 순간, 안드리는 사령관에게 성 밖에서 소떼를 몰고 오겠다고 약속한다. 손목에 붕대를 감고 있는 사령관은 안드리의 손목을 자르려다가 그대로 풀어 준다. 나탈리아는 안드리에게 조국을 배반해서는 안 된다고 하지만 "너는 나의 조국"이라며 반드시 돌아오겠다고 말한다.

시치에 타타르가 쳐들어왔다는 소식이 코사크 전사들에게 전해진다. 폴란드군과 싸움을 계속할 것인가를 두고 분란에 빠진다. 불바는 이렇게 외친다. "갈 사람은 가라. 우리는 여기 머물 것이다!" 절반의 전사들이 시치로 떠난다. 불바는 안드리가 폴란드 여자를 만나기 위하여 귀한 소를 내주고 성안에 들어갔다는 사실을 알게 된다.

폴란드군이 성을 나와 공격에 나선다. 안드리는 화려한 폴란드 군복을 입고 선두에 서 있다. 성루에서 대포가 연이어 발사되고 양쪽 병사들이 뒤엉켜 육박전을 벌인다. 안드리는 대열에서 이탈하여 목장에서 소를 몰고 나온다.

안드리와 마주친 불바는 아들을 말에서 내리게 한 뒤 투구를 벗게 한다. 왜 그랬느냐는 물음에 안드리는 해야 할 일을 했을 뿐이라고 말한다. 불바는 "나는 너에게 세례를 준 날부터, 생명을 준 때부터 조국만큼이나 너를 사랑했다. 너는 나의 자존심이었다. 거두는 것도 내가 하겠다"라고 말한 뒤 아들의 가슴을 향하여 방아쇠를 당긴다.

그에 앞서 절반의 코사크 전사들이 시치로 돌아간 뒤 총대장에 추대된 불바는 전사들 앞에서 명예와 단합을 지킬 것을 다짐한 바 있었다. 지도자로서의 책임의 무게였을까? 자신의 말을 지키기 위해서라도 아들의 목숨을 거두지 않을 수 없었다.

모든 우리의 시치가 길이길이 존속하고, 해마다 그 속에서 더욱더 훌륭하고 용감한 청년들이 속속 나오도록 잔을 듭시다! 그리고 동시에 우리 자신의 명예를 위해서도 잔을 듭시다. 우리의 아들과 손자들이 그들의 자손에게 동지들 간의 단결을 욕보이지 않고 아군을 배반하지 않았던 시대가 있었다고 이야기할 수 있도록, 자, 여러분. 잔을 듭시다.

신앙을 위하여, 신앙을 위하여 잔을 듭시다!⁴

다시 초원에서 결전이 벌어진다. 불바는 부대를 셋으로 나누어 그중 두 부대를 매복시킨 후 공격에 나선다. 코사크는 유인에 걸려든 폴란드군을 절벽으로 몰아 격멸시킨다. 탄성이 절로 나오는 스펙터클한 장면이다.

죽은 안드리 앞에 불바, 오스타프, 나탈리아가 서 있다. 오스타프가 "형을 고향으로 데려갈 거예요. 코사크 땅에 묻어 주기 위해서"라고 말하자 불바는 이렇게 말한다. "이젠 여기가 코사크 땅이야. 그러니 안드리를 여기에 묻어 주자." 영화의 시작과 끝이 모두 '코사크의 땅'이라는 여운을 남긴다.

소설의 결말은 이와 다르다. 아들을 직접 처단한 불바는 폴란드군에 구원병이 왔다는 보고를 받고 오스타프와 함께 급히 말을 몰아 적군을 향하여 달려가지만 부상을 입고 쓰러진다. 동료들에 의하여 간신히 구출된 불바는 오스타프가 없다는 사실을 알고 절망한다. 불바는 시치로 옮겨져 치료를 받고 회복한다. 그에게는 체르보네츠⁵ 2000개의 현상금이 붙었지만, 유대인들의 도움으로 바르샤바로 간다.

그리고 단두대 앞에 서 있는 오스타프와 전사들을 목격한다. 가장 먼저 단두대에 오른 오스타프는 이렇게 외친다. "우리 가운데 누구도 고통스러운 말 한마디라도 내뱉지 않게 해 주옵소서!" 그리고 당당하게 죽음을 받아들인다. 불바는 가슴이 찢어지는 고통 속에서도 아들이 자랑스럽다.

사라졌던 불바는 오스트라니차Ostranitza가 이끄는 12만 명의 코사크 봉기군 가운데 가장 뛰어난 부대를 이끌고 나타난다. 복수의 화신이 된 불바는 자신의 부대를 이끌고 여덟 개 소도시, 마흔 개의 가톨릭 성당을 불태우고 폴란드의 크라쿠프 성을 유린한다. 그러나 드네프르 강가의 허름한 요새에서 쉬고 있던 중 포위 공격을 받고 체포된다. 고목나무에 매달린 불바는 쌓아올린 장작에 불이 붙기 전 동료들의 배가 탈출에 성공하는 장면을 보고 안도하며 이렇게 말한다.

"나를 기억해다오! 그리고 내년 봄에 다시 이곳에 와서 마음껏 놀아다오!"[6]

〈타라스 불바〉의 모델이 실제로 있었다. 17세기 중반 부족을 배신한 아들을 처단한 오크림 마쿠카Okhrim Makukha라는 추장이다. 큰아들 마자르가 폴란드의 아름다운 처녀와 사랑에 빠져 폴란드 성으로 도망을 가자 두 동생을 보내 붙잡아 오게 한 후 직접 총을 쏘아 목숨을 거두었다고 한다.[7]

또 하나 그와 비슷한 이야기가 전한다. '사바 찰리 이야기The Deeds of Sava Chaly'라는 민요에 나오는 내용이다. 사바 찰리는 일찍이 백부장에 오를 정도로 용감한 전사였지만 폴란드 귀족의 군대에 들어가 대령으로 봉사하다가 코사크에 붙잡혀 처형되었다고 한다.[8]

코사크-폴란드 전쟁

코사크는 지금의 우크라이나, 남러시아, 우랄, 흑해 연안 등 초원지대에 흩어져 살던 사람들을 말한다. 코사크는 '자유로운 사람' 또는 '방랑자'를 뜻하는 튀르크계 언어 카자크에서 비롯된 말이라고 한다.

그들은 15세기 경 드네프르강, 돈강 유역을 중심으로 20여 개의 자치적 군사 공동체Host를 이루어 자유롭게 살아가고 있었다. 대표적 부족은 우크라이나 코사크로 불리는 자포리자 코사크Zaporozhian Cossacks와 러시아 코사크로 불리는 돈 코사크Don Cossacks였다.[9]

통일된 정치 공동체를 건설하지 못한 그들은 폴란드, 러시아, 오스만 튀르크, 오스트리아 등 주변 세력의 지배를 피하기 어려웠다. 그러나 그들은 자유로운 삶의 터전을 지키기 위한 투쟁을 포기하지 않았다.

코사크 부족

드네프르강 하류 서안의 자포리자 코사크는 폴란드-리투아니아 연방과 협력하는 대신에 자치권을 보장받았다. 그들은 폴란드군의 등록 코사크Registered Cossacks로서 1572년부터 1648년까지 크고 작은 전쟁에 동원되었다. 〈타라스 불바〉에서 보는 것처럼 폴란드의 지배가 강화되자 1551년 코친스키Kosiński를 시작으로 수차례의 대규모 봉기가 일어났다.

코사크-폴란드 전쟁Cossack-Polish War으로 불리는 1648년 보흐단 흐멜니츠키Bohdan Khmelnytsky 봉기는 그 절정이었다. 흐멜니츠키는 자치국을 수립한 우크라이나의 민족 영웅으로, 키예프 중심부 소피아 광장에 서 있는 기마상의 주인공이다.

등록 코사크였던 흐멜리츠키는 폴란드 귀족에게 영지를 빼앗기고 시치에 들어갔다. 추장Hetman에 추대된 그는 대규모 봉기를 일으켜 키예프를 점령하고 폴란드와 맺은 평화 조약으로 자치권을 인정받았다. 1649년 흐멜리스키에 의하여 수립된 코사크 수장국首長國, Cossack Hetmanate은 1764년까지 이어졌다.

흐멜리츠키는 군사, 행정, 재정 등 제 분야에 걸쳐 강력한 우크라이나 국가 건설에 나섰다. 폴란드가 수장국의 내분을 틈타 공세를 취하자 다시 봉기했다. 그러나 크림 타타르의 배신으로 베레스테츠코 전투Battle of Berestechko에서 병력의 절반을 잃고 패퇴하였다.

1654년 흐멜리츠키는 평의회를 소집하여 정교 신앙의 동질성에 근거하여 러시아 차르에 충성하기로 하고 자치권을 보장받았다. '우크라이나의 모세'라는 명예와 함께 러시아에 예속되는 결과를 초래했다는 평가도 있다.[10]

1657년 흐멜니츠키 사망 후 후계 문제를 둘러싼 내분으로 30년간 폐허시대The Ruin를 겪는다. 1667년 러시아와 폴란드는 드네프르강을 경계로 수장국을 분할 지배하였다. 1687년 수장에 오른 이반 마제파Ivan S. Mazepa는 러시아와 협력하면서 큰 발전을 이뤘다. 그러나 스웨덴의 카를 12세와 비밀 협정을 맺고 러시아의 지배에서 벗어나려고 하다가 피의 보복을 받았다. 러시아는 수도 바투린에 군대를 투입하여 민간인 포함 1만 5000여 명을 학살하였다.

1709년 지금의 우크라이나 동부에서 벌어진 폴타바 전투Battle of Poltava는 스웨덴과 코사크의 운명이 걸린 최대의 승부처였다. 그날의 전투는 스웨덴과 코사크의 참혹한 패배로 끝났다.[11] 러시아는 대북방전쟁Great Northern War의 최종 승리자가 되어 새로운 강자로 부상하였다.

마제파 봉기가 실패로 돌아간 후, 수장이 선출되기는 했지만 차르의 승인을 받아야 했다. 수장국은 통치권이 없는 단순한 군사조직으로 전락하였고, 차르가 보낸 군사 지휘관의 통제하에 놓이게 되었다. 수장국은 1764년 예카테리나 2세에 의하여 막이 내렸다. 그리고 1775년 드네프르강 하류의 자포리자 코사크의 시치마저 해체되었다.

지금의 동부 우크라이나와 남부 러시아에는 돈, 쿠반, 테렉, 우랄 코사크가 살고 있었다. '러시아 코사크'로 불리는 사람들이다. 그 가운데 가장 강력했던 집단은 돈강 중하류를 근거지로 하는 돈 코사크였다. 그들은 일찍부터 러시아에 협력적이었다.

그들은 16세기 중반 이반 4세의 카잔 공성전Siege of Kazan에 참가하였고 우랄산맥을 넘어 시베리아를 정복하기도 했다.[12] 1612년 미닌과 포자르스키의 국민군과 함께 모스크바 전투Battle of Moscow에 참가하여 폴란드 군대를 축출하는데 힘을 보태기도 했다.

러시아의 지배가 강화되자 돈 코사크는 농노들과 함께 대규모 봉기를 일으킨다. 1670년 스텐카 라진Stenka Razin의 봉기는 그 시작이었다. 라진은 볼가강에 갤리선 35척을 보유한 돈 코사크 추장Ataman으로, 1668년 카스피해를 장악하고 페르시아를 제압하였다. 1670년 알렉세이 1세의 압제에 봉기하여 볼고그라드를 장악하고 볼가강 중류의 심비르스크를 포위하는 등으로 모스크바를 압박하였지만 정부군에 진압되었다. 체포된 라진은 모스크바 크렘린의 붉은 광장에서 사지가 찢어지는 거열형을 받고 죽었다.

돈 코사크의 봉기는 1707년 블라빈Bulavin, 1773년 푸가초프Pugachev 등으로 이어졌지만 결국 러시아에 동화되거나 예속되고 말았다. 코사크에게는 국경수비대의 임무가 주어졌고 7년 전쟁, 나폴레옹 전쟁, 크림 전쟁, 코카서스 전쟁, 러시아-페르시아 전쟁, 러시아-튀르크 전쟁, 러일 전쟁, 세계대전 등에 동원되었다.

기독교 세계를 지키다

오스트리아 수도 빈은 한 번도 적의 수중에 떨어진 적이 없었다. 여기에는 코사크와 폴란드 기병의 도움이 있었다. 오스트리아는 300년간 오스만 제국의 북상에 맞서야 했다.

1529년 오스만 제국의 술레이만 1세는 보병 12만 명을 동원하여 빈을 공격하였다. 제1차 빈 공방전Siege of Vienna이다. 오스트리아 군은 1만 6000명에 불과했지만 오스만군의 진입을 허용하지 않았다. 기독교 세계에 대한 오스만 제국의 공세는 집요했다. 그리스를 넘어 이탈리아와 이베리아 반도로 진출하려던 오스만 제국의 기도는 1571년 그리스 서쪽 해협에서 벌어진 레판토 해전Battle of Lepanto의 패배로 좌절되었다.

1621년 술탄 오스만 2세는 20만 명의 대군으로 폴란드를 침공한다. 제1차 폴란드-오스만 전쟁First Polish–Ottoman War이다. 코사크 2만 명을 포함한 4만 5000명의 폴란드군은 지금의 우크라이나에서 벌어진 호틴 전투Battle of Khotyn[13]에서 대승을 거두고 영토를 지켜낼 수 있었다.

1672년 술탄 메흐메트 4세는 크림 타타르를 포함한 15만 명의 병력을 몰아 다시 폴란드를 침공하였다. 수비대의 분투에도 불구하고 국경이 무너지고 도시는 함락되었다. 그러나 폴란드에는 얀 소비에스키John Sobieski라는 걸출한 인물이 있었다. 3000명의 윙드 후사르를 이끌고 오스만군 야영지를 급습하여 4만 2000여 명의 시민들을 구출함으로써 새로운 희망으로 떠올랐다.

폴란드 기병의 전형적인 형태는 윙드 후사르였다. 헝가리 기병을 모델로 발전시킨 것으로 16세기에서 18세기까지 폴란드군의 주축이었다. 말 잔등 양쪽에 커다란 깃을 세우고 쏜살같이 돌진하는 모습은 적군에게는 공포의 대상이었다.

1673년 사령관에 임명된 얀 소비에스키는 수백 대의 대포로 무장한 강력한 기병 체제를 구축함으로써 두 번째 호틴 전투에서도 대승을 거둔다. 1674년 얀 소비에스키는 국왕Jan III Sobieski에 선출된다. 군사 지도자로서 명성뿐만 아니라 외국계 국왕들의 실정에 대한 반감이 작용한 결과였다.

1683년 오스만 제국은 다시 오스트리아를 향한다. 수상 카라 무스타파는 10만 병력을 동원하여 빈을 공격한다. '제2차 빈 공방전'으로도 불리는 빈 전투Battle of Vienna다. 이탈리아, 오스트리아, 폴란드, 독일 영방 국가들은 신성동맹Holy League을 결성하여 저지에 나선다. 코사크 수 개 연대가 반 오스만 전선에 참가하였다.

얀 소비에스키는 1684년 9월, 약 3만 명의 병력을 이끌고 빈으로 들어가 동맹군 총사령관을 맡는다. 기습 공격으로 단 세 시간 만에 끝난 전투에서 오스만군은 4만 명이 죽고 수천 명이 도나우강에 수장됐다.

빈에 입성한 얀 소비에스키는 시저의 말을 인용하여 이렇게 외쳤다. "우리는 왔노라! 우리는 보았노라! 하느님이 이겼노라!" '제2차 빈 공방전'의 승리는 기독교 세계를 점령하려는 이슬람의 공세를 좌절시키는 분수령이 되었다.

폴란드는 빈 전투의 승리로 오스만 제국에게 빼앗겼던 지금의 우크라이나 서부 지역을 되찾을 수 있었다. 하지만 기독교 세계를 지키는 데 일익을 담당한 코사크에게 돌아온 것은 없었다.

빈 전투의 승리로 오스만 제국의 북상은 완전히 저지되었다. 하지만 폴란드에게는 그것이 마지막 불꽃이었다. 러시아, 스웨덴, 프로이센 등의 견제로 쇠퇴하다가 1795년 러시아, 오스트리아, 프로이센 등 삼국에 분할되었다. 러시아와 오스트리아는 폴란드가 차지하고 있던 드네프르강의 서쪽 지역을 나누어 차지했다.

코사크에게 세상은 좁았다

코사크는 나폴레옹 전쟁이 발발했을 때 러시아의 알렉산드르 수보로프Aleksandr V. Suvorov 원수가 이끄는 이탈리아 원정대의 일원으로 참가하였다. 1799년 러시아군은 북이탈리아에서 프랑스군을 축출하고 연합군을 구원하기 위하여 스위스 취리히로 향하던 중 알프스에서 프랑스군에 포위되었다. 러시아군은 정규군 1만 8000명과 코사크 기병 5000명을 포함하여 총 2만 3000명이었다. 프랑스군은 그 4배나 되었다. 고트하르트 고갯길Gotthard Pass에서 격전이 벌어졌다. 러시아 병사들은 굶주림과 추위로 극도로 지쳐 있었지만 악전고투 끝에 10일간 눈 덮인 알프스를 넘어 탈출에 성공할 수 있었다.[14]

코사크는 1812년 보로디노 전투Battle of Borodino, 1813년 라이프치히 전투Battle of Leipzig, 1815년 워털루 전투Battle of Waterloo에 참가하여 나폴레옹 전쟁을 끝내는 데 큰 역할을 했다. 나폴레옹은 "코사크는 존재하는 것 중에서 가장 날쌘 부대다. 만약 내가 그들을 가졌다면, 그들과 함께 전 세계를 휩쓸 것이다"라는 말을 남겼다고 한다. 세인트헬레나에 유폐된 뒤에도 유럽뿐만 아니라 인도까지도 위험에 빠질 수 있다며 코사크를 앞세운 러시아에 경계심을 드러냈다.

지금 러시아는 30만 명의 코사크로 유럽을 휩쓸 수 있다. 튀르크 100만 명을 괴멸시킬 수 있을 것이다. 러시아는 세계 정복의 호기를 맞이하고 있다.[15]

알렉산드르 푸시킨Alexander S. Pushkin은 '카자크의 노래The Song Of The Kazak'를 통하여 시베리아 정복, 알프스와 스위스 원정, 빈 전투 등에서 보여 준 코사크의 용기와 헌신을 칭송했다.

카자크[16]는 북쪽으로 달렸다.
카자크는 쉴 줄 모른다.
들판위에서도, 숲속에서도,
위험이 눈앞에 닥쳐와도
포효하는 강물을 헤치고 나아갔다!
…
카자크는 시베리아를 가지고 왔다.
러시아의 왕관을 올려놓기 위해.
카자크는 알프스에 영광을 남겼고,
그의 이름은 튀르크를 떨게 하였다.

그의 깃발을 언제나 높이 들었다!

러시아의 영광이 코사크의 공헌이라는 칭송이다. 지구상의 어떤 민족도 코사크만큼 바쁘게 산 사람들은 없었다. 육지의 바이킹이었다 할 만큼 그들에게 세상은 좁았다. 그렇지만 그들에게 머물 곳은 없었다.

러시아의 시베리아 정복은 1580년 이반 4세의 명으로 코사크 추장 예르마크 티모페예비치Yermak Timofeyevich와 540명의 전사에 의하여 시작되었다. 코사크가 시베리아 정복에 참가했던 것은 삶의 터전 확보라는 대가를 기대하고 그렇게 했던 것이겠지만, 시베리아 유목민의 삶을 파괴하는 결과를 가져왔다. 러시아의 시베리아 지배는 1637년 오호츠크 해안에 이르렀다. 그리고 아시아의 동쪽 끝으로 나아갔다.

1724년 표트르 1세는 해군의 비투스 베링Vitus Bering 대령을 파견하여 북태평양 일대를 탐험하도록 했다. 베링은 아시아 대륙의 동쪽 끝과 북아메리카 대륙이 만나는 해협(지금의 베링해협)이 있다는 사실을 발견했다. 그리고 1733년에 시작된 2차 원정을 통하여 1741년 알래스카 남서부 땅을 밟을 수 있었다.

베링해협에 도달한 최초의 유럽인은 시베리아에 주둔하고 있던 코사크 수비대 출신의 세묜 데즈네프Semyon Dezhnev였다. 1648년 일곱 척의 선단과 대원 90명을 이끌고 북극해를 지나 북태평양을 항해했다. 그중 한 척, 16명이 살아서 돌아왔다. 데즈네프는 해협을 발견했다는 사실을 몰랐고 그렇게 주장하지도 않았다.[17]

그런데 1724년 비투스 베링의 탐사에 의하여 데즈네프가 통과한 곳이 아시아와 북아메리카를 갈라놓은 해협이라는 사실이 확인되었다. 아시아 대륙의 동단에 '데즈네프곶Cape Dezhnev'이라는 이름이 붙은 것도 그 때문이다.[18] 당시 데즈네프의 선박 가운데 두 척이 알래스카 해안으로 떠내려갔다는 주장도 있다.[19] 이른바 코사크의 알래스카 상륙설이다.

알래스카에 식민지가 개척되자 스페인, 미국, 영국에서 사람들이 모여들어 모피 거래의 중심지가 되었다. 멕시코 독립전쟁이 끝나갈 무렵, 1821년 스페인이 침공하지만 멕시코와 합세한 러시아의 승리로 돌아갔다. 그때 코사크는 스페인의 축출과 멕시코의 독립에 큰 힘이 되었다. 그에 대한 보답으로 코사크에게 넓은 땅이 주어졌고 1835년까지 5000여 가구가 알래스카로 이주했다. 지금은 남부 알래스카에 인구 40만 명의 공동체를 건설하고 자신들의 정체성과 문화를 유지하며 생활하고 있다. 그들에게는 '알래스카 코사크'라는 이름이 붙었다.

1867년 러시아는 152만 제곱킬로미터, 한반도의 7배가 넘는 땅덩어리를 고작 720만 달러에 미국에 넘겼다. 러시아가 헐값에 알래스카를 넘긴 이유는 무엇일까? 당시 성황을 누리던 모피 교역량이 급격히 감소하였고 이렇다 할 광물자원도 발견되지 않았다. 게다가 크림 전쟁의 와중에 있었다. 프랑스가 나폴레옹 전쟁의 와중에 루이지애나를 매각했던 상황과 닮았다.

알래스카 매입에 대한 미국 내부의 여론도 녹록치 않았다. 매입을 밀어붙인 윌리엄 수어드William H. Seward 국무장관은 '멍텅구리'라는 비난을 들어야 했고, 알래스카는 '수어드의 얼음 상자'로 취급되었다. 그러나 1897년 금광에 이어 철광석, 석탄, 석유, 가스 등이 연이어 발견되었다. 지금은 천혜의 자연환경으로 세계인들의 버킷리스트에 오르는 최고의 관광지로 각광을 받고 있다.

민족의식이 싹트다

러시아 치하에서 국경 수비와 전쟁에 내몰렸던 코사크 사회에도 19세기에 들어가면서 민족문화 운동이 일어난다. 민족적 자각은 세계사적 흐름이기도 했지만, 사상의 자유가 비교적 넓게 인정되었던 오스트리아의 영향이 컸다고 한다. 시인이자 화가였던 타라스 셰브첸코Taras H. Shevchenko는 우크라이나어 사용이 금지되었던 암흑기에 그들의 언어를 지키고 정체성을 형성하는 데 공헌했다.

농노의 아들로 태어난 셰브첸코는 열한 살에 고아가 되어 지주를 따라서 상트페테르부르크로 가게 되었다. 미술적 재능을 인정받아

주위의 도움으로 농노에서 해방되었고, 러시아 미술 아카데미에 입학할 수 있었다. 1840년 첫 시집 《유랑시인》과 1841년 〈하이다마키〉를 통하여 민족적 저항 의식을 고무하였다. 〈하이다마키〉는 18세기 폴란드의 지배에 저항하여 일어난 농민의 봉기를 주제로 쓴 장편 서사시다.[20] 다음은 장편시 〈꿈〉의 한 부분이다.

> 표트르 대제, 예카테리나가 우크라이나의 마지막 피를 짜냈구나.
> 이 흡혈귀들아, 이 살인마들아!
> 너희들이 살아 있는 피를 빨지 않았더냐.[21]

셰브첸코는 1847년 '키릴과 메소디우스Brotherhood of Saints Cyril and Methodius라는 비밀결사에 가담했다는 혐의로 체포되었다. 우랄의 산속에서 10년간 강제 노역에 시달리다가 만기 석방되었지만 그 여파로 사망하였다. 〈꿈〉을 읽은 니콜라이 1세에 의하여 그림과 시작詩作이 금지되었지만 그 길을 중단하지 않았다고 한다.[22] 다음은 그의 장례식에서 행한 동료 판텔레이몬 쿨리시Panteleimon O. Kulish[23]의 추도사 일부다.

> 우리 중 누구도 셰브첸코의 무덤 옆에서 우리 우크라이나어를 말할 자격이 없습니다. 그 이유는 셰브첸코만이 우리 언어의 모든 힘과 아름다움을 보여 주었기 때문입니다.

코사크의 삶에 대한 관심과 동경은 알렉산드르 푸시킨, 레프 톨스토이 등 러시아 작가들에게도 예외가 아니었다. 푸시킨은 장편시 〈폴타바〉, 〈카자크의 노래〉, 〈스텐카 라진의 노래〉, 〈돈에게〉 등을 남겼다. 톨스토이의 《카자크 사람들》도 있다. 조지 고든 바이런과 빅토르 위고는 시로써, 리스트와 차이콥스키는 음악으로써 이반 마제파의 봉기를 재현하였다.

> 위대한 벗이여!
> 그대는 웃고 있지만 나는 통곡한다.
> 이 눈물 떨어진 곳에 무엇이 자랄까!
> 서글픈 잡초뿐.
> 자유의 소리,
> 다시 우크라이나에 울리지 않고.[24]

1844년 푸시킨이 발표한 〈고골에게〉의 첫 부분이다. 우크라이나에 빗대 러시아의 현실을 노래한 것일까? 아니면 우크라이나 태생이면서 러시아어로 작품을 쓴 자신의 친구 니콜라이 고골에 대한 점잖은 비평일까?

고골은 1835년의 《타라스 불바》를 개작하여 1842년에 다시 내놓았다. "때가 되면 러시아 정교 신앙이 어떤 것인지 네놈들이 알게 될 것이다! 우리 러시아 땅에도 러시아 황제가 나타날 것이다. 그리고 황제에게 정복되지 않는 세력은 이 세상에 없을 것이다."[25] 개정판 곳곳에서 러시아와 정교회에 대한 자긍심과 민족주의 성향을 강하게 드러낸다.

'스텐카 라진'의 경우도 그와 다르지 않다. 라진의 영웅적 이야기는 차르 치하에서 신음하던 농민과 농노들의 전설이 되었고 민요가 되었다. 19세기에 들어와 러시아 작가들에 의하여 시, 그림, 음악 등으로 재탄생했다.

라진은 아름다운 페르시아 공주를 얻었지만 전사들 사이에 분란이 일어나자 "자유롭고 용감한 우리에게 분란이 있어서는 안 된다"라며 볼가강에 던져버렸다고 한다. 민요 '스텐카 라진'의 메시지는 어디까지나 '코사크의 단결'이었다. 그러나 시간이 흐르면서 "공주를 사랑하지만 조국 러시아를 더 사랑한다"라는 식으로 변질되었다. 그렇게 하여 돈 코사크는 러시아인이 되었고 러시아 역사의 일부가 되었다.

1934년에 창설된 우크라이나 작가연맹National Writers' Union of Ukraine은 1991년 독립 선언의 기초가 되었다. 민속 음악 분야에는 반두라 성가대와 반두라 합창단 등이 있었다. 반두라bandura는 호리병 모양의 현악기로 우크라이나 민족의식을 일깨우는 역할을 하였다. 1991년 독립 선언과 동시에 결성된 6인조 록 밴드 '하이다마키 Haidamaky'도 있다. 이름부터 민족의식과 관련이 있으며, 악단에는 반두라 연주자 한 명이 포함되어 있다.

세계대전 속의 코사크

1차 대전 때 서부 코사크는 오스트리아군에, 중동부 코사크는 러시아군에 동원되었다. 1917년 11월, 러시아 혁명이 일어나자 우크라이나에서도 독립 국가 수립을 위한 움직임이 나타났다. 우크라이나 소비에트 공화국을 시작으로 중동부의 우크라이나 공화국, 서부의 우크라이나 인민공화국의 선포로 이어졌다.

1917년 러시아 내전은 코사크에게 선택을 강요하였다. 코사크는 반혁명 백군의 주력이 되어 볼셰비키 적군에 대항했다. 내전이 끝난 후 코사크 30만 명 내지 50만 명이 학살되거나 추방되었다. 1965년 노벨 문학상을 수상한 러시아 작가 미하일 숄로호프의《고요한 돈강》은 남러시아에 거주하는 코사크 사람들이 내전의 와중에 백군과 적군 사이에서 겪는 혼란과 아픔을 잘 보여 준다.[26] 숄로호프는 코사크의 후예였다.

1920년 우크라이나에 대한 지배권을 놓고 폴란드-러시아 전쟁Polish–Soviet War이 발발한다. 폴란드는 리가 조약Peace of Riga으로 서부 우크라이나 대부분 지역을 차지하였고, 러시아는 동부를 기반으로 하는 소비에트 사회주의 공화국을 수립하였다. 소비에트 연방의 일원이 된 우크라이나는 가장 앞선 발전상을 보였다. 그에 따라 정체성이 뚜렷해지고 민족의식이 높아지자 러시아는 그들을 억압하기 시작하였다.

1930년대 초반 스탈린에 의한 부농 해체, 집단 농장화, 농산물 강제 공출 등 강압적 통치는 대기근Holodomor을 불러왔다. 330만 명 내지 최대 750만 명이 굶주림으로 죽거나 국외로 이주함으로써 1939년 4100만 명에 이르던 인구는 1945년 2700만 명으로 격감하였다.[27]

2차 대전은 또다시 희생을 강요했다. 137만 7000여 명의 병사들이 목숨을 잃었다. 대다수 코사크는 소비에트에 봉사했지만 영국군과 미군에도 있었다. 심지어 독일군에도 있었다. 1939년 독일군이 폴란드를 침공하자 구舊소련은 폴란드가 지배하고 있던 서부 우크라이나를 장악하였다. 그러나 이어진 독일군의 공세로 우크라이나 전역이 독일군에 점령되었다.

1943년 8월, 동부전선의 드네프르강 전투Battle of the Dnieper는 그 절정이었다. 전선의 길이 총 1400킬로미터, 소련군과 독일군은 동서로 대치하여 격전을 벌였다. 그해 12월 말 소련군은 드네프르강 동안에서 독일군을 축출하고, 키예프를 탈환하였다. 양측 군사 400만 명이 동원된 전투에서 최소 160만 명, 최대 210만 명이 희생되었다.

키예프와 크림반도의 세바스토폴, 오데사, 케르치는 폐허가 되다시피 했다. 세바스토폴 시민들은 1000일 동안 계속된 독일군의 포위공격에도 굴하지 않고 도시를 지켜 낸 것으로 찬탄의 대상이 되었다. 11만 명의 인구 가운데 겨우 3000명이 살아남았다. 전후 구소련은 치열한 공방전이 벌어졌던 13개 도시에 '영웅 도시'의 명예를 수여하였다. 그 가운데 우크라이나의 4개 도시가 포함되었다.

우크라이나의 길

우크라이나는 1991년 소비에트 연방의 해체와 함께 독립했다. 중세 키예프 공국의 역사가 있었지만 지금의 우크라이나는 사실상 최초의 국가라 할 수 있다. 영토와 인구에서 유럽 국가 가운데 러시아, 프랑스에 이은 세 번째로 큰 국가다. 하지만 러시아, 폴란드, 오스트리아 등으로부터 오랜 지배를 받은 탓에 인종적, 정신적, 문화적 정체성이 완전히 뿌리내리지 못하고 있다.

지역적으로 보면 서부는 주로 농업지대이고 동부는 공업지대가 많다. 인구 구성을 보면 우크라이나계 78퍼센트, 러시아계 17퍼센트, 기타 5퍼센트 등이다. 동부와 흑해 연안에 다수 거주하는 러시아계는 상대적으로 상위계층에 속하며 우크라이나계와 성향이 다르다.

지정학적 여건 또한 녹록치 않다. 우크라이나는 서북쪽으로는 폴란드, 동북쪽으로는 러시아와 국경을 맞대고 있다. 남쪽으로는 흑해를 사이에 두고 터키와 마주하고 있다. 지정학적으로 매우 민감한 곳이다.

우크라이나는 유럽연합EU과 북대서양조약기구NATO 가입을 목표로 하고 있지만 여의치 않다. 국민의 40퍼센트 정도가 친親 러시아 성향을 보이고 있기 때문이다.[28] 러시아는 그 틈을 비집고 친親 서방 노선에 견제와 위협을 가한다. 크림반도와 동부 지역의 분리 움직임과 러시아라는 변수는 우크라이나의 앞날이 순탄치 않을 것임을 예고하고 있다.

크림반도는 내륙과 역사적 배경이 크게 다르다. 몽골계 타타르족의 킵차크한국에서 독립한 크림한국이 1441년부터 1783년까지 342년간 존속했던 곳이다. 1917년 볼셰비키 혁명 후 레닌에 의하여 주권이 인정되었으나 러시아 내전에서 백군을 지원했다는 이유로 42만여 명이 처형되거나 강제 이주되었다. 소비에트 연방에 편입된 후 주州로 강등되어 자치권이 박탈되었다.

1954년 크림반도는 구소련에 의하여 우크라이나의 영토에 편입되었다. 우크라이나 합병 300주년을 기념한 선물로 준 것이라고 하지만 2차 대전 때 희생의 대가였다. 1967년 스탈린 사후 포고령이 내려져 반역 혐의가 삭제되고, 이주의 자유가 주어짐으로써 강제 이주자의 12퍼센트 정도가 고향으로 돌아왔지만 분란의 씨앗이 되었다.

크림반도의 인구 200만여 명 중 러시아계가 58퍼센트, 우크라이나계가 24퍼센트, 크림 타타르계가 12퍼센트를 차지하고 있다. 1991년 크림자치공화국을 선포한 크림반도는 2014년 주민투표를 통하여 러시아 내의 크림공화국이 되었다. 그러나 유엔 총회가 합병을 반대하는 결의안을 통과시킴으로써 국제적으로는 여전히 우크라이나 내의 자치국으로 인정되고 있다.

2014년 러시아는 크림반도 서남단의 세바스토폴을 자국의 영토로 편입해 버렸다. 그곳은 크림산맥의 끝에 위치한 흑해의 요새로 크림전쟁과 2차 대전의 격전지였다. 지금도 러시아, 터키, 우크라이나의 흑해 함대가 각축하고 있는 전략 요충지이다.

러시아 국경에 인접한 동부 지역도 마찬가지다. 2014년 도네츠크

주와 루간스크 주는 독립을 선포하고 무장투쟁에 나서고 있다. 대부분의 인구가 우크라이나인이며 친親 서방적 성향을 보이는 서부지역과 달리 러시아계 인구가 많고 친親 러시아 성향이 강하다. 또한 그리스 정교를 믿는 서부와 달리 러시아 정교가 주류다.[29]

우크라이나와 러시아의 갈등은 역사와 문화의 영역에서도 예외가 아니다. 한 예로 2009년 러시아는 니콜라이 고골 탄생 200주년을 기념하여 영화 〈타라스 불바〉를 제작했다. 러시아의 역사와 종교 그리고 민족성의 고양을 목적으로 제작된 것으로, 이웃의 우크라이나와 폴란드로부터 큰 반향이 있었다고 한다. 이 영화에서 주인공 불바는 곳곳에서 러시아와 정교 신앙에 대한 자긍심을 드러낸다. 우크라이나 출신 러시아 감독에 우크라이나 국민배우가 주연을 맡았고, 코사크의 시치가 있었던 드네프르강의 호르티차 섬에서 촬영되었다.[30] 우크라이나 입장에서는 자신들의 역사와 문화를 빼앗겼다는 생각을 할 수 있을 것 같다.

우크라이나는 '유럽의 빵 바구니Breadbasket of Europe'로 불리는 농업대국이다. 구소련 시절 농산물 생산량의 절반을 담당했다고 한다. 국토의 약 54퍼센트가 경작이 가능하고, 그 가운데 60퍼센트가 비옥한 흑토지대다. 석탄, 철광석, 망간을 비롯한 천연자원도 풍부하다. 우크라이나는 러시아와 서유럽을 잇는 요충지대다. 서유럽으로 가는 러시아 가스관이 우크라이나를 지난다. 가스관은 우크라이나의 무기이자 위험 요소이다. 아조프해의 자원을 놓고도 양국은 대립하고 있다. 우크라이나는 해상을, 러시아는 해저를 기준으로 관할권

을 주장한다.[31]

우크라이나인들은 지금의 터전을 마련하고 독립 국가를 건설하는 과정에서 수많은 전쟁과 험한 일에 동원되어야 했다. 오지와 미개척지로 추방되거나 유랑길에 올라야 했다. 아직도 그들의 수난은 끝나지 않았다. 영토, 경제, 문화 등 다방면에 걸친 외세의 개입과 침탈에서 자유롭지 못하다. 지역적 갈등의 골이 깊다. 우크라이나가 어떻게 내부의 분열을 극복하고 국가의 이익을 지켜 나갈 수 있을지 궁금하다.

황금색 해바라기가 끝없이 펼쳐진 초원, 그곳에서 살아가는 자유로운 사람들이 온전한 독립과 자존을 누릴 수 있는 날은 올 것인가? 해바라기는 우크라이나의 국화다.

한반도와 코사크

코사크의 활동 무대는 대단히 넓었다. 한반도와 코사크, 전혀 관련이 없을 것 같지만 그렇지 않다. 1896년 고종이 러시아 공사관으로 옮겨간 후 친로파 정부에 의하여 별기군이 창설되었다. 러시아군 장교의 지휘하에서 훈련을 담당한 것은 공사관을 호위하던 10명의 코사크 하사관이었다. 별기군은 하사관 1명당 80명씩, 총 800명 규모였다. 고종이 공사관을 떠나 경운궁(지금의 덕수궁)으로 거처를 옮긴 후에도 궁궐의 경비를 담당했다.[32]

우리나라 최초의 서양 건축물을 설계한 아파나시 사바틴Afanasij I.

S. Sabatin은 모계가 자포리자 코사크였다. 지금의 우크라이나 동부 폴타바 태생인 사바틴은 1883년 입국하여 1904년 러일 전쟁으로 귀국하기까지 여러 건축물을 설계하였다. 러시아 공사관, 인천해관, 인천 만국공원(현 자유공원), 독립문 등은 그의 설계로 이뤄졌다. 고종의 특별한 신임으로 건청궁의 관문각, 덕수궁의 중명전과 정관헌, 손탁호텔을 설계하였고 궁궐 호위대장을 맡기도 했다.

사바틴은 1895년 명성황후 시해 사건을 목격한 외국인이기도 하다.[33] 일본의 노골적 위협에 불안해진 고종은 경복궁 뒤쪽에 건청궁을 짓고 그곳에 기거하면서 외국인을 고용하여 경계를 서도록 하였다. 건청궁 근처에 흔적만 남아 있는 서양관은 그때 외국인을 위하여 지은 것이다. 을미사변을 목격한 사바틴의 증언과 러시아 공사 베베르의 보고를 통하여 대원군과 훈련원의 소행으로 조작하려던 일본의 음모가 드러나게 되었다. 사실상 일본의 지배하에 있던 훈련원은 을미사변이 일어나기 하루 전 고종에 의하여 해산되었다.

코사크는 러일 전쟁에도 참가하였다. 첫 육상전이 벌어졌던 평안북도 정주는 러시아군의 약탈과 폭력으로 주민들의 피해가 자심했던 곳이다. 1904년 코사크 기병이 국경지대의 한인 마을을 습격하는 장면이 프랑스의 화보 잡지 《르 쁘띠 주르날Le Petit Journal》에 게재되기도 했다.[34]

1800년대 중반 극동의 아무르강, 우수리스크강 유역으로 이주한 코사크 집단은 1915년 무렵 연해주 우수리스크 카자크 부대 영역에서만 4만 4000여 명에 달하였고, 상당수의 한인들이 코사크의 땅을 임차하여 경작했다고 한다.[35] 1917년 볼셰비키 혁명 후 발생한 내전에서 코사크는 대부분 반혁명 백군白軍에 가담하였다. 그와 반대로 연해주의 한인 독립군 주력 부대는 백군에 협력한 일본군에 대항하기 위하여 적군赤軍의 편에 섰다. 그러나 코사크도, 한인도 학살과 강제 추방으로 내몰렸다.[36]

---- 04 ----

카프카스
프로메테우스의 고통

아르메니아의 수도 예레반의 서쪽 언덕에 제노사이드 추모공원이 있다. 1965년 제노사이드 50주년을 기하여 조성된 것이다. 추모의 벽과 첨탑 형태의 추모비, 전시관으로 구성되어 있다. 추모비는 큰 첨탑에 작은 첨탑이 붙어 있는 형태다. 각각 아르메니아 본토와 소小 아르메니아를 지칭한다. 추모의 벽을 구성하고 있는 열두 개 석판은 각각 소 아르메니아인들이 살았던 터키의 열두 마을을 상징한다.

제노사이드

아르메니아는 19세기 말 이후 10여 차례의 학살을 겪었다. 1894년 하미디안 제노사이드Hamidian Genocide로 최소 10만 명 내지 최대 30만 명이, 1906년 아다나 학살Adana massacre로 3만 명이 희생되었다. 1차 대전이 발발했을 때 쇠퇴 일로를 걷고 있던 오스만 제국은 중립을 지키고 있었지만 러시아가 동부 국경을 점령하자 독일 동맹국에 가담했다. 그러자 소아시아 거주 아르메니아인들은 러시아 군대에 입대하거나 게릴라전을 벌였다.

당시 오스만 제국 내에 거주하는 아르메니아인은 250만 명 정도였다. 오스만 제국은 1915년 4월, 아르메니아 지도자 250여 명을 체포하여 처형하고 최소 150만 명에서 최대 200만 명을 시리아와 메소포타미아로 추방했다. 650킬로미터의 피난길에서 굶주림, 질병, 학살 등으로 최소 80만 명 내지 최대 150만 명이 죽었다. 아르메니아 제노사이드Armenian genocide는 유대인 홀로코스트Holocaust 이전에 발생한 최대의 학살 사건이었다.

그들의 처지는 연해주의 고려인과 흡사했다. 1930년대 초반 농업 집단화의 폐해와 대기근으로 민심이 흉흉한 가운데 1937년 중일 전쟁이 발발하자 러시아는 연해주 고려인 지도자 2500명을 처형하고 3만 6442가구 17만 1781명을 중앙아시아로 강제 이주시켰다. 그 과정에서 숙청, 기근, 질병 등으로 1만 6500여 명이 희생된 것으로 추정되고 있다.[1] 당시 구소련은 고려인을 포함하여 60개 소수 민족 300만 명을 강제 이주시켰다.[2] 그때 강제 이주된 고려인과 그 후손 5만여 명이 카프카스에 살고 있다.

세계의 어떤 힘이 이 종족을 파괴하는지 보고 싶습니다. 중요하지 않은

이 작은 종족에게 역사는 끝났고, 전쟁은 모두를 죽게 했으며, 체제는 무너지고, 문학은 읽히지 않으며, 음악은 들리지 않고, 기도는 더 이상 행하지 않습니다. 어서, 이 종족을 파괴하십시오. 다시 1915년 그때를 말합시다. 이 세계에는 전쟁이 있습니다. 아르메니아를 파괴하십시오. 할 수 있다면 해 보십시오. 그들을 집에서 사막으로 보내십시오. 빵도 물도 얻을 수 없도록 하십시오. 그들의 집과 교회를 불태우십시오. 그들이 다시 살 수 있는지 보십시오. 그들이 다시 웃을 수 있는지 보십시오, 그들 가운데 두 명이라도 20년 후 맥줏집에서 만나 웃으며 같은 말로 주고받는지 보십시오. 어서, 그 모든 것을 할 수 있는지 보십시오.[3]

아르메니아계 미국 작가 윌리엄 샤로얀William Saroyan[4]의 제노사이드에 관한 짧은 글 가운데 마지막 부분이다. 오죽하면 '아르메니아 사람을 모조리 없애 버려'라고 했을까. 하지만 아르메니아 제노사이드는 터키에서 금기시되고 있다. 소설가 오르한 파묵Orhan Pamuk 조차도 제노사이드를 비판했다는 이유로 책이 불태워지고 살해 위협에 시달리기도 했다. 2005년 스위스의 한 잡지와의 인터뷰에서 한 말이다.

3만 명의 쿠르드인과 100만 명의 아르메니아인이 여기서 죽었다. 그러나 아무도 감히 입에 올리지 못한다. 나도 마찬가지다.[5]

제노사이드에 대한 언급이 금기시되었던 터키의 분위기를 잘 보여 준다. 예레반의 추모공원이 말해 주듯 제노사이드는 아르메니아의 씻을 수 없는 한이 되었다. 그러나 터키의 입장은 다르다. 자신들도 민간인을 포함하여 35만 명 내지 40만 명이 죽었을 뿐만 아니라 무장 반군을 진압하는 과정에서 발생한 우발적 사건이었다는 것이다. "나라 안에서 이적행위를 하는 사람들을 그냥 내버려 두라는 말인가?" 그들의 반문이다.

아르메니아 제노사이드를 공식적으로 인정한 국가는 캐나다, 러시아, 이탈리아, 스위스 등 24개국에 이른다. 그 가운데 네덜란드나 프랑스와 같이 법률로 대학살을 인정하거나 부정否定을 금지한 나라도 있다. 2019년 10월 미국 하원은 터키의 쿠르드족 침공을 빌미로 '아르메니아 학살 결의안'을 통과시켰다. 2021년 4월 24일, 아르메니아의 제노사이드 추모일을 기하여 바이든 대통령은 성명을 통하여 오스만 터키에 의한 집단 학살이었다는 사실을 공식 인정하였다.

살아남은 필사본

2015년은 제노사이드 100주년이었다. 아르메니아는 〈케말주의자의 대학살Kemalist Massacres〉이라는 영화를 만들고 '살아남은 필사본Survived Manuscripts'이라는 이름의 전시회를 열었다. 《무슈의 설교집Msho charentir》과 《제이툰 가스펠Zeyt'un Gospels》이 그 주인공이었다. 전시회가 열린 예레반의 고문서관에는 1만 7000건의 필사

본을 포함하여 총 2만 3000건의 고문서가 보관되어 있다고 한다.[6]

《무슈의 설교집》은 가로 55.3센티미터, 세로 70.5센티미터에 무게가 27.5킬로그램이나 되는 초대형 필사본이다.[7] 설교집은 1200년 경 지금의 터키 동부에 위치한 무슈 마을의 귀족 또는 부유한 상인으로 추정되는 아스트와챠툴Astavatsadur이 제작한 것으로 알려지고 있다. 송아지 가죽에 채색화를 바탕으로 성경, 사상, 역사 등의 가르침을 쓴 아르메니아의 귀중한 문화유산이다.

설교집이 만들어진 후 얼마 지나지 않아 오스만 튀르크 군대가 쳐들어왔다. 아스트와챠툴은 살해되었고 설교집은 그들의 손에 들어갔다. 돌려주는 대가로 은화 4000개를 요구했다. 수도사와 주민들은 집회를 열어 의견을 모은 끝에 돈을 모아 되찾을 수 있었다.

설교집은 제노사이드 때 다시 위기를 맞았다. 불타는 수도원으로부터 설교집을 구하기 위하여 반으로 나눠 한쪽은 멀리 떨어진 엘즈룸 교회 정원에 묻고 나머지 한쪽은 주민들이 돌아가면서 보호하다가 사라졌다. 그러던 어느 날 두 여성이 큰 포대기로 몸을 감싼 채 에치미아진 대성당에 나타나 설교집을 꺼내 놓고 황급히 사라졌다고 한다.

워낙 혼란한 상황에서 일어난 일이라 전하는 내용이 조금씩 다르다. 두 여성이 수도원에 버려진 설교집을 발견하고 둘로 나누어 반씩 몸에 묶어 옮겼다는 이야기도 전한다.[8] 원래 660면이었지만 627면이 돌아왔다고 한다.[9]

《제이툰 가스펠》은 1256년 토로스 로슬린T'oros Roslin이 양피지에

컬러 삽화를 넣어 금장으로 꾸민 화려한 복음서다. 지금의 터키 남부 실리시아의 외딴 교회에 보관되어 있던 중 제노사이드 때 사라졌다가 용케도 돌아왔다. 그러나 빠진 부분이 있었다.

80여 년의 세월이 흐른 1994년, 사라졌던 여덟 장이 미국 로스엔젤리스의 'J. 폴 게티 미술관J. Paul Getty Museum'[10]에 나타났다. 소식을 접한 아르메니아 사도 교회가 반환 소송을 제기했지만 해결의 실마리를 찾지 못했다. 그러다가 제노사이드 100주년을 맞아 다음과 같이 합의했다.

> 게티 미술관은 사도 교회의 소유권을 인정하고, 사도 교회는 그것을 게티 미술관에 기증한다.[11]

'약속'의 주인공들

아르메니아 제노사이드를 소재로 제작된 미국 영화가 있다. 2016년 개봉된 〈더 프로미스The Promise〉이다. 무대는 터키 동남부의 산악지대, 아르메니아인과 터키인이 비슷한 정도로 분포하고 있었다. 주인공 미카엘 보고시안은 작은 마을 시룬에서 조상 대대로 전해 내려오는 방법을 사용하여 약을 조제, 판매하는 약종상의 아들이었다.

이스탄불의 제국의과대학에서 공부하는 것이 꿈이었던 미카엘은 금화 400개의 지참금을 받고 부유한 이웃의 딸과 정혼한다. 마침내

의과대학에 입학한 미카엘은 오스만 제국 고위 관리의 아들 엠레 오간을 만나 친구가 된다.

이스탄불에는 상업으로 성공한 미카엘의 삼촌 메스롭이 살고 있었다. 메스롭은 미카엘에게 파혼하고 아이들의 가정교사인 아나 카사리안과 결혼하라고 권한다. 그때 아나는 연합통신 기자 크리스 마이어스와 약혼한 상태였다. 그러나 미카엘과 아나 두 사람은 서로 마음이 끌린다.

1차 대전이 발발하고 아르메니아인들에게 추방 명령이 내려진다. 그 과정에서 수많은 사람들의 학살된다. 영화는 미카엘, 아나, 크리스 사이의 엇갈리는 사랑과 운명을 담고 있지만 그 중심에는 제노사이드가 있다. 크리스는 사막으로 내몰려 죽어가는 아르메니아인들의 참상을 알리기 위해 위험을 무릅쓰고 취재에 나선다.

오스만 정부는 18세에서 50세까지의 아르메니아 남자들을 징집하여 강제 노역에 투입한다. 미카엘은 엠레의 도움으로 징집을 피할 수 있었지만 그의 삼촌은 그렇지 못했다. 미카엘은 엠레에게 부탁하여 삼촌을 빼내려고 하다가 체포되어 철도 건설 현장으로 끌려가지만 화약 폭발 사고를 기회로 탈출에 성공한다. 고향에 돌아온 미카엘은 정혼자 마랄과 결혼하고 산속으로 들어가 오두막에서 생활한다.

아나와 크리스는 메스롭의 남은 가족들을 미카엘의 집에 데려다준다. 아나가 미카엘의 소식을 묻자 어머니는 그가 죽었다고 거짓말을 한다. 미카엘은 결혼을 권하는 어머니에게 자신에게는 사랑하는 사람이 따로 있다고 말한 적이 있었다. 미카엘은 아내가 임신하자 처가에 데려다주려고 산을 내려왔다가 아나의 소식을 듣는다. 난민촌으로 달려간 미카엘은 아나를 만나 포옹하며 사랑을 확인한다. 크리스는 그런 두 사람의 모습을 잠자코 지켜볼 뿐이다.

미카엘은 아나에게 그간의 일을 말한 뒤 아내와 가족들을 데리러 고향 마을로 간다. 그러나 마을 사람들이 학살된 뒤였다. 미카엘은 용케 살아남은 어머니와 사촌 예나를 마차에 태우고 마을을 떠난다. 도중에 오스만 군대에 쫓기게 되지만 위험을 무릅쓴 크리스의 도움으로 추격을 따돌릴 수 있었다.

크리스는 오스만 군대에 붙잡혀 수감된다. 소식을 듣고 찾아온 엠네에게 미국 대사관에 알려달라고 부탁한다. "미카엘을 도와주다가 군대에 끌려왔다. 이젠 반역죄까지 범하라는 말인가"라며 거절하지만 결국 그를 돕는다. 석방된 크리스는 프랑스 순양함 쿠첸에 승선한다. 그러나 엠레는 크리스를 도운 사실이 발각되어 총살된다.

아르메니아인들은 무사산Musa Dagh에서 오스만 군대에 맞서기로 한다. 이 부분은 역사적 사실을 담은 것이다. 1915년 6월, 오스만 제국은 여섯 마을에 추방 명령을 내린다. 4000여 명의 아르메니아인들은 추방을 거부하고 산속에 들어가 53일간 2만여 명의 오스만 군대에 저항했다.

그곳에는 250여 명의 전사들이 함께하고 있었다. 마지막에는 해변으로 밀려나는 위험한 순간을 맞았지만 마침 지중해를 지나던 연합군 전함에 구조되어 이집트에 머물다가 제1차 세계대전이 끝난 후 고향으로 돌아갈 수 있었다. 무사산은 터키의 최남단, 시리아 국경 가까운 곳에 위치한 산으로 '모세의 산Moses Mountain'이라는 뜻이다.

다시 영화로 돌아가면 미카엘과 아나는 산 정상에 텐트를 치고 오스만 군대의 공격에 대비한다. 1915년 9월 12일, 터키군은 대포로 무장한 2만여 명의 병력을 동원하여 공격에 나선다. 부상을 당한 미카엘의 어머니는 숨을 거두고 만다. 난민들은 해안으로 내몰린다.

때마침 그곳을 지나던 프랑스 군함에 의하여 구조가 시작된다. 군함에 있던 크리스는 보트를 타고 미카엘과 아나 일행을 구출한다. 터키군의 포격으로 아나와 예나가 바다로 떨어진다. 미카엘이 바다에 뛰어들지만 아나를 구하지 못한다.

이집트의 난민 수용소에 도착한 그들은 크리스의 도움으로 미국으로 간다. 미국에 도착한 미카엘은 예나를 입양하고 매사추세츠 워터 타운에 정착한다. 1942년 예나의 결혼식, 장성한 아르메니아 고아들이 모인 가운데 의사가 된 미카엘은 예나의 아버지로서 결혼식을 주관한다.

크리스는 어떻게 되었을까? 1938년 스페인 내전을 취재하던 중 목숨을 잃었다. 영화는 크리스의 취재 사진 몇 장과 함께 자막을 띄운다. '150만 명의 남녀, 아이들이 아르메니아 제노사이드에서 죽었다. 지금까지 터키 정부는 이 범죄를 인정하지 않고 있다.' 그리고 "중요하지 않은 이 작은 종족에게 역사는 끝났고…"라는 윌리엄 샤로얀의 강렬한 멘트로 끝을 맺는다.

영화 〈더 프로미스〉는 아르메니아 제노사이드와 그 속에서 스러지는 아르메니아인들의 삶을 주제로 한 것이지만, 주인공들이 보여 주는 캐릭터에는 특별함이 있다. 크리스와 엠레의 처신에서 강한 의무감과 품격을 느낄 수 있다.

성공한 디아스포라

영화의 제작을 지원한 사람은 '라스베이거스의 아버지'로 불리는 커크 커코리언Kirk Kerkorian이다.[12] 1917년 아르메니아 이민자의 아들로 태어난 커코리언은 고등학교를 중퇴하고 아마추어 복싱 선수가 되었다. 2차 대전은 인생의 전환점이 되었다. 그는 조종사 훈련을 받고 캐나다에서 생산된 폭탄을 영국으로 수송하는 위험한 임무를 자원했다. 생존 확률이 매우 낮은 일종의 도박이었다. 2년 반 동안 33회를 왕복하면서 큰돈을 모았다.

1944년 로스앤젤리스에서 라스베이거스까지 항공 수송업을 시작으로 MGM, 인터내셔널 호텔, MGM 그랜드 호텔 등을 소유하며 대자산가 반열에 올랐다. 현재의 모기업은 MGM 리조트 인터내셔널 MGM Resorts International이다.

아르메니아 본토 인구의 두 배가 넘는 700만 명이 러시아, 미국, 프랑스 등 해외에 살고 있다. 윌리엄 샤로얀과 커크 커코리언, 매스코 창업자 알렉스 마누기안Alex Manoogian, 이집트 초대 수상 누바르 파샤Nubar Pasha, 이탈리아 패션 디자이너 조르지오 아르마니

Giorgio Armani, 프랑스 테너 샤를 아즈나부르 Charles Aznavour를 비롯하여 성공한 사람들이 대단히 많다.[13]

아르메니아인들은 유대인과 비슷한 데가 많다. 디아스포라와 제노사이드의 비극뿐만 아니라 뛰어난 상인 기질을 가지고 있다는 점에서도 그렇다. 그들의 상업적 전통은 헤로도토스의 《히스토리아》에 나올 정도로 대단히 오래되었다. 헤로도토스에 의하면 그들은 큰 가죽배를 만들어 바빌론까지 왕래한 해상 무역의 선구자였다.[14] 16세기 유대인과 아르메니아인들이 경쟁적으로 상업을 발전시킬 수 있었던 것은 피지배 민족의 종교에 관대했던 오스만 제국의 밀레트Millet 제도의 영향이 컸다고 한다.

신화의 땅

지구상 어디건 강대국 사이에 접한 완충지역은 고달프다. 유럽의 발칸, 카프카스, 발트, 핀란드, 한반도가 그런 곳이다. 그 가운데 '동서 문명의 교차로', '신화의 땅' 등으로 불리는 카프카스 Kavkaz·Caucasus는 북쪽의 러시아와 남쪽의 오스만 제국 사이에서 수난을 피할 수 없었다.

카프카스는 서쪽의 흑해에서 동쪽의 지중해까지 1200킬로미터에 이르는 해발 5642미터 유럽 최고봉 엘브루스산을 포함하여 5000미터가 넘는 산만 다섯 개나 된다. 카프카스산맥을 중심으로 북쪽에는 7개의 러시아 자치공화국이 있다.[15] 남쪽에는 조지아, 아르메니아, 아제르바이잔 등 이른바 카프카스 3국이 자리 잡고 있다. 구소련 붕괴 이후 카프카스 남쪽은 독립했지만 북쪽은 여전히 러시아에 남아 있다.

카프카스는 '노아의 방주'의 전설이 서린 곳이다. 방주가 도착한 곳은 아라라트산. 물이 빠진 후 산에서 내려온 노아와 가족들은 그곳에 새로운 터전을 세웠다고 한다. 아르메니아의 역사는 매우 깊다. 6100년 된 와인 양조장, 그리고 5500년 된 가죽 신발이 문명의 깊이를 보여 준다.[16] 아르메니아인들은 시조 하이크 나하벳Hayk Nahapet을 노아의 현손玄孫으로 여긴다. 나하벳은 기원전 2492년 그의 일족 300여 명을 이끌고 바빌로니아의 대군을 격퇴하고 최초의 왕조를 열었다고 한다.[17]

카프카스는 인간에게 불을 가져다주었다는 프로메테우스와 헤라클레스의 신화와 관련이 있다. 제우스는 헤파이스토스의 대장간에서 불을 훔쳐다 인간에게 준 처벌로 프로메테우스를 카우카소스의 바위산에 쇠사슬로 묶어 놓고 독수리로 하여금 그의 간을 파먹게 했다. 파먹힌 간은 다시 돋아나 독수리의 먹이가 되었다. 같은 고통이 3000년간 되풀이 되었지만 그는 굴복하지 않았다. 마침내 힘센 영웅 헤라클레스가 나타나 독수리를 쏘아 죽이고 프로메테우스를 풀어주었다.

카프카스 사람들의 삶은 프로메테우스를 연상하게 한다. 자유롭고 평화로운 삶을 갈망하던 그들은 그리스, 스키타이, 로마, 페르시아, 몽골, 오스만 러시아 등 강대국의 핍박을 받아야 했다. 수차례 제노사이드와 디아스포라의 비극을 겪었다.

블라디카프카스

1653년 이반 4세가 볼가강 하류의 아스트라한을 정복함으로써 러시아의 영토는 카프카스와 카스피해에 이르렀다. 1721년 북방전쟁의 승리로 북쪽의 발트해에 교두보를 확보한 러시아는 남쪽으로 방향을 돌린다. 흑해를 장악하고 지중해로 진출하려는 새로운 국가전략이었다.

표트르 1세 때 시작된 남하정책은 1780년대 초반 예카테리나 2세의 그리스 계획Greek Plan으로 본격화되었다. 그것은 발칸과 그리스에서 오스만 제국을 축출하고, 비잔틴 제국의 부활을 목표로 하는 프로젝트였다. 러시아는 비잔틴 제국에 이은 제3의 로마제국을 자처하고 있었다.

1784년 러시아는 북카프카스에 전진기지를 세웠다. '카프카스를 정복하라'라는 뜻의 블라디카프카스Vladikavkaz, 지금의 오세티야 자치공화국의 수도다. 러시아가 극동에 건설한 블라디보스토크Vladivostok보다 76년 앞선 시기였다.

제국의 기초를 확립한 러시아는 17세기 중반부터 극동과 카프카스 양방향으로 남하정책을 모색하고 있었다. 급기야 러시아군은 흑

룽강 일대까지 침범하였다. 조선군이 청국의 요청으로 1654년과 1658년 두 차례 나선정벌羅禪征伐에 나선 것도 그때였다.

1689년 네르친스크 조약Treaty of Nerchinsk으로 경계선이 확정되었지만 러시아의 남하정책은 계속되었다. 그러다가 1860년 베이징 조약Convention of Peking에 의하여 연해주 일대가 러시아 영토에 편입되었다. 러시아의 도움으로 프랑스와 영국의 침탈을 막아 보려는 청국의 고육지책이었다.

러시아는 1799년 블라디카프카스에서 조지아의 수도 티플리스(지금의 트빌리시)까지 군사도로를 개설하고 남쪽으로 향했다. 1829년 페르시아와 오스만 제국을 제압하고 남카프카스를 장악하였다.[18] 그리고 1832년 영국, 프랑스와 협력하여 오스만 제국에서 그리스를 독립시킴으로써 인도양으로 진출하는 교두보를 확보하려고 했다.

북카프카스 사람들

러시아의 첫 먹잇감이 된 북카프카스의 저항은 격렬했다. 가장 먼저 저항한 것은 북서부 해발 4000미터 고산지대에서 거주하던 체르케스Cherkess였다. 자국어로는 이디게Adyge, '산사람'을 뜻한다. 체르케스의 저항은 1763년부터 1864년까지 무려 101년간 계속되었다.

1822년에 발표된 푸시킨의 장편 서사시 〈카프카스의 포로〉는 체르케스에 포로가 된 러시아 청년과 부족 처녀의 사랑을 주제로 한 것이다. 청년을 족쇄를 잘라 준 처녀의 도움으로 강을 건너 탈출할 수 있었지만 사랑을 얻지 못한 처녀는 강물에 몸을 던져 목숨을 버렸다. 그 때문에 러시아 제국주의를 정당화하였다는 해석을 낳기도 하였다.[19]

1820년 외무부 번역관으로 일하던 푸시킨이 차르 체제를 비판했다는 혐의로 추방되었다가 돌아와 발표한 서사시로, 포로가 된 청년은 다름 아닌 그 자신이었다. 다음은 푸시킨이 묘사한 체르케스인의 모습이다.

> 카프카스 사람들은 무기로 장식하고 있으며, 그것에서 자부심과 위로를 느낀다. 갑옷과 권총, 화살통, 쿠반식 활, 올가미, 단검, 그리고 일할 때나 쉴 때나 항상 군도를 가지고 있다. 모든 것을 가볍게 들고 결코 서툴지 않다. 걷거나 말을 타면 언제나 불굴의 용기로 임한다.

1861년 오스만 제국과 전쟁 중이던 러시아 알렉산더 2세는 "오스만으로 갈 것이냐, 아니면 시베리아로 갈 것이냐?"라는 최후통첩을 보낸다. 오스만 제국의 편에 서지 못하게 하기 위한 것이었다. 하지만 그들은 물러서지 않았다. 1864년 5월 7일에서 11일까지 5일간 수도 소치Sochi 근처의 계곡에서 저항하다가 전원 옥쇄를 선택했다. 살아남은 사람들은 항복을 거부하고 산 아래로 몸을 던졌다.

1세기에 걸친 격렬한 저항을 분쇄한 러시아 군대는 소치 시내에서 자랑스럽게 개선 행진을 했다. 체르케스의 비극은 그것으로 끝이 아니었다. 그로부터 10일이 지난 후 제노사이드Circassian genocide가 자행되었다. 공식적으로는 40만 명이라지만 최소 60만 명, 전체 인구의 4분의 3이 희생되었다고 한다.[20] 살아남은 50만 명은 터키로 강제 이주되었다.

2014년 러시아는 소치에서 동계 올림픽을 개최하였다. 러시아 군대가 소치 계곡에서 승리한지 150주년이 되는 해였다. 터키에 거주하는 체르케스인들이 소치 동계 올림픽을 반대하는 시위에 나섰던 것도 제노사이드의 상처 때문이었다. 체르케스인은 전 세계에 걸쳐 300만 명 내지 400만 명이 살고 있지만 북카프카스에 남아 있는 사람들은 고작 7만여 명에 불과하다.

체르케스 동쪽의 체첸인과 다게스탄인 또한 러시아의 침공에 격렬하게 저항했다. 1817년부터 1864년까지 계속된 카프카스 전쟁Caucasian War이다.[21] 그들의 저항은 카프카스 이맘국Caucasian Imamate[22]에 의하여 주도되었다.

1834년에 제3대 이맘Imam에 올라 1859년까지 게릴라전을 지휘한 샤밀은 '다게스탄의 사자Lion of Dagestan'로 불린 전설적 인물이었다. 그러나 러시아의 위장 평화에 속아 항복하고 말았다. 러시아는 그를 상트페테르부르크로 데려가 알렉산더 2세를 만나게 하고 저택을 제공하는 등으로 회유하였고, 마지막에는 메카를 여행하던 중 죽었다.

카프카스는 푸시킨뿐만 아니라 톨스토이 문학의 보고였다. 1851년 22세에 큰형을 따라서 카프카스의 카자크 마을에 도착한 톨스토이는 포병 중대에서 복무하면서 여러 차례 죽을 고비를 넘기기도 했다. 당시 러시아는 카자크 마을을 완충지대로, 이른바 '카자크 라인'을 형성하여 카프카스 부족들을 압박하고 있었다.

톨스토이의 《습격》,《카자크 사람들》,《하지 무라트》,《카프카스의 죄수》,《세바스토폴 이야기》 등의 중·단편은 카프카스와 크림 전쟁에서 겪은 경험을 바탕으로 쓴 작품이다.[23]

하지 무라트Hadji Murad는 이맘 샤밀Imam Shamil이 통치하는 카프카스 이맘국의 제2인자였다. 샤밀이 자신의 아들을 후계자로 정하자 무라트는 반발한다. 살해될 위기에 처한 무라트는 러시아군에 투항하여 무기 지원을 요청하지만 뜻을 이루지 못한다. 그를 신뢰하지 않았기 때문이다.

무라트는 샤밀 측에 붙잡혀 있는 가족을 구하기 위하여 러시아 진영에서 탈출을 시도하다가 목숨을 잃었다. '붉은 악마'라는 별명이 붙었을 정도로 용맹한 전사였지만 그렇게 스러지고 말았다. 그의 머리는 상트페테르부르크에 내걸렸고, 몸은 다게스탄에 묻혔다고 한다. 다게스탄에서는 그의 사체를 모아 온전하게 묻어 주기 위한 움직임이 있다고 한다.

체첸 출신 보이상구르 베노이스키Boysangur Benoiski의 투쟁은 놀랍다. 한 팔과 한 눈에다가 한쪽 다리까지 잃은 만신창이였지만 죽을 때까지 굴복하지 않았다. 1859년 샤밀의 항복 결정에 불복하고 동료들과 함께 러시아군의 포위망을 뚫고 나가 체첸에서 러시아군에 승리했다. 처참한 그의 모습은 체첸인들에게 큰 연민과 감동을 주었다고 한다. 게다가 자식들까지 그와 함께하고 있었다. 다음은 그가 샤밀의 아들 가지-마호메트Gazi-Mahomet에게 남긴 말이다.

나는 러시아인들과 싸우는 동안 이 같은 부상을 입었다. 이제 더 이상 싸움에 적합하지 않다. 일종의 쓰레기를 데리고 가는 것을 부끄럽게 생각하지 않나? 나보다도 더 많이 쓸 수 있다고 생각하는 사람들을 데려가라.[24]

카프카스인들의 저항이 계속되자 러시아는 1861년 1월 초 산속의 체첸인 마을 열다섯 곳을 파괴하였다. 아들들과 함께 체포된 베노이스키는 야전 군사법정에서 교수형에 처해졌다. 이로써 체첸인과 다게스탄인의 저항도 끝나고 말았다.

1917년 러시아 혁명이 발생하자 체첸, 인구시, 다게스탄은 북카프카스 산악공화국을 수립하였다. 그러나 1921년 소비에트 연방에 강압적으로 편입되었고 공화국 정부는 망명해야 했다.

2차 대전이 일어나자 6만 5000여 명이 소련군의 일원으로 나치 독일군의 공세에 맞서야 했다. 그럼에도 불구하고 독일군 점령하에서 나치에 협력했다는 혐의로 전체 인구의 60퍼센트 이상이 희생되었고, 50만 명이 카자흐스탄으로 강제 이주되었다. 1991년 구소련이 붕괴된 후 독립을 선언한 체첸은 러시아의 침공으로 또 다시 큰 희생을 입었고, 독립은 좌절되었다.

남카프카스 사람들

지금의 조지아, 아르메니아, 아제르바이잔, 터키와 이란 일부 지역을 포함하는 남카프카스는 '카프카스 너머'라는 뜻의 자카프카스 Zakavkaz라는 이름이 붙었다. 산 너머 남쪽 나라에 대한 선망이 담긴 지명이다. 러시아 문학의 자양분이 된 것도 그 때문이다.

카프카스산맥의 남쪽은 북쪽과 달리 지중해 문화권이다. 한때 주변 지역을 아우르는 제국을 건설하기도 했지만 로마, 페르시아, 비잔틴, 오스만 등 지중해 세력의 부상으로 오랜 기간 이민족의 지배를 받아야 했다. 그리고 18세기 러시아의 남하정책은 치명적이었다. 남카프카스 3국은 1991년 구소련이 붕괴된 후에야 암흑기를 끝내고 독립을 되찾을 수 있었다.

남카프카스에서 가장 먼저 독립 왕국을 건설한 민족은 아르메니아인들이었다. 그들은 기원전 9세기 우라르투Urartu 왕국을 건설하였다. 아르메니아의 수도 예레반은 기원전 782년, 로마보다 29년 앞선 시기에 세워진 도시로 2018년 건도建都 2800주년을 맞이하였다.

기원전 6세기에 세워진 예르반두니Yervanduni 왕조는 아르타시아스 1세에 의하여 이민족의 지배를 물리치고 기원전 190년 대大아르메니아Great Armenia를 건설하였다. 그의 손자 티그라네스 2세의 치세에 최전성기를 이뤄 동쪽으로 카스피해, 서쪽으로 지중해에 이르는 제국으로 발전할 수 있었다. 그러나 동쪽의 파르티아(훗날 사산조 페르시아)와 서쪽의 로마 사이에서 국력이 점차 쇠퇴하여 본토만 남게 되었고, 387년 로마제국, 428년 비잔틴제국과 사산조 페르시아의 분할 지배를 피하지 못하였다.

9세기 후반 아르메니아는 잠시 독립을 되찾을 수 있었다. 아르메니아 출신이었던 비잔틴 제국의 바실리오스 1세는 아르메니아 본토에 새 왕조를 세워 함께 번영을 누렸다.[25] 그러나 11세기 말 셀주크 튀르크의 침입으로 여러 곳으로 이동하였다. 1198년 일단의 아르메니아인들은 지금의 터키 동남부 해안에 실리시아 아르메니아 왕국 Armenian Kingdom of Cilicia[26]을 세웠지만 1375년 이집트의 맘루크 왕조에 의하여 해체되었다.

12세기 초 셀주크의 지배를 받던 본토의 아르메니아인들은 조지아 왕국의 도움으로 셀주크를 몰아내고 북동부 지역에 자카리드 아르메니아Zakarid Armenia를 세웠다. 13세기부터 400년간 오스만 제국의 지배를 받다가 1639년 서부는 오스만에, 동부는 페르시아에 분할되었다. 1813년 강국으로 부상한 러시아가 오스만과 페르시아를 제압하고 남카프카스 전역을 합병하였다.

1차 대전의 발발로 아르메니아는 러시아와 오스만의 각축장이 되었다. 서부 아르메니아인들은 앞서 보았던 대로 1915년 제노사이드와 디아스포라로 초토화되다시피 했다. 1918년 동부 아르메니아에서는 볼셰비키에 의하여 아르메니아 민주공화국이, 반 볼셰비키에 의하여 아르메니아 산악공화국이 세워졌다.

1차 대전이 끝나자 연합국은 1920년 세브르 조약Treaty of Sèvres 으로 오스만 제국의 영토를 분할하기로 한다. 무스타파 케말Mustafa Kemal을 비롯한 터키 민족주의자들의 반발로 전쟁이 발발한다. 터키군은 내전의 발생으로 러시아군이 철수하자 아르메니아를 공격하였다. 그 과정에서 아르메니아인 수천 명이 학살되었다.

알렉산드로폴 조약Treaty of Alexandropol으로 아르메니아 영토의 50퍼센트 이상이 터키에 할양되기에 이르자 러시아는 좌시하지 않는다. 1920년 12월, 군대를 보내 아르메니아의 수도 예레반을 점령하였다. 터키의 반발로 실행되지 못했던 세브르 조약과 마찬가지로 알렉산드로폴 조약도 러시아의 개입으로 유야무야되고 말았다.

1921년 10월, 터키와 아르메니아, 조지아, 아제르바이잔 소비에트 사회주의 공화국 사이에 카르스 조약Treaty of Kars이 체결됨으로써 지금의 영토가 확정되었다. 현재 아르메니아 영토는 약 3만 제곱킬로미터, 세브르 조약에서 정한 16만 제곱킬로미터의 5분의 1에도 못 미친다.

아르메니아인들은 오랜 수난과 질곡 속에서도 그들의 정체성을 유지해 왔다. 아라라트, 사도 교회, 아르메니아 알파벳 등이 큰 역할을 했다. 아르메니아의 국장國章 한 가운데 아라라트와 노아의 방주가 들어 있다. 해발 5137미터 아라라트산은 노아의 방주가 도착했다는 전설이 서린 아르메니아의 영산이다. 지금은 터키의 영토에 속한다.

아르메니아인들은 사도 교회 호르비랍을 찾아 눈 덮인 성산 아라라트를 바라보며 기쁨과 아픔을 함께 갖는다고 한다. 아르메니아 시인 바한 테랸Vahan Terian의 시 〈아라라트Ararat〉를 통하여 그들의 심경을 엿볼 수 있다.

아르메니아의 상징, 결백한 깃발,

우리를 사랑하는 하나님의 제단,

순결하고 깨끗한 부활의 증인.

육신이 아무리 굴욕을 당할지라도

너는 아르메니아의 영혼에 희망을 주었다.[27]

아르메니아 사도 교회Armenian Apostolic Church는 또 하나의 정신적 지주다. 서기 40년 경 12사도 바르톨로메오와 유다가 찾아와 기독교를 전파했다고 하여 사도 교회라 불린다. 아르메니아는 로마보다 36년 앞선 서기 301년에 세계 최초로 기독교가 공인된 나라다. 그만큼 자부심이 강한 사람들이다. 에치미아진 대성당에는 십자가에 못 박힌 예수의 죽음을 확인하기 위하여 허리를 찔렀다는 창의 끝 게하르트geghart,[28] 그리고 노아의 방주 파편과 예수의 십자가 파편도 있다고 한다.

아르메니아 알파벳 아이부벤Aybuben과 민족 서사시 〈사순치 다비트〉는 정신문화의 자양분이 되었다. 서기 405년 메스로프 마슈토츠 Mesrop Mashtots에 의하여 창제된 아이부벤은 전통 문화의 전승과 문해력 향상에 기여하였다. 〈사순치 다비트〉는 신의 은총을 받으며 이슬람 세력으로부터 고향을 지켜 낸 소년 다비트의 영웅담으로, 기념일이나 결혼식, 세례식 등에서 구송口誦된다고 한다.

조지아[29]는 1122년 다비트 4세David IV 때 셀주크 튀르크를 축출하고 강국으로 부상하였다. 1204년 증손녀 타마르 여왕은 흑해에서 지중해에 이르는 강력한 기독교 제국을 건설하고 조지아 역사상 가장 빛나는 황금시대를 열었다. 여왕에게는 타마르 대제The Great Tamar의 칭호가 주어졌다.

조지아는 10세기 말 므헤드룰리Mkhedruli라는 문자를 창제했다. 그 원형은 5세기까지 거슬러 올라간다고 한다. 여왕의 치세에 살았던 쇼타 루스타벨리Shota Rustaveli는 《호랑이 가죽을 두른 용사The Man in the Panther's Skin》라는 장편 서사시를 써 타마르 여왕을 찬미했다.[30]

> 창과 방패와 화려한 칼이 사자 같은 용사에 어울리듯, 루비 같이 붉은 뺨과 칠흑 같은 머리채는 우리의 태양, 타마르 여왕에게 어울린다.[31]

《호랑이 가죽을 두른 용사》의 줄거리는 이렇다. 아랍왕국의 총사령관 압탄딜은 그가 연모하는 티나틴 공주의 부탁으로 '호랑이 가죽을 두른 용사'를 찾아 나선다. 여러 나라를 돌아다니다가 약속한 3년이 다 되어 갈 무렵에 그를 만난다. 그의 이름은 타리엘, 인도왕국의 총사령관이었다. 타리엘은 네스탄 공주를 사랑하고 있었다. 비슷한 처지에서 만난 두 사람은 의형제가 되어 함께 적을 물리치고, 각기 사랑하는 공주와 결혼하여 나라를 평화롭게 통치한다.[32]

조지아는 몽골에게는 역부족이었다. 호라즘(지금의 우즈베키스탄·투르크메니스탄 일대)을 정복한 몽골군은 카프카스를 깨트리고 크림반도와 남러시아를 휩쓸었다. 14세기 후반, 조지아는 몽골계 티무르 제국의 침입으로 여러 개의 공국으로 분열되어 페르시아와 오스만 제국에 예속되었다. 1783년 자치권을 갖는 조건으로 러시아 제국에 편입되었다가 얼마 지나지 않아 합병되고 말았다. 그 후 페르시아의 지원을 받아 몇 차례 저항에 나섰지만 오래가지 못했다.

조지아는 '러시아와 결혼한 사랑스런 여인'으로 간주되었다. 다음은 1838년에 발표된 러시아 시인 오도예프스키Alexander Ivanovich Odoevsky의 시, 〈조지아와 러시아 제국의 결혼〉 중 한 부분이다.

지나간 어두운 시절의 고난도
너를 괴롭히지 못하는구나!
너에게 구애한 많은 젊은이 가운데,
너는 거인을 선택하였구나!
…
지나간 세기의 슬픔은 이제 잊고
영원히 러시아에 불타는 사랑을 바친다.
여명의 보라색이

철제 갑옷처럼 그녀와 결합되었다.[33]

　1832년과 1841년 두 차례의 봉기가 실패로 돌아간 후 귀족들은 러시아의 관리나 군인이 되어 카프카스 전쟁이나 오스만 전쟁의 선봉에 서기도 했다.[34] 니콜라이 1세는 자치권의 확대와 문화정책을 통하여 조지아 귀족들을 포용하려고 하였다. 그에 따라 귀족들의 사회적 참여와 역할이 증대되었고, 러시아 문화도 확산되었다. 러시아 군대를 따라서 크림 전쟁Crimean War에 참가하기도 했다.

　러시아는 흑해로의 진출을 노린 크림 전쟁의 패배로 큰 충격에 빠졌다. 위기에서 벗어나기 위하여 알렉산드르 2세는 개혁정책을 강력하게 추진하였다. 농노를 해방하고 남카프카스에 대한 태도를 바꾸어 강압적 러시아화Russification 정책으로 전환하였다. 1855년부터 1907년까지 조지아 지성계는 민족문화 운동을 통하여 저항하였다. 1918년 1차 대전 말, 조지아 공화국이 수립되었지만 얼마 가지 못하고 소비에트 연방에 병합되었다.

　조지아의 성산은 해발 5047미터의 카즈베기산이다. 그곳은 프로메테우스의 신화를 간직한 곳이다. 조지아는 와인의 고향으로 알려져 있다. 기원전 6000년의 와인 제조 흔적이 남아 있다고 한다. 그들은 하루도 그냥 넘어갈 수 없을 정도로 와인을 좋아하는 사람들로 알려져 있다. 50여개 종족으로 구성된 다민족 국가지만 함께 어울려 평화롭게 살아가는 것도 특유의 낙천적 성격과 무관하지 않아 보인다.

　오랜 기독교 국가로서 긍지가 높고 신심이 두텁다. 예수가 십자가를 질 때 입었다고 하는 성의聖衣, 성녀 니노St. Nino가 터키 카파도키아에서 가져왔다는 포도나무 모양의 조지아 십자가는 오랜 신앙의 증표다. 조지아는 327년, 세계에서 두 번째로 빨리 기독교를 공인한 나라다.

우리 조지아 사람들은 조상으로부터 조국, 언어, 신앙이라는 세 가지 신성한 선물을 받았다. 만약 우리가 이 선물들을 보호하지 못한다면, 우리가 무슨 쓸모 있는 사람들이겠는가?[35]

19세기 후반 조지아 민족문화 운동의 선구자 일리야 차브차바제Ilia Chavchavadze의 말이다. 언어와 신앙은 조지아의 자존심이었다. 〈조지아 어머니의 길Lines to a Georgian Mother〉이라는 시의 마지막 부분이다.

아, 어머니. 여기 당신의 임무,
당신의 땅에 대한 신성한 의무가 있습니다.
당신의 아들에게 강한 영혼,
불굴의 용기와 빛나는 명예,
형제애로 그들을 고무하고
자유와 정의를 위하여 싸우게 하세요.
하나님의 복음으로 그들에게 지혜를 불어넣고,
그들에게 싸울 수 있는 진정한 용기를 주셔서

그리하여 우리의 땅을 풍요롭게 하세요.

누가 이 어둠을 빛으로 바꿀 것인가?

어머니! 조국의 부름을 받아 주세요.

당신의 아들을 영혼의 힘으로 키워 낸다면

진리의 횃불에 이끌려

그의 불꽃이 무지와 잘못을 쫓아낼 것입니다.[36]

차브차바제는 문예 활동과《이베리아Iveria》지의 발행을 통하여 조지아의 언어와 문화를 되살리는 데 헌신하였다. 1907년 사회주의자들에게 목숨을 잃었지만 그의 아내는 '불운한 형제들이 길을 잃었기 때문에 일어난 일'이라며 당국에 그들의 용서를 청했다고 한다.

그의 〈기도〉라는 시에는 생전에 그런 일을 예견이라도 한 것처럼 '주님, 그들이 나의 가슴을 찔렀다 해도 그들이 하는 일을 알지 못했기 때문이므로 그들을 용서하십시오'라는 구절이 나온다.[37] 1987년 조지아 정교회에 의하여 시성諡聖되었고 의인, 국부, 왕관 없는 왕이라는 칭송이 따른다.

1895년《이베리아》지에 '소셀로Soselo'라는 필명으로 조국애를 고취하는 다섯 편의 시가 실렸다. 후일 소련의 통치자에 올라 소수민족을 탄압한 스탈린(본명은 이오시프 비사리오노비치 주가시빌리)이다. 당시 스탈린은 조지아의 동부 고리 출신으로 티플리스(트빌리시) 신학교에 다니던 17세 소년이었다. 일리아 차브차바제에게 깊은 감명을 줄 정도로 유망한 시인으로 꼽혔다.

스탈린은 신학교 재학 중에 사회주의 사상에 심취하여 러시아 사회민주노동당에 참가하여 볼셰비키 혁명으로 소련 연방의 지도자가 되었다. 그리고 1921년 조지아 침공의 선봉에 서서 조국을 철저히 외면하였다.

민족문화 운동의 쌍두마차 아카키 쩨레텔리Akaki Tsereteli는 시, 소설, 희곡 등 여러 분야에서 많은 작품을 남겼다. 러시아 지배하에서 잃어버린 영혼을 애타게 찾는 조지아 사람들의 슬픔을 담은 그의 시 〈술리코Suliko〉는 국민적 노래가 되었다.[38]

나의 술리코야, 너는 어디에 있느냐?

그들의 노력은 교사를 비롯한 유학파 지성인들에 의하여 뒷받침되었다. 그 가운데 야콥 고베가쉬빌리Iakob Gobegashvili가 있다. 그는 조지아의 애국심을 범슬라브주의와 차별화하면서 침략적 민족주의를 반대했다.[39] 마치 독립 선언과도 같은 그의 말에는 평화를 사랑하고 소박하게 살아가기를 염원하는 조지아 사람들의 심성이 잘 드러나 있다.

우리의 애국심은 물론 완전히 다른 종류입니다. 그것은 모국 땅에 대한 성스러운 느낌으로만 구성됩니다. 다른 나라에 대한 증오도 없고, 누군가를 노예로 삼고자 하는 욕망도 없고, 누군가를 빈곤하게 만들려는 충동이 없습니다. 조지아의 자치권과 시민의 권리를 회복하고, 민족적 특성과 문화를 보존하기를 갈망합니다. 그것 없이 인류 사회에 존재할 수 있는 사람은 아무도 없습니다.[40]

카스피해에 접한 아제르바이잔은 앞의 두 나라와 차이가 있다. 종교적으로 보면 조지아와 아르메니아는 기독교이고, 아제르바이잔은 이슬람교다. 아제르바이잔은 터키와 아주 긴밀한 관계를 맺고 있다. 인구 중 튀르크계가 90퍼센트 이상을 차지하고, 80퍼센트 이상이 같은 언어를 사용할 정도로 인종적, 언어적, 문화적 동질성이 있다. 하지만 이는 러시아 세력의 남하에 대비하기 위한 것이기도 하다.

지금의 아제르바이잔 지역에 세워진 최초의 국가는 기원전 10세기에 성립된 마나 왕조였다. 기원전 7세기 미디아 왕조로 이어졌지만 페르시아에 정복되었다. 기원전 4세기에 이르러 아제르바이잔 지역을 관할하던 마케도니아의 총독 아트로파테스에 의하여 아트로파탄 왕조가 수립되었다. 그러나 1세기부터 로마제국, 아랍, 셀주크 튀르크, 몽골, 페르시아, 오스만 제국 그리고 러시아의 지배를 받게 되었다. 아르메니아나 조지아와 마찬가지로 1918년 민주공화국이 수립되었지만 얼마 가지 못하고 구소련에 편입되었다.

아제르바이잔은 '불의 땅'이라는 별명이 보여 주는 것처럼 천연가스와 석유 자원이 풍부한 나라다. 한때 세계 원유 생산량의 15퍼센트를 차지했던 바투 유전은 구소련을 먹여 살리다시피 했다. 지금도 카스피해에 세계 최초의 심해 원유 채굴 단지인 오일록스Oil Rocks

를 건설하여 원유를 생산하고 있다. 면적이나 인구도 그렇지만 국민
총생산에서도 조지아나 아르메니아에 비하여 훨씬 앞서 있다.

러시아 혁명 여파로 러시아군이 철수하자 오스만 군대가 침공함으
로써 바쿠 유전 쟁탈전이 벌어졌다. 소수의 영국군과 러시아의 지원
을 받은 의용대의 분투에도 불구하고 오스만 군대를 막아낼 수 없
었고 유전은 파괴되었다. 1990년 아제르바이잔이 독립을 선언하자
이번에는 소련군이 바쿠를 침공한다. 이른바 '검은 1월' 사태로 또
한 번의 희생을 겪었다.

수도 바쿠 근교에는 1990년에 조성된 '순교자의 길Martyrs' Lane'
이라는 국립묘지가 있다. 길 입구의 오른쪽 벽면이 묘역으로 조성된
특이한 형태다. 모두 1만 5000기, 그 중 터키군 묘지 1130기, 영국군
묘지 92기가 포함되어 있다. 그들은 자원 전쟁의 희생자들이다. 아제
르바이잔의 국가國歌는 이렇게 시작된다. "수천의 영혼이 희생되었고
그대의 가슴은 전장이 되었다."

멀고 먼 평화의 길

카프카스산맥 주변 국가들은 북으로는 러시아, 남으로는 터키와
이란에 접한 지정학적 요인에다가 인종과 종교로 인한 갈등이 좀처
럼 끊이지 않고 있다. 200여 개의 민족에 신앙도 다르다. 북카프카스
는 러시아에 예속되어 있고 남카프카스는 독립했지만 분쟁이 계속

되고 있다.

러시아는 지중해로의 진출에 부심해 왔다. 러시아가 오스만 제국의 지배를 받고 있던 그리스의 독립을 지원한 이유도 거기에 있었다. 그러나 남하정책은 1856년 크림 전쟁의 패배로 좌절되었다. 영국과 프랑스가 오스만 제국을 지원하고 나섰기 때문이었다. 11개월에 걸친 세바스토폴 공방전Siege of Sevastopol은 그 분수령이었다. 《세바스토폴 이야기》를 남긴 톨스토이는 포병 장교로 종군하고 있었고, 전공을 세워 여러 차례 훈장을 받았다고 한다.

1856년 3월 파리 강화조약으로 러시아는 도나우강 하구의 영토를 잃었고, 흑해의 중립화로 군함을 배치할 수 없게 되는 등 크림반도에서 영향력을 상실하였다. 그로부터 150여년이 지나 러시아는 지중해로의 진출을 다시 시도하고 있다. 2014년 크림반도를 합병하고, 시리아에 군사기지를 세운 것도 그 같은 국가 전략의 일환이다.

카프카스 일대의 천연가스와 석유 자원을 둘러싼 갈등이 첨예화되고 있다. 러시아는 카스피해에서 유전과 가스전을 개발하여 아제르바이잔의 수도 바쿠, 다게스탄 공화국, 체첸의 수도 그로즈니를 거쳐 자국으로 이어지는 파이프라인을 건설하고 있다. 러시아가 무력을 동원해 가면서까지 체첸의 독립을 저지하고 있는 것도 자치공화국들의 연쇄적인 독립 요구를 우려한 측면도 있지만 석유 자원과 송유관 보호에 더 큰 이유가 있다.

체첸의 수도 그로즈니 유전은 한때 구소련 전체 산유량의 36퍼센트를 차지했다. 19세기 중반 러시아의 지배를 받던 체첸은 자치권을 보장받기 위하여 공산당에 협력한 덕분에 1922년 자치주가 되었다. 그러나 1936년 구소련은 체첸을 자국의 영토로 편입하였고, 2차 대전 때는 카자흐스탄과 시베리아로 내몰았다. 1991년 체첸이 독립을 선언하자 두 차례 군대를 보내 무력 진압했다.

전쟁의 역사에서 가장 참혹한 전투로 기록된 스탈린그라드 전투 Battle of Stalingrad는 카프카스의 유전지대를 놓고 벌인 싸움이었다. 1942년 8월, 독일군은 볼가강 하류의 공업도시 스탈린그라드(현 볼고그라드)를 침공했다. 소련군은 시가전으로 유인한 후 역逆 포위 공격으로 독일군을 섬멸하고 전세를 역전시킬 수 있었다. 1943년 2월까지 계속된 전투에서 양측은 200만 명이 목숨을 잃었다.

영웅 도시의 하나로 명명된 볼고드라드가 내려다보이는 언덕 위에는 한 여성이 칼을 높이 들고 서 있다. 85미터 높이의 '모국은 부른다 The Motherland Calls'라는 거대한 메모리얼로 유럽 최고 높이를 자랑한다. 러시아 사람들에게는 자랑이지만 카프카스 사람들에게는 어떤 의미일까?

러시아와 조지아의 분쟁의 불씨도 살아 있다. 러시아는 북오세티야를 합병하고 조지아 내의 두 자치공화국 압하지야와 남오세티야의 독립을 부추기고 있다.[41] 아르메니아와 아제르바이잔의 분쟁도 언제든지 재연될 수 있다. 묘하게도 아제르바이잔 서남부에는 아르메니아 공동체가, 아르메니아의 서남부에는 아제르바이잔 공동체가 있다. 인위적으로 국경선이 그어진 결과다.

　1988년 아제르바이잔 서남부에 위치한 아르메니아인 공동체 나고르노-카라바흐 자치주가 독립을 선언했다. 그곳은 1923년 스탈린에 의하여 강제 편입된 곳으로 아제르바이잔 영토의 16퍼센트를 차지한다. 아제르바이잔이 저지에 나서자 아르메니아는 좌시하지 않았다. 6년간의 전쟁 끝에 나고르노-카라바흐 자치주는 사실상 독립 공화국이 되었다. 아르메니아의 비지飛地와 다름없는 곳이다.

　그와 반대로 아르메니아 남서쪽에는 아제르바이잔 공동체 니히체반 자치공화국이 있다. 아제르바이잔의 비지飛地라 할 수 있다. 그래서 서로 맞바꾸자는 방안이 나오기도 한다.

　　우리의 영혼은 결코 죽지 않기에,

　　우리의 자유도 죽지 않으며,

　　아무리 지독한 자라도

　　바다가 누운 들판에서 거두지는 못하리.

　　살아 있는 정신도,

　　살아 있는 언어도 묶을 수 없는 것이니,

　　전지전능하신 하나님의

　　신성한 영광을 더럽힐 수 없으리.[42]

　1845년 타라스 셰브첸코가 발표한 시 〈카프카스Kavkaz〉의 마지막 부분이다. 카프카스 사람들을 프로메테우스에 비유하며 그들의 자유로운 삶을 기원한다. 프로메테우스는 날마다 독수리에 심장을 쪼이는 고통을 겪어야 했지만 자유의지를 잃지 않았다. 셰브첸코는 우크라이나 출신 러시아 저항시인이었다. 카프카스에 빗대 우크라이나의 아픔을 말하려는 것 같다.

제**3**부

북쪽 바다의 공존

유럽사를 바꾼
독립운동 이야기

01

바이킹의 바다
십자가 깃발이 날리다

유럽에는 지역마다 여러 가지 신화를 간직하고 있다. 그리스 로마 신화와 달리 북유럽 신화에 대한 관심은 최근에 부쩍 높아졌다. 〈반지의 제왕〉, 〈토르〉, 〈라그나로크〉와 같은 판타지 영화나 게임물의 영향이 큰 것으로 보인다. 요즘 청소년들에게는 그리스와 로마의 신들보다 북유럽의 오딘이나 토르가 더 익숙할지 모르겠다.

북유럽 신화 속 주인공들은 전지전능하거나 자유분방하지 않다. 춥고 척박한 환경 때문이었는지 부족함이 있는 인간적 캐릭터에다가 비장함이 있다. 얼음과 불의 혼돈 속에서 태어난 세계는 라그나로크Ragnarök로 신의 종말과 인간시대의 도래를 알린다. 오늘날 세계는 인종, 종족, 지역, 종교, 진영 간의 대립으로 혼란에 빠져들고 있다. 그런 가운데서도 북유럽 사람들은 자유롭고 평화로운 삶을 이어가고 있다. 혹독한 환경이 만들어 낸 또 하나의 세상이다.

바이킹

　북유럽 신화는 8세기에서 13세기 사이에 쓰인 것으로 알려져 있다. 바이킹의 활동시기와 겹친다. 신화는 명예롭게 싸우다가 죽은 전사들을 아름다운 궁전 발할라Valhalla에 불러들여 극진히 대접하면서 전쟁에 대비하는 장면을 보여 준다. 부족의 생존을 위하여 분투한 바이킹에 대한 칭송으로 보인다. 그들의 이야기는 사가Saga라고 하는 산문 형식의 영웅담으로 전해지고 있다.

　노르만은 북쪽을 의미하는 노르드Nord에서 온 말이다. 바이킹 Viking은 만灣을 뜻하는 고대 노르만어 비크Vik에서 비롯되었다고 한다.[1] 만이나 피오르에 살던 노르만은 늘어난 인구를 감당하기 어려워지자 밖으로 나갔다. 뛰어난 조선기술과 항해술을 바탕으로 잉글랜드, 프랑스, 지중해에 이르는 방대한 지역을 약탈하였다.

　해안의 수도원을 시작으로, 강을 타고 내륙 깊숙이 들어가 전 유럽을 공포에 몰아넣었다. 가장 북쪽에 위치한 노르웨이계 바이킹은 지금의 영국과 아일랜드 그리고 아이슬란드와 그린란드 너머 북아메리카까지 나아갔다. 덴마크계 바이킹은 영국과 프랑스를 거쳐 지중해로, 스웨덴계 바이킹은 동유럽과 러시아를 지나 카프카스와 아랍으로 진출했다.

　바이킹의 시대Viking Age는 8세기 말에서 11세기 말로 끝나지만 곳곳에 흔적을 남겨 놓았다. 911년 센강을 거슬러 올라 파리를 습격하자 서프랑크 왕국의 샤를 3세는 지금의 프랑스 서북부 노르망디

Normandie를 내주어야 했다. 1066년 노르망디 공작 기욤은 잉글랜드를 정복하고 노르만 왕조를 개창하였다.

바이킹의 흔적은 지중해에도 남아 있다. 1071년 로제르 1세에 의하여 수립된 시칠리아 백작령County of Sicily은 1130년 로제르 2세에 이르러 시칠리아 전역과 이탈리아 반도 남부 지역을 포함하는 시칠리아 왕국Kingdom of Sicily으로 발전하였다. 그것은 이슬람 세력의 확장을 저지하기 위한 로마 가톨릭 교황 측의 이해와 맞아떨어진 결과이기도 했다.

8세기 말 지금의 러시아 서북부에 세워진 루스 카간국Rus' Khaganate 또한 노르만과 무관하지 않다. 마지막 카간이자 노브고로드 공국 Duchy of Novgorod의 첫 수장인 류리크는 스웨덴계 바이킹으로 알려져 있다. 류리크의 일족이자 후계자 올레크는 882년 지금의 우크라이나 드네프르강 유역을 정복하고 키예프 공국Kievan Rus'을 세웠다.

노르웨이 왕국

스칸디나비아Scandinavia 3국 중 가장 먼저 왕권이 수립된 곳은 노르웨이였다. 하랄 1세에 의하여 872년 노르웨이 남부에 최초의 통일 왕국이 세워졌다. '해상의 왕'이라 불린 올라프 1세가 995년 국왕에 추대되어 강력한 왕권을 수립하고 기독교를 받아들였다. 그러나 덴마크-스웨덴 연합군과의 전투에서 전사함으로써 그의 치세는 5년으로 끝나고 말았다.

　1015년 북부 소부족장들의 지원으로 국왕에 오른 올라프 2세는 덴마크의 영향하에 있던 남부로 향하였다. 남부 지역에 대한 기독교의 강요는 천둥의 신 토르를 숭배하던 농민층의 대규모 폭동을 불러왔다. 1029년 덴마크가 남부 귀족 세력의 지원 속에 침공해 오자 올라프 2세는 키예프로 망명하였다. 그는 군대를 이끌고 돌아와 왕권을 회복하려고 했지만 내전 속에서 목숨을 잃었다.

　1047년 국왕에 오른 하랄 3세는 북유럽의 마지막 바이킹으로 불린다. 올라프 2세의 이복동생 하랄 시구르드손은 키예프 공국으로 도피하여 15년간 바이킹 용병대장으로 활약하면서 병력과 재력을 모아 귀국하여 국왕에 올랐다. 하랄 3세는 그의 별명 하르드라다 Hardrada가 의미하는 것처럼 철권통치를 통하여 귀족 세력을 평정하고, 오슬로를 무역항으로 개발하는 등 왕국의 발전에 공을 들였다.

　잉글랜드에서 에드워드의 뒤를 이어 웨섹스 백작 해럴드가 국왕에 오르자, 하랄 3세와 노르망디 공작 기욤은 보고만 있지 않았다. 1066년 9월, 하랄 3세가 먼저 움직였지만 요크 근처 스탬퍼드 브리지에서 전사하였다. 뒤이어 상륙한 기욤은 헤이스팅스에서 해럴드에게 대승을 거두고 잉글랜드 정복을 마무리하였다. 정복왕 윌리엄 William the Conqueror의 탄생이었다.

　하랄 3세로부터 시작된 하르드라다 왕조Hardrada dynasty는 주변 국가들에게 강한 영향력을 행사하며 번성하였지만 1130년부터 1240년까지 110년간 내전을 겪었다. 1217년에 국왕에 오른 호콘 4세는 정치체제를 개혁하고 무역을 장려하였으며, 영토를 확장함으로써 전성기를 열었다.

노르웨이인들은 페로제도, 아이슬란드, 그린란드 등 북대서양을 개척하고 북아메리카까지 건너간 사람들이다. 아이슬란드의 역사는 노르웨이인들에 의하여 수립된 아이슬란드 자유국에서 시작되었다. 그들은 그린란드를 개척하고 북아메리카 대륙으로 건너갔다가 돌아온 첫 유럽인으로 알려지고 있다.

13세기에 쓰였다는 〈붉은 머리 에리크 무용담Saga of Erik the Red〉에 의하면 986년 에리크 토르발드손Erik Thorvaldsson은 그린란드에 상륙하여 정착지를 세우고 그곳에서 살다가 죽었다. 그의 세 아들과 딸은 빈란드Vinland, 지금의 캐나다 뉴펀들랜드로 건너갔는데 원주민과의 갈등으로 오래 정착하지 못하고 철수하였다고 한다.[2]

덴마크와 칼마르 동맹

지금의 덴마크와 스웨덴 남부에는 데인Danes이라 불리는 바이킹이 살고 있었다. 9세기 경, 그들은 약탈과 교역을 목적으로 브리튼 섬을 습격하기 시작하였다. 그때 브리튼에는 노섬브리아, 머시아, 이스트앵글리아, 에섹스, 웨섹스, 켄트, 서섹스 등 앵글로 색슨 7왕국 Heptarchy이 있었다. 데인은 브리튼의 중동부를 장악하고 웨섹스 Wessex로 향하였다.

왕국을 구한 것은 알프레드 대왕이었다. 에딩턴 전투Battle of Edington에서 대승을 거두고 기독교 개종을 조건으로 데인 거주지 Daneslaw를 인정해주었다. 웨섹스는 해군을 비롯한 상비군의 창설, 요새의 건설, 법전의 편찬, 교육과 문예의 장려 등으로 국가체제를 확립함으로써 10세기 초반에 이르러 브리튼 전역을 통일하고 잉글랜드 왕국Kingdom of England을 수립할 수 있었다.

11세기 초 덴마크에는 걸출한 인물이 출현한다. 잉글랜드(1016년), 덴마크(1018년), 노르웨이(1028년)의 국왕에 오른 크누트 대왕이다. 이른바 북해 제국Nothen Sea Empire 또는 앵글로-스칸디나비아 제국Anglo-Scandinavian Empire은 지금의 스웨덴 남부와 독일 북부를 포함한 방대한 지역을 지배하였다. 그러나 북해 제국은 오래가지 못했다.

크누트 대왕이 죽은 후 혼란을 거듭하던 덴마크는 13세기 중엽 발데마르 2세에 이르러 중흥기를 맞이한다. 발데마르 2세는 전국을 통일하고 발트 연안으로 나아갔다. 그의 에스토니아 원정은 덴마크의 정체성 형성에 중요한 계기가 되었다. 1219년 린다니세 전투Battle of Lindanise에서 위기에 처해 있을 때 붉은색 바탕에 흰색 십자가가 그려진 깃발이 하늘에서 내려왔는데 그에 고무되어 전세를 역전시킬 수 있었다고 한다.

그날의 십자가 깃발은 1219년 국기로 채택되었다. 단네브로 Dannebrog, 즉 '덴마크의 힘'이라는 이름이 붙은 덴마크의 국기는 세계에서 가장 오래된 국기로 알려지고 있다.

14세기 말에 이르러 덴마크는 스칸디나비아 전역을 아우르는 전성기를 누렸다. 1389년부터 사실상 3국의 군주였던 마르그레테 여왕은 1397년 칼마르 동맹Kalmar Union을 체결하여 덴마크의 에리크로 하여금 연합 왕에 오르도록 하였다.[3] 연합 왕국은 120여년 동안 유지되다가 1523년 스웨덴이 독립한 뒤 19세기 초까지 덴마크-노르웨이 왕국으로 남았다.

스웨덴의 바사 왕조

스웨덴은 8세기부터 11세기 중반까지 교역과 식민 도시의 개척 등으로 번성하였다. 그러나 귀족들의 세력 다툼과 농민의 반란으로 혼란에 빠졌다. 1156년 국왕에 추대된 에리크 9세는 스웨덴 교회의 독립과 농민의 권익 보호를 위해 애쓰다가 암살되었다. 그에게도 덴마크의 단네브로와 비슷한 이야기가 전한다. 1157년 제1차 십자군 때 핀란드 원정에 앞서 기도를 올리자 파란 하늘에서 십자가 형상의 노란색 빛줄기가 나타났다는 것이다. 그 때문인지 스웨덴 국기에는 파란색 바탕에 노란색 십자가가 그려져 있다.

중세 초반 200년간 스웨덴은 내란에 빠져 있었다. 그러다가 1471년 스텐 스투레 1세는 스톡홀름에서 벌어진 브룬케베리 전투Battle of Brunkeberg에서 덴마크의 크리스티안 1세에 결정적 승리를 거두고 독립 국가로 발돋움할 수 있었다.[4] 그러나 1520년 덴마크의 크리스티안 2세에 의하여 스톡홀름이 점령되어 피의 통치를 피하지 못하였다.

구스타프 바사Gustav I Vasa는 스웨덴의 구원자였다. 1521년 국가 주석에 추대된 구스타프는 1523년 스톡홀름을 되찾고 국왕에 선출되었다. 그가 국왕에 선출된 6월 6일은 스웨덴의 국경일로 되어 있다. 그날은 126년간의 덴마크의 속박에서 벗어난 독립기념일이며, 칼마르 동맹이 해체된 날이기도 하다.

구스타프 1세는 가톨릭을 버리고 신교를 수용하였으며, 농민병을 정규군 체제로 개편하여 군사력을 강화하였다. 이때부터 북유럽은 스웨덴과 덴마크-노르웨이 왕국이 경쟁하는 구도로 전환되었다. 거기에 폴란드-리투아니아 연방, 프로이센 공국, 러시아, 신성로마제국, 오스트리아, 네덜란드, 프랑스, 심지어 크림한국과 코사크 수장국까지 가세하였다.

스웨덴과 덴마크-노르웨이 왕국의 충돌은 북방 7년 전쟁Northern Seven Years' War과 칼마르 전쟁Kalmar War으로 이어졌다. 1604년 국왕에 오른 카를 9세는 1613년 칼마르 전쟁 중 사망하였지만 하층민의 지지를 받으며 산업 발전의 토대를 구축하는 데 헌신하였다는 평가를 받고 있다. 특히, 금속 산업의 육성은 17세기 말 유럽 최고의 군사기술 강국으로 부상하게 하였고, 오늘날 스웨덴이 자랑하는 금속, 철강, 기계, 선박 제조업의 토대가 되었다.

구스타프 2세 아돌프

카를 9세의 사망으로 열일곱 살에 왕위에 오른 구스타브 2세 아돌프는 위기에 처한 왕국을 지켜 내야 했다. 스웨덴군은 수도 스톡홀름을 향하여 진군하는 덴마크군을 게릴라 전술로 저지할 수 있었다. 스웨덴은 1611년 구스타프 2세의 즉위로부터 1718년 카를 12세가 전사하기까지 100년간 북유럽의 강자였다.

구스타프 2세는 평생을 전장에서 보내다가 1632년 11월, 38세에 독일 라이프치히 서남쪽 뤼첸Lützen에서 전사했다. 30년 전쟁 기간 중 무려 14년을 전쟁터에 있으면서 '북방의 사자'로 불린 구스타프 2세는 나폴레옹에 의하여 최고의 지휘관으로 꼽혔을 정도로 탁월한 군사 지도자였다. 다음은 '구스타프 아돌프 전투의 노래'로 알려진 찬송가 중 1절이다.

두려워하지 말라, 적들은 작은 무리니.

그대의 패망을 미친 듯이 쫓고 있도다.

그의 분노와 힘을 두려워하지 말라.

무엇이 그대의 용기를 바닥나게 하겠는가?

하나님의 성도들에게 승리가 있나니,

마지막이 얼마 남지 않았도다.[5]

1631년 9월 17일, 라이프니츠 들판에서 벌어진 브라이텐펠트 전투Battle of Breitenfeld의 승리를 기념하여 만들어진 노래로, 구스타프 2세가 마지막 출정하던 날에도 불렸다고 한다. 구스타프 2세는 안개가 짙게 깔린 이른 아침, 병사들과 함께 궁정 목사의 기도를 받고 찬송가를 부른 후 "하나님께서 함께 하신다"라는 구호와 함께 전장으로 나아갔다.

크리스티나

구스타프 2세가 전사함에 따라 유일한 혈육 크리스티나는 고작 여섯 살에 즉위하였다. 크리스티나는 딸이었지만 아들로 키워졌다. 아들을 간절히 원했던 구스타프 2세는 사냥과 승마를 배우게 하는 등 왕자로 키웠다고 한다. 다음은 1933년에 나온 영화 〈퀸 크리스티나 Queen Christina〉의 도입부에 등장하는 즉위 선서이다.

이곳에 있는 경들과 모든 스웨덴 국민들이여! 하느님의 은총에 의하여 나 크리스티나 여왕은 스웨덴과 고트 그리고 반달의 여왕으로서 공정하고 바른 왕이 될 것을 맹세하노라. 모두를 지켜 주며 지혜로이 통치하여 하느님의 은총으로 계승된 전통을 이어갈 것이다. 끊임없이 계속되는 이 전쟁에 관해서는 용기 있게 약속하노라… 약속하노라…(잠시 말을 잊고 머뭇거리자 옆에서 집전하던 섭정이 '용기 있게 약속하노라' 라고 귀띔한다. 크리스티나는 왜 나서냐는 투로 곁눈질을 보낸다.) 이

길 것을 약속하노라. 모두에게 신의 은총이 있기를!⁶

어린 크리스티나의 모습은 여간 깜찍하지 않다. 선서의 모습은 물론이고 당차게 걸어 들어오는 모습, 옥좌에 오르는 것을 거들어 주려는 섭정의 도움을 뿌리치는 모습, 자신의 손에 입맞춤하며 눈물을 흘리는 섭정에게 "사내는 울지 않는 법이요"라고 말하는 모습 등에서 뛰어난 재기가 느껴진다.

스웨덴은 크리스티나의 즉위식을 집전했던 악셀 옥센셰르나Axel Oxenstierna를 비롯한 5명의 섭정에 의하여 사실상 통치되었다. 구스타프 2세보다 12살이 많은 옥센셰르나는 냉철한 성격의 소유자였다. 충동적인 데가 있었던 구스타프 2세도 그의 조언을 받아들였다고 한다. "만약 모든 사람들이 그대처럼 차갑다면 다들 얼어 죽었을 걸세"라고 말하자, "만약 모든 사람이 폐하처럼 뜨겁다면 불에 타 죽을 겁니다"라는 말을 주고받았다는 일화가 전해진다.⁷ 옥센셰르나는 구스타프 2세가 죽은 후 1644년 9월, 크리스티나가 열여섯 살에 친정을 할 때까지 헌신적으로 보좌하였다.

스웨덴군은 전쟁에서 승리하고 돌아오지만 크리스티나는 전쟁에 혐오감을 드러내며 종전 의지를 밝힌다. 그러나 장군들, 재상들, 대주교에 이르기까지 전쟁의 계속을 주장한다. "폐하의 아버지의 원수를 갚아야 하지 않습니까?"라는 말에 "원수는 갚는 게 아니라 정당화하는 것이다"라는 말로써 되받는다. 다른 이들이 계속해서 전쟁을 주장하자 크리스티나는 자리에서 벌떡 일어나 다음과 같이 선언하고 퇴장한다.

> 전리품, 영광, 깃발과 나팔! 이 근사한 단어들 뒤에는 무엇이 있는가? 죽음과 파괴, 상처뿐인 영광, 파괴된 유럽에서 스웨덴의 승리, 죽음의 바다 한가운데의 섬. 그대들에게 말하지만 더 이상 전쟁을 계속하고 싶지 않소. 나는 내 백성들의 안전과 행복을 바라오. 평화의 미를 기르고 싶소. 삶의 아름다움을 말이오! 나는 평화를 원하기에 평화를 이룰 것이오.

30년 전쟁은 1648년 베스트팔렌 조약으로 끝을 맺는다. 청교도 혁명의 확산을 우려한 오스트리아의 페르디난트 3세에 의하여 서둘러 종결되었던 것이다. 베스트팔렌 조약으로 종교의 자유가 확인되었고, 유럽의 지도가 새로 그려졌다. 주권 개념에 입각한 유럽 제국의 질서가 형성되는 계기가 되었다.

30년 전쟁의 최대 수혜자는 프랑스였다. 가톨릭을 버렸지만 영토를 확장하고 강대국으로 부상하였다. 스웨덴은 지금의 독일 일부 지방을 포함하여 영토를 확장하고 북해로 진출할 수 있는 항구를 획득하는 이익을 챙겼다. 아울러 네덜란드와 스위스의 독립이 공식 승인되었고, 훗날 독일 제국의 기반이 된 프로이센이 등장하는 계기가 되었다. 반면에 오스트리아 합스부르크 제국은 국력이 기울기 시작했다.

크리스티나가 국정의 변화를 가져온 것은 평화를 원했기 때문이기도 했지만 재정적 문제도 있었다. 치세 중 500여 명에게 작위와 영지를 내려줌으로써 더 이상 왕실 재산의 소진을 감내하기 어려운 점이 있었다. 그리고 여왕과 대신들 사이에는 또 하나의 갈등이 있었다. 그것은 결혼 문제였다. 대신들은 고종 사촌 카를 구스타프와의 결혼을 당연한 것으로 받아들이고 있었지만, 크리스티나는 결혼에 대한 혐오감이 있었다.

다시 영화로 돌아가면 크리스티나는 남장을 하고 여행에 나선다. 눈 속에 빠진 마차를 발견하고 도움을 주는데, 그곳에서 한 남자를 만난다. 그는 스페인, 정확하게는 아라곤과 카스티야 왕국의 필리페 4세가 보낸 특사 안토니오 미구엘 백작이었다. 갑작스런 강설로 그곳에서 하룻밤을 보낼 수밖에 없었다. 그러나 남은 방은 단 하나. 두 사람은 여관 주인의 제안으로 같은 방에 묵기로 한다.

크리스티나가 남장 여인이라는 사실이 밝혀지는 데는 오랜 시간이 걸리지 않았다. 두 사람은 눈에 갇혀 3일간 꿈같은 시간을 보낸다. 스톡홀름에서 만나기로 하고 헤어진다.

여왕을 알현하기 위해 궁정에 들어온 안토니오는 놀란다. 그 여인이 여왕이었다니…. 하지만 그보다 더 큰 문제가 있었다. 스페인 국왕의 청혼을 성사시키는 것이 그의 임무였다. 크리스티나는 청혼을 거절한다.

급기야 두 사람의 관계가 백성들에게 알려진다. 여기에는 구혼에 실패한 마그누스 백작이 개입되어 있었다. 안토니오와 함께 있는 여왕을 목격한 시위대는 웁살라 성에 몰려간다. 궁정회의에서 사태 해결을 위하여 격론이 벌어진다. 크리스티나는 자신에게도 자유가 있다며 사랑을 굽히지 않는다.

시위대가 성문 앞까지 몰려왔다. 크리스티나는 발포와 체포 건의를 거부하고 시위대를 들여보내라고 명령한다. 그리고 대신들의 만류에도 불구하고 "그들도 내 백성이다"라며 혼자서 시위대를 만나러 간다. 경비병을 철수시킨 후 성문을 연다. 몰려들어 온 시위대는 난간에 버티고 서 있는 여왕을 모습을 보고 공손해진다.

"나의 백성들이여! 호의적인 방문인가? 아무도 말하지 않을 텐가? 청원하는 것도 없고 말하는 사람도 없고 한 번 쳐다보고 가려고 온 것인가?"

여기저기서 "스페인 놈을 돌려보내 주십시오"라는 항의가 빗발친다. 크리스티나는 손을 들어 앞에 서 있는 사람을 가까이 오게 한다.

"무슨 일을 하는 사람인가?"
"대장장이입니다."
"실력은 좋은가?"
"그렇겠죠. 삼대 째 대장장이 일을 하고 있으니까요."
"만약 내가 너의 가게로 가서 작업 결과에 트집을 잡는다면 어떻겠는가? 분명히 말도 안 되는 일이라 생각하겠지? 내 본업은 정치라네. 자네만큼 내게도 그에 대한 요령이 있네. 나도 물려받았다네. 나의 아버지는 왕이셨고 할아버지도 그랬어. 아버지는 나라를 위해 돌아가셨고 나는 나라를 위해 살고 있다네. 내 백성들이여! 집으로 일터로 돌아가고 내 일은 내게 맡겨다오."

시위대 속에서 "여왕 폐하 만세!" 소리가 이어졌고 사태는 일단락되었다. 크리스티나는 허세가 있기는 했지만 집념과 지성, 그리고 상황에 필요한 용기를 지니고 있었다.[8] 영화는 크리스티나의 그 같은 성격을 잘 보여 준다.

움살라 성을 나와 대사관으로 향하던 안토니오는 시위대에 포위되고 마그누스의 수중에 들어간다. 마그누스는 크리스티나에게 자신과 안토니오 중에서 선택하라고 요구한다. 크리스티나는 안토니오의 안전을 위하여 타협한다. 안토니오가 스페인 배가 정박하고 있는 헬싱보리 항까지 안전하게 갈 수 있도록 통행증을 내준다. 안토니오는 크리스티나의 전갈을 받고 미소 짓는다. 두 사람 사이에 무언가 있다. 안토니오는 마그누스를 처리하고 떠나기 위하여 대결을 청한다.

인간답게 살고 싶다는 크리스티나에게 옥센셰르나는 위대함에는 희생이 따르는 것이라며 카를 구스타프와의 결혼을 촉구한다. 크리스티나는 궁정에서 자신의 결심을 밝히기로 한다. 모두들 결혼을 선언할 것으로 믿고 있다. 하지만 크리스티나는 고종 사촌 카를 구스타프Karl X Gustav를 후계자로 정하고 양위를 선언한다. 예상하지 못한 양위 선언에 놀란 대신들은 철회를 청하지만 흔들리지 않는다. 크리스티나는 스스로 왕관을 벗어놓고 자리를 떠난다.[9]

크리스티나는 말을 몰아 최남단 덴마크와 마주하는 곳, 헬싱보리 항에 도착한다. 배에 오른 크리스티나의 눈에 들어온 것은 침상에 누워 있는 안토니오의 모습이다. 그는 마그누스와의 대결에서 중상을 입고 쓰러졌던 것이다. 안토니오는 "나의 고향 스페인으로 갑시다"라는 말을 끝으로 숨을 거둔다. 영화는 크리스티나가 뱃머리에 서서 바다를 바라보는 장면으로 끝난다.

영화는 크리스티나와 안토니오의 사랑에 초점이 맞춰져 있다. 물론 그들의 사랑은 픽션이다. 크리스티나가 스페인과 동맹을 맺으려 했다는 역사적 배경을 모티브로 한 설정이다. 크리스티나의 마음을 얻고자 했던 또 다른 캐릭터 마그누스는 실존 인물이다. 그는 크리스티나 여왕, 카를 10세, 카를 11세에 이르기까지 3대에 걸쳐 봉사했다.

크리스티나는 어려서부터 영리하고 강한 성격의 소유자였다. 학문과 예술을 좋아했던 여왕은 많은 서적과 필사본으로 도서관을 채우고 아침 다섯 시에 일어나 책 읽는 것을 좋아했다. 스톡홀름을 아테네와 같은 곳으로 만드는 것이 꿈이었다.

크리스티나는 '북방의 미네르바'로 불렸다. 외국의 저명한 작가, 음악가, 예술가, 학자들을 초빙하고 후원자가 되었다. 그중에 르네 데카르트René Descartes도 있었다. 극장을 만들고 스스로 연극에 출연하거나 춤의 양식을 만들기도 했다. 그뿐만 아니라 스웨덴 최초의 신문을 창간하고, 학교령을 제정하여 전국적 교육시스템을 만들었다. 그로 인해 과학과 문학이 발달하고 교역, 수공업, 광업 등 산업의 발전을 이룰 수 있었다.[10] 아울러 북아메리카에 진출하여 지금의 델라웨어 주 윌밍턴 근처에 '포트 크리스티나'를 세우기도 했다.

크리스티나가 친정 10년 만에 양위를 결심하게 된 배경은 분명하지 않다. 귀족들의 세력 다툼 속에서 정치에 지쳐 있었고 병을 호소하기도 했다고 한다. 결혼에 대한 거부감과 로마 가톨릭으로의 개종이 직접적 이유였다는 설도 있지만 문예 취향에서 엿볼 수 있는 것처럼 자유로운 삶에 대한 열망이 가장 큰 이유가 아니었나 싶다.

도나 백작

크리스티나는 '도나 백작Countess Dohna'이라는 이름으로 남장을 하고 남유럽으로의 여행길에 오른다. 1655년 12월 로마에 도착한 크리스티나는 교황 알렉산데르 7세로부터 큰 환대를 받았다. 그녀는 로마에서 열성적인 예술 후원자로 살았다.

크리스티나가 살았던 리아리오 궁은 많은 문필가와 음악가들의 회합 장소가 되었고 그림, 조각, 메달 등 예술품으로 채워졌다. 그때 수집된 방대한 서적과 필사본이 바티칸 도서관에 보관되어 있다. 1655년 크리스티나가 학자들을 모아 설립한 아르카디아 아카데미 Academy of Arcadia는 지금도 유지되고 있다.[11]

크리스티나와 추기경 데치오 아조리노Decio Azzolino가 연인 관계였다는 설이 있다.[12] 아조리노는 교황 측이 크리스티나를 도와주기 위하여 보내 준 집사 같은 사람이었다. 크리스티나가 그에게 쓴 편지 80통이 스톡홀름의 왕립병기고Royal Armoury에 보존되어 있다. 그것으로 두 사람의 연인 관계가 추정된다고 한다.

1689년, 63세의 나이로 바티칸에서 사망한 크리스티나는 성 베드로 대성당에 안치되었다. 그녀는 국왕의 자리에서 누리지 못했던 행복을 로마에서 느꼈던 것 같다. 재정적 어려움이 있었지만 문예 활동을 중단하지 않았다. 생전에 두 차례, 1660년과 1667년 스웨덴을 방문한 적이 있는데 첫 번째는 카를 10세의 갑작스런 죽음 때문이었고, 두 번째는 재정적 보장을 받기 위한 것이었다고 한다. 1681년 마침내 그녀가 원했던 재정적 안정이 이뤄졌다.

유럽의 문예의 발전에 큰 족적을 남긴 크리스티나에게는 개인적 자유의 신봉자, 자선 활동가, 유대인 보호자였다는 평가가 따른다.

크리스티나 이후의 스웨덴

크리스티나는 오랜 기간 전쟁을 치루는 통에 귀족들에게 계속하여 영지를 나누어 주어야 했다. 그들을 통제하는 것도 만만찮았다. 덴마크, 폴란드, 러시아 등의 도전을 극복해야 하는 어려움도 있었다. 크리스티나가 자유를 택한 것은 자신을 위하여도 나라를 위하여

도 좋은 점이 있었다.

크리스티나 여왕의 퇴위로 1654년 바사 왕조는 카를 10세의 팔츠 왕조로 넘어간다. 1655년 카를 10세는 제2차 북방 전쟁Second Northern War에서 폴란드-리투아니아 연합의 항복을 받아내고, 덴마크의 수도 코펜하겐을 일시 점령하기도 했다. 그러나 1660년 카를 10세는 38세의 젊은 나이에 병사했다. 제2차 북방 전쟁은 일일이 거론할 수 없을 정도로 많은 나라들이 편을 갈라 뒤엉켜 싸운 전쟁이었다. 카를 10세는 죽기 직전에 네 살 난 아들(카를 11세)을 처음 만났을 정도로 전쟁터에 살다시피 했다.

1675년 스웨덴이 브란덴부르크 전쟁Swedish–Brandenburg War으로 대륙에서 고전하고 있을 때, 덴마크의 크리스티안 5세는 1658년 스웨덴에 넘어간 스코네Skåne를 되찾기 위하여 선제공격에 나섰다. 스웨덴은 대륙의 영토를 지키기 위하여 프랑스와 동맹을 맺고 있었고, 덴마크 쪽에는 네덜란드와 브란덴부르크가 있었다.

카를 10세의 갑작스런 죽음으로 다섯 살에 왕위에 오른 카를 11세는 국제전으로 비화된 스카니아 전쟁Scanian War에서 스코네를 지켜냈다. 카를 11세는 크리스티안 5세의 누이와 결혼하여 덴마크와 평화체제를 구축한 후 귀족들의 토지를 환수하여 재정을 튼튼히 하고 군사력을 강화하였다. 그러나 그 역시 37세의 젊은 나이에 죽었다.

1682년 열다섯 살에 즉위한 카를 12세의 치세는 스웨덴 역사의 마지막 불꽃이었다. 그는 덴마크, 발트, 폴란드를 제압하고 러시아의 표트르 1세와 자웅을 겨뤘다. 1700년에서 1721년까지 이어진 대북방 전쟁이다. 에스토니아에서 벌어진 나르바 전투의 승리에 고무된 카를 12세는 모스크바를 향하여 진군하지만 혹한으로 큰 손실을 입고 물러난다. 1709년 지금의 우크라이나에서 벌어진 폴타바 전투의 패배는 스웨덴의 운명을 가름하였다.

오스만 제국에 피신했다가 돌아온 카를 12세는 1718년 12월, 노르웨이 남동부 전선에서 정탐에 나갔다가 불의의 총에 맞고 전사하였다. 스웨덴군은 '죽음의 행진'이라 불리는 노르웨이 철수에서 6000여 명의 병력 중 4000여 명이 얼어 죽었다. 전사 당시 카를 12세의 나이 36세, 결혼을 하지 않았고 후사도 없었다. 스웨덴의 전성기 100년, 국왕들은 하나같이 의무감으로 살았다.

1718년부터 1772년까지 '자유의 시대'라 불린다. 프랑스의 영향으로 과학과 문화의 융성이 이루어졌고 '언론의 자유'가 선언되었다. 1809년 핀란드를 러시아에 넘겨주었지만 덴마크-노르웨이 왕국이 나폴레옹의 편에 선 것을 기회로 덴마크를 공격함으로써 1814년 노르웨이를 양도받았다. 노르웨이는 1905년 완전 독립할 때까지 스웨덴-노르웨이 연합 왕국United Kingdoms에 속했다.

스칸디나비아

스칸디나비아는 스웨덴 남부의 스카니아Scania에서 온 지명이다.

스웨덴과 덴마크가 치열하게 다투던 곳으로, 스웨덴어로 스코네다. 스웨덴, 덴마크, 노르웨이는 18세기 말부터 범스칸디나비아운동pan-Scandinavianism을 통하여 언어적, 문화적 동질성을 공유하는 데 노력함으로써 평화를 이룰 수 있었다.

지구촌 도처에서 크고 작은 분쟁이 끊이지 않은 가운데 스칸디나비아 3국은 높은 복지 수준과 사회적 안정으로 부러움을 사고 있다. 크기는 스웨덴과 덴마크가 비슷하고 노르웨이가 약간 작다. 인구는 스웨덴 1020만 명, 덴마크 578만 명, 노르웨이 532만 명이다. 종교 인구는 세 나라 모두 루터교도가 다수를 차지하고 있다. 1인당 GDP(IMF 2020)는 노르웨이가 8만 2000달러로 가장 높고 덴마크 6만 7000달러, 스웨덴 5만 9000달러 순이다.

세 나라는 전통적으로 수산, 제지, 조선 등에서 앞선 나라지만 노르웨이는 석유와 가스 산업으로, 스웨덴과 덴마크는 기계, 차량, 전자통신, 제약, 금융 목제 산업으로 높은 경쟁력을 유지하고 있다. 스웨덴에는 볼보, 스카니아, 사브, 이케아, 에릭슨 등 세계적 브랜드를 가진 기업이 많다.

그러나 외교·국방 정책에서는 차이가 있다. 덴마크와 노르웨이는 2차 대전 후 중립주의를 포기하고 북대서양조약기구NATO에 가입하는 등 친親 서방 노선을 취하고 있는 반면에 스웨덴은 중립화 정책을 견지하고 있다. 스웨덴은 나폴레옹 전쟁이 끝난 후 '평시 비동맹, 전시 중립' 원칙을 채택함으로써 1, 2차 대전을 비켜 갈 수 있었다.

스웨덴은 1814년 노르웨이의 봉기를 제압하기 위하여 출병한 이래 2세기 이상 무력을 사용한 적이 없다. 2차 대전 때 핀란드의 간절한 지원 요청에도 불구하고 8만 명의 전쟁고아를 보호해 주는 등의 인도적 지원에 그쳤다.

스웨덴은 평시에도 군사동맹을 하지 않는다는 원칙을 지키고 있다. 대내적으로는 강력한 자위력을 유지하면서 대외적으로는 정치·군사적으로 구속력 있는 협정에 참여하지 않는다는 것이 국가 안보 전략이다. 그에 따라 북대서양조약기구에도 가입하지 않았다.[13]

그러나 2014년 러시아의 크림반도 합병과 우크라이나 사태를 계기로 나토군의 주둔을 허용하는 법적 근거를 마련하는 등으로 북대서양조약기구와 협력을 강화해 나가고 있다.[14] 그리고 2018년 징병제를 채택하였다. 세계적 추세와 달리 스칸디나비아 3국은 모두 징병제를 시행하고 있다.

북유럽의 평화체제는 스칸디나비아 3국에서 노르딕 국가Nordic Countries로 확대되고 있다. 덴마크, 스웨덴, 노르웨이, 핀란드, 아이슬란드 등 북유럽 다섯 나라의 국기는 노르딕 크로스Nordic Cross라 불린다. 색깔만 조금씩 다를 뿐 같은 십자가 깃발을 도안으로 사용하고 있다. 덴마크의 단네브로에서 비롯된 십자가 깃발은 노르딕 국가의 평화와 단결을 상징하는 것이 되었다.

핀란드와 아이슬란드를 포함한 노르딕 5개국은 덴마크 코펜하겐에 북유럽 이사회Nordic Council를 두고 있다. 올란드 제도(핀란드), 페로 제도(덴마크), 그린란드(덴마크) 등 3개 속령은 준회원이다. 북유럽 각료회의Nordic Council of Ministers도 있다. 여기에는 에스토니아, 라트비아, 리투아니아 등 발트 3국과 벨기에, 네덜란드, 룩셈부르크 등 베네룩스 3국이 옵서버로 참여하고 있다. 최근에는 한자동맹 Hanseatic League 부활의 새로운 기운까지 나타나고 있다.

극동을 찾은 사람들

스칸디나비아 3국은 1959년 3월, 같은 시기에 우리나라와 수교했다. 지금은 남북한 동시 수교국이다. 1902년 대한제국과 덴마크 사이에 수호통상조약이 체결되기 전인 1885년 첫 민간 교류가 있었다.

1885년 6월 청나라는 조선과 '의주전선합동 조약'을 체결하고 차관 제공, 가설, 운영 책임을 맡았다. 갑신정변 후 조선에 대한 통제의 필요성에서 시작된 사업이었다. 그해 8월, 제물포(인천)에 도착한 150명의 인력 가운데는 청국 전보총국에서 근무하던 미륜사彌綸斯, Henry. J. Muhlensteth, 사미은謝彌恩, C. S. Chiren 등 전기기술자가 포함되어 있었다.[15]

미륜사는 덴마크에 본사를 둔 대북부전신회사The Great Northern Telegraph Company의 기술자로 있다가 청국의 전보총국으로 옮긴 사람이었다. 대북부전신회사는 1880년 홍콩-상하이 전신선을 가설하는 등 아시아 지역으로 사업을 확장하고 있었다.[16]

미륜사는 제물포-한성-의주를 잇는 서로전신선 가설 공사의 기술

책임을 맡았다. 제물포-한성은 1885년 8월 20일 공식 개통되었고, 한성-의주는 1886년 5월에 완공되었다. 미륜사는 한성과 부산을 잇는 남로전신선 가설 공사에서도 기술 감독을 맡았다. 1888년에 남로전신선이 개통된 데 이어 1891년에는 한성과 원산을 잇는 북로전신선이 이어졌다. 서로전신선과 달리 남로전신선과 북로전신선은 조선이 독자적으로 완성한 것이었다.

1894년 청일 전쟁이 발발하자 미륜사는 청국으로 돌아가 산동 전보국에서 일하던 중 일본으로 끌려갔다가 석방되었다. 다시 조선에 돌아온 미륜사는 농상공부 통신원通信院의 전무교사電務教師로 채용되어 기술인력 양성, 기술지도, 해외 자문, 전무사업 계획 수립 등의 업무를 담당하였다. 대한제국 3품 주임관奏任官의 계급이 주어졌지만 1905년 을사늑약으로 외교권이 박탈되면서 해임되었다.

미륜사는 런던《데일리 크로니클London Daily Chronicle》의 특파원 베델Ernest. T. Bethell을 양기탁에게 소개한 사람이었다. 미륜사는 한성전기회사의 고문관이었고, 양기탁은 감찰관이었다. 1904년 4월 경 미륜사가 양기탁을 베델의 통역관으로 소개했다는 사실은 1908년 9월 15일 경성지방법원에서 행한 베델의 진술을 통하여 확인할 수 있다.[17]

1904년 7월에 발행된《대한매일신보》는 베델이 발행인 겸 편집인을, 양기탁이 총무를 맡았다. 그들은 일제의 탄압 속에서도 항일 언론 투쟁을 통하여 민족의식을 고양하였다. 그 때문에 미륜사는 다른 외국인과 달리 상여금과 귀국 경비 등 일체의 금전을 받지 못했다고 한다.[18] 종적을 알 수 없었던 그의 행적은 1985년 서울 양화진외국인

선교사묘원에서 묘비가 발견됨으로써 1915년에 사망했다는 사실이 확인되었다.[19]

전신선 구축에는 조선인 기술자도 있었다. 1882년 김윤식을 영선 사領選使로 하는 38명의 영선사행領選使行을 톈진天津의 기기국機器 局에 파견하여 전기기술을 습득하게 했다. 양반의 자제로 구성된 신 사유림단과 달리 영선사행은 중인 출신이었다. 임오군란 등으로 체 재비를 조달하기 어려워지자 조기 귀국하여 1883년 기기국을 세웠 고 전신선 가설 사업에 참여했다. 영선사행의 일원 중 상운商澐은 전 무위원電務委員, 전보국 위원 등으로 임명되어 전신망 구축에 참여 한 사람으로 우리나라 정보통신의 아버지로 불린다.[20]

우리나라는 의료 보장이 잘 되어 있으면서도 의료 기술의 수준이 높다는 평가를 받고 있다. 그러나 우리나라 의료의 발전에 스칸디 나비아 3국의 도움이 컸다는 사실을 기억하는 사람은 드물다. 6 ·25 전쟁 때 의료 지원을 해 준 나라는 스웨덴, 덴마크, 노르웨이, 인도, 이탈리아, 서독이었다.[21] 스웨덴은 1950년 9월 부산에 야전병원을 열 었다. 덴마크는 병원선 유틀란디아MS Jutlandia를 보내 부산항과 인 천항에서, 노르웨이는 야전병원을 꾸려 일선에서 봉사하였다. 스웨 덴 민간 의료진은 본대가 철수한 후에도 남아 있다가 1957년 4월 완 전 철수했다.

1958년 스칸디나비아 3국은 유엔한국지원단UNKRA과 공동으로 450병상 규모의 메디컬 센터Medical Center를 세웠다. 89명의 스칸디 나비아 의료진에 의하여 운영된 메디컬 센터는 우리나라 최고의 종

합병원이었다. 1968년 스칸디나비아 의료진이 철수한 후 정부가 인수하여 지금의 국립중앙의료원이 되었다. 스칸디나비아 3국은 시·도립 병원의 현대화에 재정적 도움을 주기도 했다.

그들은 색다른 음식 문화를 남기기도 했다. 1959년 메디컬 센터에 문을 연 레스토랑 스칸디나비아클럽은 '스뫼르고스보르드 Smorgasbord'로 불리는 뷔페식으로 명사名士들의 단골 회합 장소가 되었다. 뷔페식은 바이킹의 식문화에서 유래했다고 한다.

스칸디나비아 3국은 한국전 전쟁고아를 비롯한 많은 아이들을 입양하여 키워 준 나라이기도 하다. 1967년에 설립된 한·스칸디나비아 재단Korean-Scandinavian Foundation은 지금까지도 꾸준히 활동하고 있다.

02

발트의 길
노래하는 사람들

  1982년 구소련의 가수 알라 푸가초바Alla Pugacheva가 불러 세계적 히트송이 된 '백만 송이 장미'를 모르는 사람은 별로 없을 것이다. 이 노래는 구소련의 시인 안드레이 보즈네센스키Andrei Voznesensky의 〈백만 송이 붉은 장미Миллион алых роз〉라는 시에 곡을 붙인 애절한 사랑의 노래다.

  조지아(당시 그루지야)의 가난한 화가 '니코 피로스마니'는 연모하던 프랑스 여배우가 수도 트빌리시를 방문하자 자신이 가진 모든 것을 판 다음, 호텔 앞 광장에 장미꽃을 가득히 쌓아 사랑을 구했다고 한다. 보즈네센스키에 의하여 되살아난 그의 이야기는 푸가초바의 노래로 전 세계에 알려지게 되었다.

  언젠가 화가가 있었지,
  작은 집과 캔버스가 전부였다네.

사랑하는 여배우가 있었지.

꽃을 아주 좋아하는.

들뜬 마음으로 그의 집을 팔아.

그림과 지붕도, 거침없이.

그리고 그 모든 돈으로

바다같이 많은 장미를 샀다네.[1]

　'백만 송이 장미'의 원곡은 1981년 라트비아 방송국 미크로폰스 Mikrofons가 주최한 송 콘테스트의 우승곡 '마리냐가 준 소녀의 인생'[2]이라는 노래다. 라트비아 신화 속 여신 마리냐Māriņa가 딸에게 행복을 주지 못한 것을 슬퍼하는 노래로, 라트비아인들의 고통스런 삶을 암시한다. 다음은 '마리냐가 준 소녀의 인생'의 전반부다. 우리가 알고 있는 '백만 송이 장미'의 가사와는 전혀 다르다는 것을 알 수 있다.

아프고 힘들 때면 서둘러 서둘러,

엄마를 찾았지.

붙잡으려고, 붙잡으려고,

엄마의 앞치마를.

엄마는 나에게, 엄마는 나에게,

웃으며 말했지.

마리냐는 주었네, 주었네, 주었네.

내 딸에게, 내 딸에게, 내 딸에게 삶을.

주어야 할 것을 잊었네, 잊었네, 잊었네.

내 딸에게, 내 딸에게, 내 딸에게 행복을.

리보니아

발트 3국으로 알려진 에스토니아, 라트비아, 리투아니아의 지정학적 여건은 답답하다. 맞은편 서쪽 연안에는 덴마크와 스웨덴, 동쪽에는 러시아, 남서쪽에는 폴란드와 독일이 있다. 발트 3국은 독일기사단, 덴마크, 폴란드, 스웨덴, 러시아, 독일 등 주변 세력의 부침에 따라 운명이 좌우되었다.

발트의 역사는 기원전 10세기 에스토니아인, 리브인, 쿠를란트인, 리투아니아인 등의 민족이 정착함으로써 시작되었다. 12세기 이후 발트는 주변 세력의 각축장으로 변한다. 에스토니아 북부에는 덴마크 사람들이, 리보니아(리브란트)에는 선교사와 게르만 상인들이 들어왔다.

독일기사단German Order[3]의 이동은 발트 연안 사람들의 삶에 지대한 영향을 주었다. 요한기사단, 템플기사단과 함께 3대 기사단의 하나였던 독일기사단은 십자군 전쟁 때 부상병 치료를 목적으로

1190년 예루살렘 근처에 세워진 야전병원에서 시작된 조직이다.

1211년 지금의 루마니아 중서부의 트란실바니아로 옮긴 독일기사단은 이교도로부터 헝가리 왕국을 보호해 주었다. 그리고 1233년 마조비아 콘라드 1세Duke Konrad I of Masovia의 요청을 받아들여 발트 연안으로 이동하였다. 마조비아는 폴란드 지방에 있던 여러 공국 중 하나였다.[4]

리보니아로 들어간 독일기사단은 지금의 라트비아 수도 리가Riga를 건설하였다. 리가는 한자 동맹의 도시가 되었고, 리보니아는 신성로마제국의 일원이 되었다. 14세기 중반, 지금의 라트비아와 에스토니아를 장악한 뒤 리보니아기사단Livonian Order에 통치를 맡기고 동프로이센 방면으로 진출하였다. 리보니아기사단 치하에서 게르만 이주자들은 봉건 귀족층을 형성하였고, 토착민들은 200년 이상 농노로 전락했다.

리투아니아

1251년 첫 왕국이 수립되었지만 얼마 가지 못하였다. 분열된 나라를 통일하고 리투아니아 대공국Grand Duchy of Lithuania의 초석을 놓은 인물은 게디미나스였다. 1316년 대공에 올라 러시아 지역까지 영토를 확장함으로써 '리투아니아의 건국자'를 넘어 '리투아니아와 러시아의 왕'이라는 이름을 얻었다. 아들 알기다스와 손자 요가일라의 활약으로 발트 지역의 패권 경쟁에 뛰어들었다.

1274년 독일기사단은 폴란드 중북부 노가트강 변에 마리엔부르크 Marienburg, 성모 마리아의 성를 건설하고, 베네치아에 있던 본부를 옮겨왔다. 요가일라는 독일기사단의 공세에 대항하기 위하여 1386년 폴란드 왕국의 여왕 야드비가와 결혼하고 국왕(브와디스와프 2세 야기에우워)에 올랐다.

사실상 하나의 연방이 된 리투아니아와 폴란드는 타넨베르크 전투Battle of Tannenberg[5]와 13년 전쟁Thirteen Years' War에서 승리를 거두고 독일기사단의 굴종을 강요했다. 1466년 폴란드의 종주권을 받아들인 독일기사단은 본부를 동프로이센의 쾨니히스베르크로 옮겨갔다. 아름다운 성채 마리엔부르크는 폴란드로 넘겨져 지금의 말보르크 성Malbork Castle이 되었다.

폴란드-리투아니아 연방에는 두 걸출한 인물이 있었다. 폴란드에는 브와디스와프 2세가 있었고, 리투아니아에는 비타우타스 대공이 있었다. 사촌 형제였지만 서로 적대 관계에 있었던 두 사람은 외부의 적에 대해서는 하나가 되었다. 비타우타스에게는 대왕Vytautas the Great의 칭호가 붙여졌고, 요가일라에 의하여 시작된 폴란드의 야기에우워 왕조는 1572년까지 이어졌다.

1519년 폴란드와 독일기사단은 다시 충돌한다. 전쟁의 결과는 프로이센 공국의 성립과 독일기사단의 쇠퇴다. 1524년 독일기사단을 제압한 폴란드의 지그문트 1세는 호엔촐레른 왕가 출신의 제37대 독일기사단 단장 알브레히트Albrecht von Preussen를 프로이센 공국의 첫 대공에 올렸다.

알브레히트는 기사단장에서 물러난 후 루터교로 개종하고 기사단을 축출하였다. 그에게는 일찍이 종교의 자유와 세속주의를 표방한 보기 드문 통치자였다는 평가가 따른다.

리보니아 전쟁

폴란드-리투아니아 연방이 리보니아를 넘보자 러시아와 스웨덴이 개입하여 1558년 리보니아 전쟁Livonian War이 발발한다. 러시아의 이반 4세에 의하여 시작된 전쟁이었지만 정작 그 과실은 폴란드-리투아니아 연방과 스웨덴에 돌아갔다. 그로부터 폴란드-리투아니아 연방과 스웨덴은 발트 연안을 놓고 치열하게 경쟁한다.

폴란드-리투아니아 연방은 지금의 벨라루스, 우크라이나, 폴란드, 러시아를 포함하는 유럽 최대 영토와 인구를 가진 나라로 발전하였다. 1610년 클루시노 전투Battle of Klushino의 승리로 모스크바 공국을 지배하였고, 1683년 제2차 빈 전투에서 오스만의 침공을 격퇴함으로써 기독교 세계를 구하는 위세를 과시하기도 했다.

스웨덴은 바사 왕조의 구스타프 2세 아돌프에 의하여 17세기 초에 이르러 북방의 강국으로 발전할 수 있었다. 구스타프 2세가 30년 전쟁에서 전사한 후 소강 국면에 접어들었던 북방의 정세는 카를 12세의 등장으로 요동치게 된다. 스웨덴은 폴란드-리투아니아 연방과 덴마크를 연파하고 러시아를 위협하였다. 그러나 1718년 카를 12세가 전사한 이후 쇠퇴기를 맞이하였다.

폴란드-리투아니아 연방 또한 1772년부터 1795년까지 3차에 걸쳐 러시아, 프로이센, 오스트리아에 분할되고 지도상에서 그 이름이 지워졌다. 주권을 빼앗긴 폴란드-리투아니아인은 나폴레옹의 러시아 원정에 참가하여 재기를 모색했지만 실패로 돌아갔다.

발트 독립전쟁

발트 지역은 1915년 1차 대전의 발발과 함께 독일군에 점령되었다. 독일의 패전으로 1차 대전이 끝나고 1917년 러시아 '10월 혁명'이 일어나자 발트 3국은 1918년 각각 독립을 선포했다. 리투아니아는 수도 빌뉴스 일대가 폴란드에 병합되는 위기를 맞이하기도 했지만 폴란드-소비에트 전쟁Polish–Soviet War의 여파로 독립이 인정되었다.

그에 비하여 에스토니아와 라트비아의 독립은 순탄치 않았다. 러시아, 발트 독일인, 연합국의 이해가 얽혀 있었고 내부적으로는 볼셰비키를 지지하는 세력과 반대 세력으로 분열되어 있었다. 러시아는 백군白軍과 적군赤軍의 내전 중에도 발트에 대한 지배를 포기하지 않았다. 독일과 발트 거주 독일인들 또한 그들의 이익을 지키려고 했다.

독립전쟁은 워낙 많은 국가와 세력이 개입된 데다가 폴란드-소비에트 전쟁까지 발발하며 복합적인 양상으로 진행되었다. 에스토니아는 이웃의 라트비아, 영국, 북유럽지원군(핀란드·스웨덴·덴마크), 반볼셰비키 러시아 백군의 지원을 받았다. 반대편에는 소비에트 러시아, 소비에트 에스토니아, 소비에트 라트비아 그리고 발트의 독일 귀족이 중심이 된 발트향토방위군 등의 연합 세력이 있었다. 전쟁의 승리와 함께 1920년 2월 에스토니아의 독립이 결정되었다.

라트비아는 이웃의 리투아니아와 에스토니아, 폴란드, 영국, 프랑스, 반 볼셰비키 러시아 백군, 미국 등의 지원을 받았다. 독일, 발트향토방위군, 자유군단(독일의용군), 서부 러시아 지원군, 소비에트 러시아, 소비에트 라트비아 등의 연합 세력에 승리함으로써 1920년 8월 독립이 결정되었다.

발트 3국은 2차 대전의 발발과 함께 소련에 점령되는 비극을 피하지 못했다. 1939년 8월, 독일과 소련은 몰로토프-리벤트로프 조약 Molotov–Ribbentrop Pact이라 불리는 상호 불가침 조약을 체결했다. 거기에는 동유럽을 분할하는 밀약이 포함되어 있었다. 1939년 9월, 독일군이 폴란드를 침공하자 소련군은 발트 3국을 점령하였다. 그리고 1944년 소비에트 연방에 합병하였다.

2차 대전이 끝난 후 구소련은 발트에 대한 지배를 공고화하기 위하여 민족주의자 20만여 명을 추방하여 자국 내 강제 수용소로 보냈다.

스러져 간 이들을 기억하다

두 차례 세계대전은 발트 사람들에게는 고통의 시간이었다. 리가에는 세 사람의 소총수가 서 있는 형상의 라트비아 소총수Latvian Riflemen 기념비가 있다. 붉은색 화강암으로 된 거대한 석상石像이다. 러시아 내전에서 볼셰비키 적군에 참가하여 공을 세운 소총수를 기리기 위하여 세운 것이다.

1990년 독립 후 1차 대전 때 독일군에 대항한 소총수와 반 볼셰비키 백군 참가자를 포함한 '모든 소총수 기념비'로 재탄생하였다. 비록 적과 적으로 싸웠지만 라트비아를 위한 것이었음을 인정한 것일까?

> 당신의 땅 속에서 사람들이 일어섭니다.
> 하지만 피가 없으면 일어나지 않을 것입니다.
> 당신의 피와 냄새.
> 그녀의 마음을 붙잡을 한 송이 꽃,
> 함께 붙잡을 위대한 사람의 힘.[6]

라트비아의 시인 알렉산드르 차크스Aleksandrs Čaks의 장편 서사시 〈영원한 감동〉 가운데 1917년 7월 17일 아침, 전장으로 향하는 '젬갈레 라트비아 소총수 연대'에 바친 시의 마지막 부분이다. 〈영원한 감동〉은 러시아 전선에서 조국으로 돌아오는 소총수 연대의 활약을 담은 24개 에피소드와 시로 구성된 대작으로, '라트비아의 일리아드'라는 평가가 따른다.

라트비아 소총수 사단은 1차 대전 때 발트 지역 방어를 목적으로 편성되어 러시아 육군에 배속된 부대로 8개 연대에 총 4만 명 규모였다. 소총수들은 러시아 내전 때 볼셰비키 적군에 참가했다가 1만 1000여 명이 귀환하였다. 반면에 장교들은 대부분 반 볼셰비키 백군 진영에 가담하여 우랄과 극동의 이만에서 활동했다.

1940년 라트비아를 점령한 소련은 전체 2만 4000여 명의 병력 중 1만 1000여 명을 퇴출했다. 그 가운데 강제 예편되거나 체포된 장교도 1200명이 넘었다. 1941년 6월, 독일군이 침공해 오자 소련은 남은 병력 가운데 2000여 명을 무장 해제했다. 독일 편에 서는 것을 우려했기 때문이다. 실제로 발트 청년들 중에는 독일군에 가담하여 연합군과 싸운 사람들도 있었다.

리투아니아 북부에 '십자가의 언덕Hill of Cross'이라 불리는 성지 같은 곳이 있다. 그곳에는 10만 개가 넘는 각양각색의 십자가가 빼곡히 세워져 있다. 1831년 누군가에 의하여 십자가가 세워진 후 점점 늘어나 독립전쟁 희생자와 강제 이주자를 추모하고, 그들의 종교와 문화를 확인하는 순례의 장소가 되었다. 저항 의식의 확산을 우려한 구소련이 불도저를 동원하여 세 차례나 파괴에 나섰지만 십자가를 놓은 순례 행렬은 그치지 않았다고 한다.

발트의 길

발트 3국의 독립은 1989년 5월에 조직된 '발트총회'로부터 시작되었다. 소련군이 다시 침공할 것이라는 두려움이 없지 않았다. 8월 23일 저녁 7시, 발트 3국의 수도인 빌뉴스-리가-탈린을 잇는 675.5킬로미터의 인간 사슬을 만들어 독립을 외쳤다. 그날은 발트 3국이 구소련에 병합된 지 50주년이 되는 날이었다.

라이스베스Laisves! 브리비바Briviba! 바바두스Vavadus! 각각 '자유'를 뜻하는 리투아니아, 라트비아, 에스토니아 말이다. 200만 명에 달하는 시민들이 손에 손을 잡고 늘어서 15분간 자유를 달라고 외쳤다. 리투아니아 빌뉴스 대성당 광장에는 5000명의 시민들이 촛불을 들고 '리투아니아 우리의 조국'이라는 노래를 불렀다. 에스토니아와 라트비아 국경에서는 검은색 대형 십자가를 세운 가운데 장례 의식이 거행되기도 했다.[7]

그들의 독립에는 '발트의 길Baltic Way'이라는 이름이 붙었다. '발트의 길'이 성공할 수 있었던 것은 외부 환경의 변화를 놓치지 않고 발트 사람들이 하나가 된 결과였다. 자국민의 20~30퍼센트가 참가할 정도로 단합된 국민의 힘이 있었고, 국제적 지지와 호응도 있었다. 세 나라 공히 그날을 국가기념일Remembrance Day로 정하고 제각기 특색 있는 조형물을 세워 기리고 있다.

발트 3국의 독립 투쟁에는 노래혁명Singing Revolution이라는 이름이 붙었다. 에스토니아에는 '라울루피두Laulupidu'라 불리는 합창제

Estonian Song Festival가 있다. 1869년 자코슨Carl R. Jakoson에 의하여 시작된 것으로 지금까지 변함없이 이어지고 있다. 통상 3만여명이 참가하는 합창제에서 가장 중요한 노래는 민족시인 코이둘라 Lydia Koidula의 시에 곡을 붙인 '나의 조국, 나의 사랑'이다.[8]

> 나의 조국, 나의 사랑.
>
> 내 마음을 바쳤던 그대에게
>
> 최고의 기쁨으로 노래하네.
>
> 꽃피는 나의 에스토니아.
>
> 조국의 고통은 내 가슴을 아프게 했고,
>
> 조국의 환희와 행운은 나를 기쁘게 했네.
>
> 나의 조국이여.[9]

1873년에 시작된 라트비아 음악 축제는 댄스 경연을 포함한 '음악 및 댄스 축제Latvian Song and Dance Festival'로 확대되어 매 5년마다 개최되고 있다. 1895년에 시작된 리투아니아 합창제Lithuanian Song Festival는 2년 내지 5년 주기로 이어지고 있다.

헤르더의 민족주의

리투아니아의 수도 리가에는 민족주의 사상의 선구자 헤르더

Johann Gottfried von Herder의 동상이 서 있다. 1744년 동프로이센에서 태어난 헤르더는 쾨니히스베르크 대학교에서 수학한 칸트의 제자였다. 리가의 루터교 학교에서 교사로 있다가 서유럽을 여행하면서 민족에 대한 생각을 가다듬었다.

헤르더는 시대정신Zeitgeist과 민족정신Volksgeist이라는 개념을 통하여 민족주의의 이론적 기초를 세웠다. 그의 민족 개념은 정치 공동체가 아니라 문화공동체를 의미했다. 오랜 기간에 걸쳐 형성된 언어, 시가, 관습에는 창조적 생명력이 있다고 보았다. 1773년 구전민요를 수집하여 《노래 속 민중의 소리Voices of the People in Their Songs》를 발표하여 동유럽의 민족주의를 고무하였다.

> 모든 나라들이 자신의 자리에 남아 있을 수 있다면, 세계는 하나의 정원과 같을 것입니다. 인간이라는 국가적 식물이 자라는 곳, 다른 곳, 또 다른 곳에서 제각각 다른 모양과 특성으로 꽃을 피울 것입니다.[10]

다양한 민족문화의 보존과 자유로운 정체성의 표현을 중요시한 헤르더의 민족사상은 독일이 나폴레옹의 프랑스군에 점령되었을 때 1807년 피히테Johann Gottlieb Fichte의 《독일 국민에게 고함Reden an die deutsche Nation》으로 이어진다.

> 인류는 오직 여러 색조를 가진 개인 및 전체로서의 개체, 즉 민족이라는 형태에서만 그 정신성을 발현할 수 있습니다. 이러한 민족이 각기

자기에게 몸을 맡기고 자기의 개성에 따르며, 민족 안의 각 개인이 그 민족의 공통성과 자기의 특성에 따라 자기를 발전·형성할 때에만 신성(神性)의 발현이 그 본래의 거울에 본연의 모습으로 비치는 것입니다.[11]

헤르더와 피히테의 민족사상은 이른바 '꽃밭론'으로 알려진 도산 안창호의 사상과 일맥상통한다. 당시 피지배 민족의 목소리를 대변한 것이었지만 지금의 세계화 시대에도 무겁게 받아들여야 할 사상이다.

도산의 사상에 의하면, 각 민족으로 하여금 침략과 외력의 간섭의 우려가 없는 환경에서 자유로 최선의 국가와 문화를 창조, 발달하게 하면 형형색색의 이종(異種)의 꽃이 한 폭의 화단에 조화된 미를 구성하는 모양으로 인류의 진정한 조화와 통일을 가져오리라는 것이었다.[12]

그들의 정체성 찾기

고유의 전통과 관습은 국가의 정체성을 형성하는 데 있어 매우 중요하다. 그중에서도 민족 서사시의 역할은 크다. 에스토니아에는 1853년 크로이츠발트Friedrich R. Kreutzwald가 발표한 민족 서사시 〈칼레비포에그Kalevipoeg〉[13]가 있다.

칼레비포에그('칼레비의 아들'이라는 뜻)는 에스토니아의 왕 칼레비와 린다의 유복자였다. 그는 납치된 어머니를 찾으러 핀란드에 갔다가 '전설의 칼'을 얻지만 논쟁 끝에 대장장이의 아들을 죽인다. 그후 에스토니아로 돌아와 왕위에 올라 성채와 도시를 건설한다. 그러나 적과의 싸움에서 중상을 입고 개울을 건너다가 죽음을 맞이한다. '전설의 칼'이 놓인 개울을 건너는 사람은 두 발이 잘릴 것이라는 대장장이의 저주를 망각했기 때문이었다. 개울 속에 잃어버린 그의 칼이 있었던 것이다.

두 발이 잘려 몸통만 남아 죽어가는 그의 울부짖음이 하늘로 올라가자 신들이 그의 고통을 치료해주었다. 그의 영혼은 즐거운 새처럼 하늘로 날아올라갔다. 그의 공훈을 찬양하는 노래를 들었다. 신들은 회의를 소집하여 여러 밤낮을 의논한 끝에 포르구(Põrgu, 지옥)의 문에서 사르빅(Sarvik, 힘센 소)과 악마를 지키도록 하자는 결정을 내렸다. 그의 영혼은 다시 새처럼 날아 내려와 몸에 들어갔다. 그러나 잘린 다리를 붙일 수는 없었다. 신들은 백마의 잔등에 그를 태워 포르구의 문 앞에 내려 주었다. 칼레비포에그가 바위로 된 문에 도착했을 때 하늘로부터 "주먹으로 바위를 쳐라"라는 소리가 들려왔다. 그러나 주먹이 바위틈에 끼어버렸다. 그는 포르구의 문 앞에서 말 위에 앉아 자신을 포박하려는 사람들을 바라보았다. 악마들은 숯덩이를 쌓아올려 쇠사슬을 부드럽게 만들어 끊임없이 포박을 시도하지만 새벽에 수탉이 울자 쇠사슬은 다시 두꺼워진다. 그는 암벽에서 손을 빼기 위하여 사력을 다한다. 땅이 흔들리고 바다가 포효한다. 그러나 마나(죽음의 여신)의 손은 그를 놓지 않는다. 감시병은 자리를 결코 떠나지 않는다. 그러나 어느 날엔가 거대한 불이 바위 양쪽을 깨트리고 녹여 버릴 것이다. 칼레비포에그는 에스토니아 번영의 새날을 다시 시작하기 위하여 이 땅에 돌아올 것이다.[14]

〈칼레비포에그〉의 마지막 장면이다. 지금은 에스토니아가 외세에 속박되어 있지만 언젠가 새날을 맞이할 것이라는 희망의 메시지가 담겨 있다.

라트비아에는 1888년 시인 품푸르스Andrejs Pumpurs가 발표한 〈라츠플레시스Lāčplēsis〉가 있다. 다음은 라츠플레시스의 아버지가 세상으로 나가는 아들을 격려하는 장면이다.

> 우리는 오래되었다.
> 우리의 이름에는 부끄러움이 없고,
> 지난날 우리의 조상들은 영웅의 기개를 보여 주었다.
> 너, 나의 아들 라츠플레시스 또한 태어날 때부터
> 운명의 뜻에 의하여 영예로운 사람으로 점지되었다.
> 네가 그의 뜻을 쫓아 너의 진가를 보여 준다면
> 신은 너를 안전하게 보호하고 지켜 줄 것이다.[15]

그의 아버지는 민족의 관습을 간직하고 조상의 가르침을 잊지 말라는 당부를 잊지 않는다. 라츠플레시스는 아버지와 포옹을 나눈

후 말 위에 올라 모자를 쓰고 방패를 흔들며 길을 떠난다. 라츠플레시스는 '곰을 찢는 사람Bear Slayer'이라는 뜻으로 라트비아의 강한 민족정신을 상징한다. 11월 11일 국군의 날에는 '라츠플레시스의 날'이라는 이름이, 최고의 훈장에는 라츠플레시스의 이름이 붙었다.

라츠플레시스는 칼레비포에그에 승리하지만 공동의 적과 전쟁을 위하여 협력하기로 한다. 두 영웅은 외세를 물리치고 함께 평화를 만든다. 다음은 〈라츠플레시스〉 중 '에스토니아 전쟁'에 나오는 흥미로운 대목이다.

> "나는 앞으로 갈 것이고 우리들의 해안은 지켜질 것이다. 내가 살아 있는 한 서쪽을 원하지 않을 것이고, 외부인은 오지 않을 것이며, 마지막에 생명이 다했을 때 나는 룬다에서 쉴 것이다." 라츠플레시스는 재빨리 칼레비포에그에게 손을 내밀었다. 칼레비포에그는 발을 얻은 것이나 마찬가지다. 그리고 그가 말했다. "전쟁의 들판에서 만났지만 이제부터 우리들 사이에는 평화가 세워질 것이다!"[16]

에스토니아와 라트비아, 경쟁적 협력 관계를 말하려는 것일까? 라츠플레시스의 '손'과 칼레비포에그의 '발'은 협력을 상징한다. 앞서 보았던 대로 칼레비포에그는 강을 건너다가 두 발을 잃었다.

칼레비포에그와 라츠플레시스에 이어, 린다Linda는 또 하나의 민족 정체성을 상징한다. 에스토니아 수도 탈린의 '린다 언덕'에는 슬픈 표정을 짓고 있는 작은 동상이 있다. 도시를 건설했다는 민담의 주인공 칼레비의 아내이자 칼레비포에그의 어머니 린다가 그 주인공이다. "제거된 사람들을 기억하십시오. 그들의 고통이 하늘을 향해 비명을 지르고 있습니다." 동상 아래에 새겨진 글이다. 구소련 시절 시베리아로 쫓겨난 사랑하는 사람을 위하여 꽃을 놓는 장소였다고 한다.

라트비아 리가 중심부에는 높이 42미터의 거대한 자유 기념비 Freedom Monument가 서 있다. 라트비아 독립전쟁 전사자를 추모하기 위하여 1935년에 제막한 것으로, 라트비아의 자유와 독립을 상징한다. 여신상의 주인공 밀다Milda는 세 개의 금색 별을 높이 들고 있다. 세 개의 별은 리가의 세 구역을 상징한다. 구소련 치하에서 밀다는 어머니 러시아를, 세 개의 별은 발트 3국을 의미하는 것으로 왜곡되기도 했다.

여신상에는 숨은 코드가 있다. 세 개의 별 가운데 만들어진 원과 밀다의 두 팔 사이에 만들어진 T자 공간을 연결하면 아기가 서 있는 형상이다. 자유 기념비는 리가 출신의 건축가 베라 무키나Vera Mukhina의 작품이다. 그가 의도했든 그렇지 않든 허공에 나타난 아기의 형상은 라트비아의 희망이 되었다. 기념비 기단에는 '자유', '라트비아' '라츠플레시스', '라트비아 소총수', '노래하는 사람들' 등 열네 가지 중요한 테마를 표현한 부조가 설치되어 있다.[17]

칼리닌그라드

발트 3국의 주변 상황은 지금도 다르지 않다. 여전히 러시아의 위협에서 자유롭지 못하다. 발트의 남서부 연안, 리투아니아와 폴란드 사이에 러시아의 칼리닌그라드Kaliningrad 주가 있다. 러시아 본토 밖의 비지飛地다. 마치 발트 3국을 옥죄기 위해 박아 놓은 돌쩌귀와 같다. 원래 이름은 쾨니히스베르크, 1254년 독일기사단에 의하여 건설된 곳으로 1525년 프로이센 공국의 수도가 된 곳이다.[18]

쾨니히스베르크를 포함한 동프로이센 지역은 '30년 전쟁' 때 초토화되다시피 했다. 2차 대전 때에는 독일과 구소련 사이에 격렬한 쟁탈전이 벌어졌던 곳이다. 도시는 완전히 파괴되었고, 인구는 개전 당시 37만 명에서 5만 명으로 격감하였다. 전쟁이 끝난 후 소련은 발트 독일인들은 추방하고 자국 영토로 편입하였다. 지금은 발트해의 유일한 러시아 부동항으로 발틱 함대Baltic Fleet의 본부가 위치해 있다. 언제든지 러시아의 검은 손길이 미칠 수 있다.

에스토니아와 리투아니아는 구소련의 KGB 건물을 학살 및 추방 희생자를 기억하기 위한 시설로 활용하고 있다. 우리가 옛 서대문 형무소를 독립공원으로 활용하고 있는 것과 다르지 않다. 기억을 대중적 힘으로 분출하는 데는 매개가 필요하다. 발트 사람들에게는 신화와 서사시가 있고 노래가 있다. 십자가 언덕, 대합창제, 발트의 길과 함께 뭉칠 수 있는 기제가 있는 한 그들의 독립과 자유는 지켜지지 않을까?

리가의 동상으로 서 있는 헤르더는 이렇게 말한다. "인류공동체는 모든 민족이 각자의 개성으로 각양각색의 꽃을 피우는 큰 화단과 같은 것이다." 발트 3국은 작지만 아름다운 꽃이다.

---- 03 ----

수오미
시수로 말하다

핀란드는 서쪽의 스웨덴과 동쪽의 러시아 사이에 위치한 나라로 두 세력 사이에서 어렵게 생존을 유지해야 했다. 13세기 말부터 19세기 초까지 스웨덴 왕국의 일부였다. 국명 '핀란드'조차도 스웨덴어에서 왔다. 자국어로는 '수오미Suomi'다.

1808년 러시아는 스웨덴에 마지막 일격을 가한다. 나폴레옹 전쟁 중에 일어난 핀란드 전쟁Finnish War이다. 스웨덴은 동쪽 영토의 3분의 1을 러시아에 넘겨주어야 했다. 알렉산드르 1세는 그곳에 핀란드 대공국Grand Duchy of Finland을 수립하고, 헌법과 관습 및 종교를 존중하고 자유를 주겠다고 약속했다.

헬싱키 동남쪽 4킬로미터 지점에 위치한 해상 요새 수오멘린나 Suomenlinna는 스웨덴과 러시아의 각축장이던 핀란드의 근대 역사를 보여 주는 곳이다. 1748년 스웨덴은 러시아의 팽창에 대비하여 헬싱키 앞바다 8개 군도 위에 요새, 스베아보리Sveaborg를 건설하였다. 1808년 핀란드 전쟁 때 러시아가 차지한 이래 한층 더 견고해졌다. 러시아 치하에서 비아보리Viabori로 불리던 요새는 핀란드 독립 직후인 1918년 지금의 수오멘린나가 되었다.

핀란드 대공국을 수립한 알렉산드르 1세는 스웨덴의 영향력을 약화시키기 위하여 1812년 수도를 서쪽의 타르쿠에서 상트페테르부르크에 가까운 헬싱키로 옮겼다. 핀란드는 러시아 제국의 일원이 되었지만 스웨덴의 법과 행정 언어가 그대로 유지되었다. 상층부에서는 스웨덴어가 일상적으로 사용되고 있었고 핀란드어는 '농부의 언어'로 간주되었다.[1]

언어적 정체성의 확보는 그 무엇보다도 시급한 과제였다. "우리는 더 이상 스웨덴인이 아니다. 우리는 러시아인도 될 수 없다. 그러므로 우리는 핀란드인임에 틀림없다." 민족운동의 선구자 아돌프 아르비드손Adolf I. Arwidsson에게 언어와 영혼은 동일한 것이었다.[2]

1835년 엘리아스 뢴로트Elias Lönnrot의 민족 서사시《칼레발라 Kalevala》는 그들의 정체성과 민족의식을 일깨우는데 중요한 역할을 했다.[3] 1856년 크림 전쟁이 러시아의 패배로 끝나자 핀란드 지식인들은 고유의 언어와 문화를 회복하기 위한 펜노만 운동Fennoman Movement을 전개했다. 1860년대 요한 스넬만Johan V. Snellman을 중심으로 언어 투쟁Finland's language strife에 나섰다. 1860년 스넬만이 쓴 글의 일부다.

내 견해는 이렇다. 러시아어 또는 핀란드어 어느 쪽이 이길 것인지, 하

나님만이 안다. 나는 감히 어떤 것도 바라지 않는다. 하지만 스웨덴어

는 질 것이다. 내가 아는 바로는.⁴

압제의 세월

　1863년 알렉산더 2세는 스웨덴어와 함께 핀란드어에 공용어 지위

를 부여했다. 그리고 19세기 후반 화폐가 발행되고 군대의 보유가 허

용되는 등 자치권이 확대되었다. 그러나 1894년 니콜라이 2세가 즉

위하자 상황이 급변하였다. 핀란드의 러시아화Rusification 정책이 강

력하게 추진되었던 것이다.

　1899년 러시아는 '2월 성명서February Manifesto'를 통하여 차르의

칙령을 핀란드 헌법의 위에 올려놓았다. 핀란드 의회는 차르에 예속

되었고 대공국의 지위는 지방 정부로, 헌법과 법률은 일개 지방정부

의 규정으로 격하되었다. 소르토부오데트Sortovuodet라 불리는 '압제

의 세월'의 시작이었다.

　1898년 핀란드 총독에 임명된 니콜라이 보브리코프Nikolai I.

Bobrikov는 자치권을 박탈하고 동화 정책을 밀어붙였다. 보브리코프

는 상트페테르부르크 황실 친위대에서 복무한 적이 있는 보병 대장

으로 차르 충성파였다. 러시아 정교회의 지위를 높이고 관청의 행정

언어를 러시아어로 바꾸는 한편, 핀란드 육군을 해산하고 징병제를

실시하였다. 나아가 1903년 4월부터 1905년까지 그에게 부여된 독재

권을 행사하여 신문을 폐지하고 민족주의자들을 추방하였다.

에우겐 샤우만

1904년 6월 16일, 총독은 핀란드 청년 에우겐 샤우만Eugen Schauman이 쏜 총탄을 맞고 숨졌다. 샤우만은 지금의 우크라이나 북동부 하르키우의 명문가 출신으로, 헬싱키대학교를 졸업하고 상원의 직원으로 근무한 적이 있었다. 샤우만은 '핀란드 사격 연맹'의 도움으로 해외에서 소총을 들여와 학생동맹에 나눠 주고 저항단체와 함께 무장봉기를 계획하였다.

당시 핀란드에는 1901년 창설된 '카갈리Kagali'라는 비밀결사가 있었다. 카갈리는 헬싱키에 본부를 두고 전국에 45개 지부를 두고 있었다. '2월 성명서'의 철회를 위하여 52만여 명의 서명을 받아 청원서를 제출하였고, 징병제 반대 투쟁을 통하여 핀란드인의 징집을 중단시키는 성과를 거두기도 했다. 1902년 수천 명이 참가한 헬싱키 시위를 이끌어 냈지만 그로 인하여 많은 지도자들이 국외로 추방되었다. 스웨덴의 코펜하겐에서 다시 저항운동을 시작한 카갈리는 다수의 비폭력 투쟁과 소수의 과격 무장투쟁 세력으로 분화되었다.

1904년 2월, 샤우만은 두 통의 편지를 쓴다. 아버지에게 쓴 편지는 거사에 대한 자신의 생각을 밝히고 죽음을 사죄하는 내용이었다. 다른 하나는 니콜라이 2세에게 쓴 것이었다. 자신의 정당성과 단독

범행임을 밝히는 내용이었다.

> 다른 사람의 생명을 빼앗는 것은 끔찍한 일입니다. 죄라는 사실을 받
> 아들이며 생명을 버리기로 했습니다. 이 결정으로 마음의 평화를 얻었
> 습니다. 평화와 기쁨으로 죽을 것입니다.[5]

총독이 매주 목요일 11시에 상원 재정 회의에 참석한다는 사실을
알고 있던 샤우만은 거사 장소로 상원 건물을 택한다. 1904년 6월 9
일, 첫 시도가 있었지만 접근에 성공하지 못했다. 일주일 후 6월 16
일은 마지막 기회였다. 총독이 여름휴가를 떠나기로 되어 있었기 때
문이다. 샤우만은 저항운동 단체로부터 2주의 시간을 얻었다. 대규
모 무장투쟁을 고려하고 있던 저항운동 단체는 불필요한 희생을 줄
이기 위하여 샤우만의 제안을 수용했던 것이다. 다음은 그가 거사
전에 남긴 글이다.

> 자유는 그 자체로 목표다. 약간의 분명한 한계가 있지만 모든 인간의 양
> 도할 수 없는 특권이며, 어떠한 외부 권력에 의해서도 박탈될 수 없다.
> 인간은 자신을 위해서는 물론이고, 자녀들을 위해서도 그것을 포기할
> 권리가 없다. 자유는 자존심의 기초이며, 자유가 없으면 인간의 도덕적
> 책임에 대한 위대한 교리는 단순한 거짓말과 기만일 뿐이다. 자유는 신
> 성한 것이다. 자유에 대한 사랑은 우리 마음속에 뿌리 깊은 자연의 즐거
> 움이다.[6]

6월 16일 11시 경, 샤우만은 상원 건물 위층에서 내려왔고 총독은 계단을 올라왔다. 2층에서 총독을 마주친 샤우만은 그를 향해 벨기에제製 자동권총 FN M1900을 세 발 연이어 발사한 후 자신에게 두 발을 쏘아 그 자리에서 죽었다. 그때 그의 나이 29세였다. 총독에게 쏜 세 발 가운데 먼저 쏜 두 발은 훈장에 맞아 튕겨나갔고 마지막 한 발은 벨트 버클에 맞았다. 그러나 총알은 버클 조각과 함께 복부를 관통했다. 치명상을 입은 총독은 헬싱키 외과 병원으로 후송되어 몇 시간에 걸친 수술을 받았지만 다음 날 밤 사망하였다.

그의 아버지 발데마르 샤우만Waldemar Schauman은 체포되어 상트페테르부르크로 이송되어 수감되었다가 석방되었다. 샤우만의 거사에는 집안의 내력도 영향을 미친 것으로 보인다. 부친은 러시아 육군 중장 출신으로 상원 의원으로 있다가 러시아어 강제 정책에 반발하여 사임하였고, 핀란드 기병 연대장으로 있던 삼촌은 강제 예편되었다. 여동생 시그리드 샤우만Sigrid M. Schauman은 덴마크 코펜하겐에서 화가 겸 미술평론가로 활동하였고, 1964년《나의 오빠 에우겐》이라는 전기를 남겼다.[7]

샤우만과 관련된 또 하나의 감동적인 이야기가 있다. 샤우만에게는 한 농부로부터 선물로 받은 '루카스'라는 사냥개가 있었는데, 4일간 그를 찾아 헤매다가 탈진하여 죽었다고 한다.

1904년 에우겐 샤우만의 거사와 1909년 안중근 의거는 5년의 간격이 있지만 식민통치의 핵심 인물을 처단했다는 점에서 동일하다. 샤우만 29세, 안 의사 30세, 거사에 사용된 총기 또한 벨기에제 자동

권총으로 같았다. 그러나 거사 후의 상황은 판이했다.

1906년 5월, 샤우만의 장례식이 성대하게 거행되었다. 그리고 1909년 교향시 〈핀란디아Finlandia〉의 거장 장 시벨리우스Jean Sibelius에 의하여 장송곡In Memoriam이 헌정되었다. 하지만 안중근 의사에게는 장례식조차 없었고, 유해마저 찾지 못하고 있다.

러일 전쟁은 핀란드에게 행운을 가져다주었다. 전쟁이 한창이던 1905년 1월, 러시아 혁명1905 Russian Revolution이 발생하였다. 그에 따라 핀란드에 대한 러시아화 정책은 중단되었고, 1917년 12월 독립을 이룰 수 있었다.

일본은 러일 전쟁 기간 때 재정지원을 통하여 핀란드를 이용하려고 했다. 자유운동 세력의 무장투쟁을 부추기기 위하여 다량의 무기를 실은 선박을 은밀히 파견하였지만 핀란드 해안에서 전복 사고가 발생하였다.

침몰된 증기선 존 그래프턴S/S John Grafton에는 소총 1만 5500정, 총알 250만 개, 권총 2500정, 폭약 3톤이 실려 있었다. 하지만 일본은 제1차 세계대전이 발발하자 연합군의 일원이 된 러시아에게 핀란드 자유운동 지도자의 명단을 넘겨주는 배신행위를 서슴지 않았다.

니콜라이 2세는 비밀리에 초청장을 보내 1907년 제2회 만국평화회의(6.15~10.18)에 대한제국 대표단의 파견을 요청하였다. 당시 러시아는 의장국을 맡고 있었다. 한반도와 만주의 지배권을 노린 다면적 포석이었다. 그에 따라 이른바 헤이그 밀사가 파견되었지만 열강의 반대로 회의장에 들어갈 수 없었다. 일본의 집요한 반대가 있었다지만 그 사이 러일협약의 타결로 러시아가 반대로 돌아섰던 것이다.

　일본은 헤이그 밀사 사건을 빌미로 고종을 강제 퇴위시킨 후 정미조약丁未條約을 통하여 내정권內政權을 박탈하고, 군대를 해산함으로써 사실상의 지배권을 장악하였다. 1909년 안중근 의사의 하얼빈 의거는 이민족의 지배를 받아들일 수 없다는 최후의 통첩이자 강한 민족정신의 표출이었다.

독립과 내전

　1917년 핀란드는 독립을 이뤘지만 볼셰비키의 개입으로 내전이 발생한다. 남부를 장악한 적위군Red Guard과 북부를 장악한 백위군 White Guard 사이에 벌어진 내전은 1918년 5월, 독일의 지원을 받은 백군의 승리로 끝난다. 처음에는 적군이 유리했지만 점차 백군의 우위로 전환되었다. 노동자로 구성된 적군은 러시아군 출신의 장교들이 이끈 백군을 감당할 수 없었다. 게다가 반(反) 볼셰비키주의자 칼 구스타프 만네르헤임Carl Gustaf Mannerheim 장군이 버티고 있었다.

　내전은 '언어 전쟁'을 야기하기도 했다. 1917년 독립 후 제정된 헌법은 스웨덴어와 핀란드어를 함께 공용어로 규정했다. 헬싱키대학교는 언어 갈등의 진원지였다. 스웨덴어 강의와 저술에 대한 반발로 대규모 시위가 벌어지기도 했다. 그와 반대로 스웨덴어를 지키기 위하여 15만여 명이 연명하여 의회에 청원서를 제출하는 사태도 있었다.

겨울 전쟁

2차 대전이 발발하자 소련은 수도 레닌그라드를 보호하고 전략 요충지를 확보하기 위하여 핀란드의 동부 국경선을 뒤로 물리도록 하는 한편, 영토 일부의 할양을 요구한다. 전쟁을 결심한 핀란드는 1939년 11월 말, 레닌그라드에 가까운 동부 국경에 '만네르헤임 라인'이라 불리는 방어선을 구축한다. '겨울 전쟁Winter War'이라 불리는 제1차 소련-핀란드 전쟁의 시작이다. 예상과 달리 핀란드군은 뛰어난 전투력으로 소련군의 침공을 저지하였다.

소련이 대규모 병력을 동원하여 집중 공세에 나서자 핀란드는 더 이상 방어선을 지킬 수 없었다. 기다리던 연합군의 지원은 끝내 이뤄지지 않았다. 핀란드군은 1939년 10월에서 1940년 3월까지 105일간 끈질기게 저항하였지만 모스크바 평화 조약Moscow Peace Treaty으로 영토의 10분의 1이 넘는 면적을 소련에 넘겨주어야만 했다. 그러나 혹한에 대비하지 못한 소련군은 동사자 6만여 명을 포함하여 총 32만 명 내지 38만 명에 달하는 병력과 수천 대의 탱크와 수백 대의 항공기를 잃었다. 그에 비하여 핀란드군은 7만여 명의 손실에 그쳤다.

계속 전쟁

핀란드는 영토 회복을 위하여 독일과 동맹을 맺고 1941년 6월 '계속 전쟁Continuation War'에 돌입한다. 제2차 소련-핀란드 전쟁이다. 핀란드군은 잃었던 땅을 회복하고 소련령 카렐리아로 진입하지만 소련군의 공세에 더 이상 버티지 못하고 1944년 9월 휴전 협정Moscow Armistice을 맺는다.

3년 이상 계속된 전쟁에서 핀란드 22만 5000명, 소련군 89만 명 내지 94만 4000명, 독일군 8만 4000명의 손실이 있었다. 핀란드는 카렐리아를 포함한 동부 영토의 대부분을 잃었고 막대한 전쟁 배상금을 지불해야 했지만 발트 3국과 달리 주권을 지킬 수 있었다. 카렐리아의 대부분 지역은 소련의 지배하에 있다가 1991년 러시아 내 카렐리아 공화국이 되었다.

2017년에 개봉한 〈언노운 솔저The Unknown Soldier〉를 따라서 계속 전쟁 속으로 들어가 보자. 기관총 부대의 분대장 출신 바이뇌 린나Väinö Linna가 1954년에 발표한 동명의 소설을 영화화한 것으로, 핀란드 동부 국경지대 카렐리아를 주 무대로 기관총 부대의 분투와 그 속에서 파멸되는 개인의 삶을 사실적으로 보여 준다. 핀란드 영화답게 그들이 자랑하는 기관총 부대, 척탄병, 저격병, 자원여성보충군이 차례로 등장한다.

영화는 물속에서 자유롭게 헤엄치는 장면으로 시작된다. 갑자기 강물 속 전투 장면으로 전환되고 또다시 바뀐 화면에는 황금빛 들녘을 바라보는 한 여인이 나타난다. 손을 뒤로 내밀며 누군가를 부른다. 이어 쓰러진 병사의 얼굴이 클로즈업되면서 그의 시선을 따라 자작나무 숲 사이로 하늘이 보인다. 주인공 로카와 그의 아내 리티의 모습이다.

기관총 부대의 대원들은 숲속에서 훈련을 받고 출동 준비를 한다. 흰 캡에 흰 앞치마를 입은 여성들이 커피와 프리첼을 가져다주며 병사들을 격려한다. 자원여성보충군 '로타 스바르드Lotta Svärd'의 활약을 보여 주는 장면이다. 그것을 계기로 여성 대원 시르카와 카리루크토 소위는 사랑하는 사이로 발전한다. 시르카는 그가 돌아올 때까지 기다리겠다고 말한다.

1941년 7월, 북카렐리아 지역에서 포격이 시작된다. 대원들은 핀란드군 한 명이 소련군 열 명의 가치가 있다며 너스레를 떤다. 드디어 소나무 숲속에서 전투가 시작된다. 코스켈라 소위는 포복으로 접근하여 작약통을 던져 소련군 기관총 포대를 파괴한다. 소심한 성격의 카리루크토 소위도 대원들을 이끌고 전진하며 치열한 전투 끝에 소련군을 격파한다.

1941년 8월, 로카의 농장에 전갈이 온다. 겨울 전쟁에 참가했던 로카는 아내와 아이 셋을 두고 다시 전장으로 향한다. 그리고 기관총 부대에 합류한다. 로카는 카렐리아의 땅을 잃고 외지로 이주한 사람이었다. 땅을 빼앗긴 데 대한 복수심에 노련한 전사로서의 자존심이 더해져 상관들에게 고분고분하지 않는 특별한 캐릭터를 보여 준다.

보트에서 기관총을 쏘아대며 반대편 호안으로 건너가는 로카의 전투 장면은 그들이 '전투 종족'임을 여실히 보여 준다. 카리루크토가 수류탄을 투척하면 로카는 기관총으로 적을 제압한다. "우리는 죽기 위해 여기에 있는 것이 아니라 죽이기 위해 여기 있다." 로카의 심리 상태를 잘 보여 주는 말이다. 소련군 탱크가 괴물처럼 다가온다. 바퀴 밑으로 작약통을 던져 넣어 탱크를 폭파시킨다. 전투는 핀란드군의 승리로 끝난다. 1941년 9월, 핀란드군은 소련령 카렐리아에 입성한다. 레닌 동상이 보이고 막심 고리키 거리와 레닌 언덕도 있다. 기관총 부대의 개선 행진이 열리고 모처럼 클럽에서 즐거운 시간을 갖는다.

1942년 1월 시비르, 기관총 부대는 눈 덮인 언덕에서 흰색 위장복을 입고 숨어서 소련군을 기다리고 있다. 그러나 소련군에 밀려 후퇴해야 했다. 여기서 로카는 그의 진면목을 여지없이 보여 준다. 동료 병사의 보조로 탄약통을 계속 교체하면서 2열종대로 접근해 오는 소련군을 완전히 쓸어버린다. 포상 휴가를 받고 집에 돌아온 로카는 아이들과 놀아 주며 자상한 아버지의 모습을 보인다.

1942년 6월, 대원들은 '만네르헤임의 술'을 나누어 마시며 노래와 춤으로 즐거운 시간을 보낸다. 왜 '만네르헤임의 술'인가? 전쟁을 지휘하던 만네르헤임 원수의 생일을 축하하기 위해 병사들에게 내려진 알콜 음료 킬주Kilju였다.

카리루크토와 코스켈라는 중위의 계급장을 달고 있다. 다들 즐거운 밤이지만 코스켈라의 모습은 여느 때와 달리 지치고 날카로운 모습이다. "동시에 두 개의 관coffin을 준비해야 했다. 나의 두 형제가 죽었다."

코스켈라는 전쟁에 회의를 느낀다. 로카는 두 번째 휴가로 다시 농장에 돌아온다. 임신 중이던 아내가 낳은 넷째 아이를 만난다.

　1943년 12월, 또다시 맞은 겨울, 대원들은 흰색 위장복을 입고 눈 덮인 참호를 지킨다. 소련군의 포격이 이어지지만 전쟁은 소강상태로 접어든다. 두 형제를 잃은 코스켈라는 잠시 귀향하여 어머니를 위로하고 차마 떨어지지 않는 발걸음으로 다시 전장으로 향한다. 기다란 길을 따라 부대로 가는 모습이 몹시 슬프게 보인다. 대위로 진급한 카리루크토는 시르카와 헬싱키의 교회에서 결혼한다.

　대원들은 진지를 구축하던 중 폭격을 받고, 여러 명의 부상자가 발생한다. 카리루크토와 코스켈라는 각기 대원을 나누어 적진을 돌파하려고 한다. 코스켈라와 한 조가 된 로카는 반복적으로 수류탄을 던지고 기관총을 발사하면서 전진한다. 카리루크토는 아내 시르카를 생각하면서 반지를 빼 지갑 속에 넣는다. 기다리고 있으라는 코스켈라의 전갈을 무시하고 앞장서 돌파하다가 총알에 맞고 쓰러진다. 시르카의 얼굴을 떠올리는 마지막 눈동자가 클로즈업된다.

　코스켈라는 대원들을 이끌고 탈출하여 진지를 구축하지만 소련군의 포격을 받는다. 탱크를 향해 기관총을 발사하지만 소용이 없다. 코스켈라는 작약통을 들고 포복으로 접근하여 폭파에 성공하지만 전사하고 만다. 대대장은 국가에 헌신할 것을 요구하며 후퇴하는 대원들에게 총을 겨누며 막아선다. 그러나 소련군의 포격이 재개되자 대원들은 산속으로 피신한다. 탱크 앞에 홀로 선 대대장은 목숨을 잃는다.

제3부 북쪽 바다의 공존

지휘관을 모두 잃은 대원들은 로카의 지휘로 강을 건너기 위해 강가를 따라서 이동하지만 소련의 폭격으로 다리가 폭파된다. 대원들은 강을 건너기 위해 물속에 뛰어든다. 로카는 동료를 구하려다 부상을 당한다. 로카와 동료 병사는 누워 있다. 영화 도입부에서 부상을 입은 병사가 하늘을 쳐다보는 바로 그 장면이다.

강을 건너 이동한 대원들은 참호를 파고 사투를 벌인다. 그러다가 점차 포성이 잦아든다. "우리는 동쪽의 거대한 이웃과 평화로운 관계를 위한 첫 발을 내딛었습니다." 1944년 9월 4일 휴전을 알리는 라디오 연설이 흘러나오고 병사들은 하나둘 참호에서 나온다. 시벨리우스의 핀란드 송가Finlandia Hymn가 깔린다.

맨발의 헐벗은 고아 소녀, 세 아들의 영정을 바라보고 있는 코스켈라의 어머니, 임신한 시르카의 모습이 차례로 등장한다. 모두들 전쟁의 고통을 안고 살아가야 할 남겨진 사람들이다. 그러나 교회 계단을 내려오는 시르카의 모습에서 꿋꿋함이 느껴진다.

한 병사가 눈 속에 불이 켜진 작은 통나무집으로 들어간다. 로카가 집에 돌아온다. 로카의 아내는 소련군이 농장 근처까지 접근하자 안전한 곳을 찾아 숲속의 작은 집으로 옮겨 가 있었다. 영화의 마지막은 처음과 마찬가지로 물속에서 헤엄치는 장면이다. 호수의 나라, 자유와 평화의 나라라는 것을 보여 주려는 것일까?

저격병과 척탄병

겨울 전쟁 때 '하얀 사신White Death'이라는 무서운 별명이 붙은 저격병sniper이 있었다. 스키 저격병 시모 해위해Simo Hayha는 눈 덮인 산속을 헤집고 다니며 소련군을 혼란에 빠트렸다. 그가 저격한 적의 숫자는 505명, 비공식 자료에서는 542명이다. 그는 전쟁이 끝날 무렵 턱에 유탄을 맞고 혼수상태에 빠졌지만 부상에서 회복되어 96세까지 장수했다.

핀란드군이 병력의 열세에도 불구하고 초기 전투에서 러시아군에 막대한 타격을 줄 수 있었던 것은 저격병의 뛰어난 활약 덕분이었다. 영하 40도가 넘는 혹한 속에서 소련군을 고립시킨 후 어디선가 스키를 타고 나타나 각개 격파하는 저격병은 그야말로 '하얀 사신'이었다. 그들은 하얀 위장복을 입고 있었다. 핀란드의 저격병의 뛰어난 실력은 산속 생활을 통하여 단련된 것이다. 시모 해위해 또한 사냥꾼 출신이었다.

1차 대전 때 독일군에는 2000명의 핀란드 자원병이 있었다. 예거 대대Jäger Battalion로 불린 사람들이다. 예거는 사냥꾼을 뜻하는 말로서 18세기 이래 독일군 병과의 하나였다. 동부전선에서 활약한 예거 대대는 핀란드 내전에서 백위군의 주축이었고 내전 후 핀란드 육군의 핵심 부대가 되었다. 시벨리우스의 엽병행진곡Jäger March은 예거 출신 헤이키 누르미오Heikki Nurmio의 시에 곡을 붙인 것이다.

우리의 타격은 깊고, 분노는 당할 자가 없으니

우리는 자비도, 조국도 없다.

우리의 행복은 우리의 칼끝에 있고

우리의 가슴은 약해지지 않으리라.

조국의 위한 우리들 전쟁의 함성이

쇠사슬을 끊으리.

우리의 저항은 끝나지 않으리라.

핀란드 사람들이 자유를 얻을 때까지.

남은 사람들과 이 땅이 머리를 숙였을 때,

우리 예거들은 여전히 믿었다.

우리 가슴에는 수많은 고통의 밤이 있었지만,

오직 하나의 자랑스럽고 거룩한 생각뿐.

우리는 쿨레르보(Kullervo)의 복수처럼 일어나

전쟁의 운명을 달콤하게 통과할 것이다.

핀란드에 새로운 이야기가 태어나리니.

자라고, 나아가고, 승리한다.[8]

핀란드군에는 저격병뿐 아니라 척탄병擲彈兵도 있었다. 대전차포가 없었던 핀란드군은 소련군의 T-34/85가 지나는 길목에 참호를 파고 기다리거나 낮은 포복으로 접근하여 폭약 수류탄을 투척하여 탱크를 파괴했다. '몰로토프 칵테일Molotov cocktail'이라는 이름이 붙은 폭발물도 있었다.

왜 소련 외무장관 몰로토프의 이름이 붙었을까? 헬싱키에 소이탄을 무차별 투하한 데 대하여 국제사회의 비난이 쏟아지자, 몰로토프는 뻔뻔스럽게 '원조용 빵'이라고 맞받았다. 그러자 핀란드군은 폭발물에 그의 이름을 붙여 되갚아 주었다고 한다.

몰로토프는 2차 대전 직전인 1939년 8월 독-소 불가침 조약(몰로토프-리벤트로프 조약)의 당사자였다. 독일은 핀란드와 발트 3국에서의 소련의 영향력을 인정하는 대신에 폴란드를 분할하는 비밀약정을 맺었다.

패전의 멍에

1944년 9월 19일 핀란드와 소련의 휴전 협상이 타결되었다. 핀란드는 전국토의 12퍼센트에 해당하는 카렐리아와 페차모 지역의 할양, 3억 달러의 배상금, 포르칼라 반도 내 소련군 기지 허용, 북부 라플란드에서 독일군 축출 등의 부담을 지게 되었다. 덧붙여 전쟁 책임자 처벌을 위한 재판도 약속했다.[9]

핀란드 대표단의 법무부 장관 에른스트 본Ernst von Born은 그날 밤 라디오를 통하여 대국민 성명을 발표했다. 그에 앞서 리스토 뤼티 Risto H. Ryti 대통령은 전쟁의 책임을 지고 사임했다. 실은 후임자로 하여금 독일과 맺은 협정을 파기할 수 있도록 하기 위한 것이었다.

국민 여러분, 1944년 9월 19일은 우리나라 역사상 가장 큰 고난의 날 가운데 하나로 남을 것입니다. 오늘 모스크바 대표단은 소련과 영국과 휴전 협정에 서명했습니다. … 핀란드는 6년 내에 3억 달러의 전쟁 배상금을 지불해야 합니다. 조약에 서명한다는 것은 우리의 군대를 즉각 물리기 시작해야 것을 의미합니다. 카렐리아, 페차모, 포르칼라는 50년간 임대됩니다. … 휴전과 관련하여 총 23개의 조항이 있고, 제대로 이해하려면 매우 광범위한 주석이 필요합니다. 핀란드 대표단은 모스크바에서 최선을 다했습니다. … 우리의 역할은 거대한 러시아의 옆에서 살고 있다는 것입니다. 우리는 모든 행동에서 이 사실을 고려해야 합니다. … 존경하는 국민 여러분, 특히 일선 장병 여러분, 우리는 이 모든 투쟁과 고통, 모든 희생이 헛된 것이냐고 물은 최초의 핀란드 세대가 아닙니다. 오늘 처음으로 핀란드의 하늘이 개었습니다. 지금까지 핀란드 사람들은 살아왔고, 성장하였고, 단련되었습니다. 조국은 불안이 더 악화되는 것을 필요로 하지 않습니다. 여전히 조국의 미래와 인간성의 승리를 믿는 남녀를 필요로 합니다. 오늘의 무거운 뉴스에 실망하지 말고 시인의 말을 되새깁시다. "그래도 주님께서 가까이에 계실 것입니다."[10]

핀란드는 영토의 축소로 카렐리아 주민 42만 명을 이동시켜야 했고 자력으로 독일군을 축출해야 했다. 독일군은 주둔지 라플란드를 철저하게 파괴하고 철수하였다.

핀란드는 연합군 통치위원회Allied Control Committee의 관할하에 있다가 1947년 파리 평화 조약으로 주권이 회복되었다. 파리 조약은 국경선, 배상금, 군사 기지 제공 등의 의무 외에도 군사력의 보유를 제한했다. 거기에는 민병대와 준군사조직인 '로타 스바르드'를 해체하는 내용까지 포함되어 있었다.

핀란드의 '로타 스바르드'는 내전 때 백군을 지원하기 위하여 창설된 자원여성보충군으로 간호, 배식, 수송, 문서 보조, 통신, 방공, 모금 등의 임무를 수행했다. 18세기 말 프랑스의 비방디에르vivandière에서 시작된 것으로, 여군의 모태가 되었다.

'로타 스바르드'는 요한 루네베리Johan L. Runeberg의 장편 서사시 〈스톨 소위 이야기Fänrik Ståls sägner〉에 등장하는 종군 여성의 이름이다. 총 35편으로 구성된 루네베리의 서사시는 핀란드인의 정체성에 큰 영향을 미쳤다. 서시序詩 맘메Maamme(우리 땅)는 국가國歌가 되었다. 맘메는 원래 스웨텐어로 쓰인 것이었다. 시비가 없을 수 없다. 국가를 장 시벨리우스의 '핀란디아 찬가'로 교체하자는 주장이 나오지만 큰 힘을 얻지 못하는 것 같다. 그것도 역사의 일부라는 여론이 더 강한 것일까?

〈스톨 소위 이야기〉의 배경은 1809년 핀란드 전쟁Finnish War이다. 칼을 뜻하는 '스바르드'란 이름을 가진 병사는 아내 로타를 데리고 전장에 나간다. 로타는 남편이 전사한 후에도 전장을 따라다니며 부상병을 돌본다.

그녀는 아름다웠지. 입술도, 볼도.

그녀에게는 부족함이 거의 없었기에,

병사들은 눈이 먼 것 같이 보였지.

갈색 눈동자의 빛에.

…

그녀는 전쟁을 사랑했지. 그게 무엇이었든 간에.

용기, 번영, 기쁨, 괴로움,

그리고 그녀가 지켜주던 회색 남자들.

그게 그녀가 우리와 사랑하게 된 이유일 거야.

…

그녀는 전쟁 더미 위의 진주였고,

진짜 보석이었기에.

그녀는 웃는 것도 참았기에,

변함없이 더 빛난다.[11]

　1918년 핀란드 내전 때 적위군에는 2000여 명의 여성들이 전투원으로 있었다. 하지만 백위군을 이끈 만네르헤임 장군은 여성의 참전에 대하여 부정적이었다. 다만, 부상병을 돌보거나 군복을 제조하는 등의 후방 지원은 필요하다고 보았다.

　나는 군대의 긴급한 필요를 충족시키기 위해 핀란드의 여성들에게 도움을 기대합니다. 환자와 부상자를 돌보고, 군복을 만들고, 가정을 지키고, 사랑하는 사람을 잃은 사람들을 위로하는 등의 도움이 필요합니다. 하지만 전선에서 싸우는 것은 남성의 배타적 권리와 의무입니다.[12]

1919년 전국 각지에서 200여개 이상의 여성단체가 조직되었고, 이듬해 '로타 스바르드'라는 이름의 중앙 조직이 정식으로 창설되었다. 로타는 강인하고 헌신적인 핀란드의 여성상이 되었고, 소련의 요구로 해체될 때까지 총 24만 2000여 명이 참여했다. 핀란드는 여성의 역할이 큰 나라였다. 1906년 대공국 시절 유럽에서 가장 먼저 여성의 선거권과 피선거권이 주어졌고, 이듬해 실시된 선거에서 19명의 여성이 당선되었다.

배상금을 갚고 올림픽을 성공시키다

소련은 인플레이션으로 인한 손실을 막기 위하여 금속, 전기, 기계, 선박 등 실물 배상을 요구했다.[13] 카렐리아 등 공업지대를 잃은 핀란드로서는 어려운 일이었지만 1952년 자력으로 배상을 완료하였다.[14] 그해는 헬싱키 하계 올림픽이 열리는 해였다. 올림픽을 포기할 수 없다는 일념으로 전 국민이 고통을 감내했다.

소련은 상환기간을 6년에서 8년으로 연장해 주었고 배상금도 2억 2650달러로 경감해주었다. 소련의 실물 배상 요구는 핀란드에 엄청난 희생을 요구했지만 이는 도리어 약이 되었다. 핀란드는 산업 국가

로 급성장하였고, 오히려 소련이 핀란드 제품에 의존하는 예상치 못한 상황이 벌어졌다.[15]

핀란드인들은 스스로 '외로운 늑대Lone Wolf'라는 인식이 있다. 워낙 인구 밀도가 낮다 보니, 사람들과 접촉하는 데 한계가 있기 때문에 쉽게 마음을 털어놓지 못하는 과묵한 성격을 가지게 되었다고 한다. 오랜 기간 스웨덴과 러시아의 지배를 받았음에도 불구하고 고유의 전통문화를 지킬 수 있었던 것도 이러한 환경과 무관하지 않다.[16]

핀란드인의 꿋꿋함을 지칭하는 '시수Sisu'라는 말이 있다.[17] 핀란드는 18만 개가 넘는 호수에 70퍼센트 이상이 숲이다. 국토 면적은 유럽에서 여섯 번째로 큰 나라지만 인구는 세 번째로 적은 나라다. 산속 사람들의 기질일까, 강대국에 인접하여 살아가는 사람들의 생존 본능일까? 시수는 역경을 받아들이고 그것을 극복하는 용기가 그 본질적 요소다. 그러나 순간적인 용기가 아니라 용기를 유지할 수 있는 능력이다. 그들은 실패에서 배웠고 어떻게든 책임을 다함으로써 존재를 인정받았다.

다시 영화 〈언노운 솔저〉로 돌아가면, 대원 모두가 주인공이지만 그래도 스토리의 중심에는 로카, 카리루크토, 코스켈라가 있다. 로카는 영화의 주제를 대변하지만 어디선가 본 듯한 캐릭터다. 카리루크토는 소심한 성격이지만 조국의 부름을 외면하지 못한다. 가장 관심이 가는 캐릭터는 코스켈라다. 두 형제를 잃고 슬픔에 젖은 어머니를 두고 소임을 다하기 위해 전장으로 행한다. 그리고 탱크를 저지하는데 성공하지만 목숨을 잃는다. 그것이 시수가 아니었을까?

핀란드의 시수는 핀-소 전쟁, 배상, 올림픽 성공에 이르기까지 세계의 주목을 받았다. 겨울 전쟁 초기 핀란드군이 선전하자 1940년 1월 8일, 《타임Time》은 이렇게 썼다. '핀란드는 그들이 시수라 부르는 것을 가지고 있다. 그것은 허세와 용기, 사나움과 강인함, 끝까지 싸움을 계속하는 능력과 싸워서 승리하는 의지의 복합물이다.'[18]

핀란드화는 수출용이 아니다

2차 대전이 끝난 후 핀란드는 중립 외교를 표방했다. 그러나 본질적으로 친소 노선이었고 소련의 영향력이 절대적이었다. 1944년 11월 총리에 임명된 유노 파시키비Juho K. Paasikivi의 외교정책은 소련과 신뢰 관계 구축에 있었다. 대외 관계에서 소련을 최우선시 하는 이른바 '파시키비 라인Paasikivi Line'의 선언이었다. 서방에서는 외줄타기rope walker라 꼬집기도 했다.

파시키비는 1944년 8월, 77세의 고령으로 대통령에 취임한 만네르헤임을 대신하여 국정을 관장하였다. 1946년 만네르헤임이 병으로 사임하자 대통령에 추대되어 소련과 '우호·협력·상호원조 조약FCMA'을 체결하였다. "합의한 문서들의 자구뿐만 아니라 정신까지 충실히 존중하고 이행하는 것이 중요하다"라는 뜻을 밝힘으로써 소련 당국의 신뢰를 얻었다.[19] 그에 앞서 미국의 마셜 플랜Marshall Plan

을 거절한 바 있었다.

약속대로 전범 재판을 통하여 대통령, 총리를 비롯한 정부 요인 8명에게 유죄 판결이 내려졌다.[20] 하지만 전쟁을 지휘했던 만네르헤임은 포함되지 않았다. 70대의 노장으로 군에 복귀하여 겨울 전쟁과 계속 전쟁을 이끈 핀란드의 영웅을 단죄할 경우에 일어날 파장을 우려했기 때문이다.[21]

핀란드는 소련의 내정 간섭을 피하기 어려웠다. 핀란드화 Filandization라는 조롱이 뒤따랐다. 명목상 주권을 유지하지만 대외적으로 강대국의 영향력 아래에 있다는 비판에서 나온 말이다. 파시키비에 이어 1956년 대통령에 오른 우르호 케코넨Urho K. Kekkonen은 "핀란드화는 수출용이 아니다"라는 말로써 반박했다.[22] 지정학적 여건에 따라서 나라마다 생존 전략이 다를 수 있고 독립은 절대적으로 규정될 수 있는 것은 아니라는 뜻이다. 핀란드는 동유럽과 같이 공산화되지도 않았고 최첨단 산업국가로 발전했다.

케코넨은 1982년까지 26년간 대통령에 재임하면서 지속적 경제성장을 이루는 한편, 소련을 외교의 주축으로 하면서도 노르딕 국가들과의 유대 강화에 노력했다. 노르딕 이사회Nordic Council, 유럽자유무역연합EFTA, 유럽평의회Council of Europe 가입, 유럽경제공동체 EEC와 자유무역협정 체결 등으로 꾸준히 서방에 접근했다.

1975년 유럽안보협력회의CSCE, 즉 헬싱키 프로세스를 통하여 동서 진영의 화해와 협력에 일익을 담당함으로써 중립국으로서의 위상을 높였다. 1992년 7월, 소련과 맺은 '우호협력 상호원조조약

FCMA'이 폐기되고 핀란드-러시아 기본 관계에 관한 조약'으로 대체됨으로써 대등한 주권 국가 간 관계로 새 출발했다. 1995년 유럽연합EU에 가입하고 2002년에는 유로화를 도입했다.[23]

핀란드에는 만네르헤임, 파시키비, 케코넨과 같은 국가 지도자가 있었다. 만네르헤임은 상트페테르부르크 기병학교를 졸업하고 러시아군 장교가 되어 러일 전쟁에 참전하였고, 1차 대전이 끝날 무렵 중장에 진급했다. 1917년 핀란드 총사령관을 맡아 내전을 수습하고 1919년 7월, 초대 대통령 선거에 출마했지만 실패했다. 1931년 국방위원회 의장으로 공직에 복귀했다가 고령을 이유로 사임하였다. 1939년 소련군의 침공은 그를 내버려두지 않았다. 복귀 요청을 뿌리치지 못한 만네르헤임은 72세에 다시 총사령관직을 맡아 겨울 전쟁과 계속 전쟁을 이끌었다.

파시키비는 어린 시절 양친을 잃고 고아가 되었지만 뛰어난 탐구심으로 법학 교수가 되었고 20년간 은행장으로 있었다. 수차 핀란드 협상 대표를 맡았고 소련 주재 대사를 거쳐 총리에 임명되었다. 1946년부터 1956년까지 10년간 대통령에 재임하면서 소련과의 관계를 안정된 기반에 올려놓았다.

케코넨은 종군기자, 독립운동가, 변호사, 올림픽 금메달리스트로서 다양한 분야에서 활동한 사람이었다. 1956년부터 1982년까지 대통령에 재임하면서 노련한 외교로 핀란드의 자존과 이익을 지켜냈다.

20세기 초에 독립한 신생국이었지만 핀란드는 절체절명의 위기를 슬기롭게 극복하고 선진 산업 국가, 복지 국가로 도약할 수 있었다.

'시수'로 대변되는 강인하고 꿋꿋한 국민성과 안정적 정치체제의 바탕 위에서 정치 지도자의 리더십이 큰 역할을 한 것으로 보인다.

핀란드의 위기 극복은 '굴종도 굴종 나름이라는 것'을 잘 보여 준다. 의도되고 계획된 굴종은 끝이 있지만 어쩔 수 없이 받아들인 피동적 굴종은 끌려다닐 수밖에 없다는 것이다. 의도된 굴종은 큰 목표를 향하여 먼 길을 가는 것이다. 핀란드는 그것을 해냈다.

제1부 라인강의 지혜

에델바이스 – 사자의 발톱을 숨기다

1 스위스 역사상 '장군'은 4명이었다. 그에 앞서 장군에 선출된 군사지도자는
   1847년 존데르분트 전쟁 때 기욤 앙리 뤼푸르(Guillaume Henri Dufour),
   1871년 보불 전쟁 때 한스 헤르촉크(Hans Herzog), 1914년 제1차 세계대전 때
   울리히 빌레(Ulrich Wille) 등이다.

2 셜리 우, 김지현 옮김,《스위스》, 휘슬러, 2005. 12쪽. 최대 동원 인원이 85만 명에
   달했다는 자료도 있다.

3 Heinz Eckert, "The General", *Swiss Review*, August 2010/No.3.

4 페르디난트 자입트, 차용구 옮김,《중세, 천년의 빛과 그림자》, 현실문학, 2012.
   459~460쪽.
   기쿠치 요시오, 김숙이 옮김,《용병 2000년의 역사》, 사과나무, 2011. 77~78쪽.
   고트하르트 고갯길(Gotthard Pass)은 산악 길의 수호성인으로 여겨졌던 성
   고트하르트(Saint Gotthard of Hildesheim)의 이름을 딴 것이다. 지금도 '발
   트레몰라(Val Tremola)'라는 험난한 옛길이 남아 있다.

5 스위스의 국명은 헬베티아 연방(Confoederatio Helvetica, Helvetic
   Confederation)이다.

6 Heinz Eckert, op. cit.

7 셜리 우, 김지현 옮김, 앞의 책. 17쪽.

8 고트하르트는 알프스 남쪽 티치노의 아이롤로에서 우리의 안데르마트에 이르는
   해발 2106미터의 험준한 고갯길이다.

9 셜리 우, 김지현 옮김, 앞의 책, 17쪽.

10 Heinz Eckert, op. cit.

11 Letzter Armeerapport, K.P. in Jegenstorf 1945.

wikipedia(Deutsch) - Henri Guisan

12 《빌헬름 텔(Wilhelm Tell)》 제2막 제2장 끝부분이다.

13 1298년에 즉위한 알브레히트 1세는 1308년 조카에 의하여 암살되었다. 그로
인하여 합스부르크 왕가는 1438년 알브레히트 2세가 선출될 때까지 130년간
황제를 배출하지 못했다.

14 위의 책, 136~137쪽.

15 찰스 오만, 안유정 옮김,《중세의 전쟁 378~1515》, 필요한책, 2018.
149~152쪽.
기쿠치 요시오, 앞의 책, 78~79쪽.

16 1332~1353년까지 루체른(Luzern), 취리히(Züich), 글라루스(Glarus),
추크(Zug), 베른(Bern) 등이 추가되었다.

17 J. J. F. S, "The song of Sempach", *The Swiss Observer*, January 31, 1947.

18 찰스 오만, 앞의 책, 155~158쪽.
기쿠치 요시오, 앞의 책, 79쪽.

19 public-library.uk 〉 ebooks. 《빌헬름 텔(Wilhelm Tell)》 제4막 제2장 중
아팅하우젠 남작이 슈타우파허에게 하는 말이다. 나폴레옹은 아르놀트
폰 빙켈리트(Arnold Von Winkelried)를 '스위스의 데키우스'라 했다. 로마
황제 데키우스((Decius, 249~251)는 251년 6월, 도나우강 변의 아브리투스
전투(Battle of Abritus)에서 전사했다. 그에 앞서 아들이 적군의 화살에
맞아 죽자 "아무도 슬퍼하지 말라. 한 병사의 죽음은 공화국에게 큰 손실이
아니다"라고 했다고 한다.
랄프 왈도 에머슨은 에세이《자연(Nature)》에서 아테네의 데르모필레
전투(Battle of Thermopylae)에서 죽은 스파르타의 왕 레오니다스와
같은 고결한 행동으로 보았다. 레오니다스와 300전사들은 기원전 480년
데르모필레에서 페르시아군의 진입을 막다가 모두 전사했다.

20 니콜로 마키아벨리, 신재일 옮김,《군주론》, 서해문집, 2005. 98~99쪽.

21 Loyola Press, "Saint Nicholas of Flue"
니클라우스의 충고는 지금까지 비밀에 부쳐져 있다고 한다. 인용문의 진위
여부를 가름하기 어렵다.

22 영어식 이름은 니콜라스 플뤼에(Nicholas of Flüe)다. 클라우스 수사
(Brother Klaus)로 불리기도 한다.

23 Britannica.com, "Saint Nicholas of Flüe"
Catholic News Agency, "St. Nicholas Of Flue"
House of Hermits, "Nicholas of Flue, Hermit of Switzerland"

24 기쿠치 요시오, 앞의 책, 86쪽. 노비라 전투(1513), 라벤라 전투(1512), 비코카
전투(1522), 마리냐노 전투(1515) 등에서 용병으로 나갔다.

25 마키아벨리, 앞의 책, 108쪽.

26 기쿠치 요시오, 앞의 책, 80~90쪽.

27 위의 책, 183~184쪽.

28 James Murray Luck, *A History of Switzerland*: The First
100,000 Years: Before the Beginnings to the Days of the Present, SPOSS,
Palo Alto CA. 1985. p.407.
Theodore Jaspers, "Swiss Mercenary Services and Foreign Policy", Guided
History.

29 숫자는 출처마다 차이가 있다. 위키피디아(영어)에는 800명(현장 600명, 처형
등 200명), 위키피디아(독일어)에는 760명으로 나와 있다. 일부 자료(The
Thorvaldsen's Museum archives)에는 850명(현장 650명, 처형 200명)으로 나와
있다. 생존자는 또한 자료마다 다르지만 200명에서 350명 정도로 본다.

30 셜리 우, 앞의 책, 16쪽. 스위스 연방 650주년(1941.7.25.)에 내린 앙리 기상의
훈시문 일부다.

31 독일어권 17개, 프랑스어권 4개, 독일어+프랑스어권 3개, 이탈리아어어권 1개,
독일어+이탈리아어+로만슈어권 1개 칸톤이다.

32 에르네스트 르낭, 신행선 옮김,《민족이란 무엇인가》, 책세상, 2002. 81쪽. 그는

민족을 '이미 치러진 희생과 여전히 치를 준비가 되어 있는 희생의 욕구에 의해 구성된 거대한 결속'이라고 정의했다.

33 라이너 아이헨베르거, "스위스 반영의 비결: 재정연방주의", 행정포커스 No.143 2020 1+2, 한국행정연구원, 2020.1. 98쪽.

34 위의 글, 97~98쪽.

35 캔들 헌트, 박수철 옮김, 《세계 문화 여행 스위스》, 시그마 북스, 2017. 35쪽.

36 Real Presence Eucharistic Education and Adoration Association, "St. Nicholas of Flue"

37 스웨덴의 명문가 발렌베리 출신 라울 발렌베리(Raoul Wallenberg)는 1945년 실종되었는데 유대인 구조 활동과 무관하지 않은 것으로 추정되고 있다. 그 외 유대인 6000여 명에게 비자를 발급해 준 리투아니아 주재 일본 외교관 스기하라 지우네(杉原千畝), 1200명을 구출한 오스카 쉰들러(Oskar Schindler)도 있다. 이스라엘 텔아비브의 홀로코스트 추모시설 야드 바셈(Yad Vashem)에는 이들을 포함하여 유대인 구조에 헌신한 '열방의 의인(Righteous Among the Nations)' 약 2만 7000명의 이름이 올라 있다. 그중 아시아인은 중국(2명), 인도네시아(2명), 일본(1명), 베트남(1명) 총 6명이다.

플랑드르 – 북방의 르네상스를 열다

1 카를 비트포겔(Karl August Wittfogel)은 1959년에 발표한 그의 저서 《동양적 전제주의(Oriental Despotism: A Comparative Study of Total Power)》에서 대규모 인력을 동원해야 하는 관계시설이 필요한 쌀농사에서 중앙집권적 전제주의가 발생했다고 보았다. 유럽은 밀농사의 낮은 생산성 때문에 상공업이 발전하였고 그로 인하여 자본주의를 가져왔다.

2 《플랜더스의 개》 저자의 필명은 위다(Ouida)였다. 일본에서 만화와 애니메이션 등으로 소개됨으로써 우리나라에 알려지게 되었다. 소설의 배경으로 추정되는 안트베르펜 근교 호르켄의 '플랜더스의 개' 동상도 일본의 도요타 자동차가 세운 것이라고 한다.

3   반 에이크 형제, 페테르 루벤스, 안톤 반 다이크, 얀 브뤼헐, 제임스 엔소르, 르네
     마그리트, 렘브란트 반 레인, 요하네스 얀 베르메르 등으로 이어졌다.

4   〈한복을 입은 남자(A Man in Korean Costume)〉의 모델이 임진왜란 때 일본의
     포로가 되었다가 이탈리아로 팔려간 안토니오 코레아(Antonio Corea)였다는
     주장이 있지만 추론에 불과하다. 현재 로스앤젤레스의 폴 게티 미술관에
     소장되어 있다.

5   빅토르 위고는 1851년 루이 나폴레옹(1852년 12월 나폴레옹 3세)의 쿠데타를
     비판하고 브뤼셀로 도피하여 그랑 플라스의 '르 피종'에 머물며 워털루 전투
     현장을 취재한 바 있었다. 위고는 프랑스의 압력으로 1855년 브뤼셀을 떠나
     영불해협의 영국령 저지(Jeysey) 섬으로 건너갔다. 1856년 건지(Guernsey)
     섬으로 이동하여 1870년 보불 전쟁으로 나폴레옹 3세가 퇴위한 후 파리로
     귀환하였다. 위고는 건지 섬 오트빌 하우스 (Hauteville)에 살면서 대작《레
     미제라블》을 완성하였다.

6   14세기 말까지 190개 도시에 특권이 주어졌다. 대표적인 도시는 브뤼헤(1128),
     헨트(1178), 안트베르펜(1221), 브뤼셀(1229), 암스테르담(1300), 로테르담(1340)
     등이다.

7   부르고뉴(프랑스어), 부르군트(독일어), 부르군디(영어) 등으로 불린다. 지금의
     프랑스 중동부 부르고뉴에 해당하는 지역이다.

8   프랑스어로는 '브라방 혁명'이다.

9   왈로니(프랑스어), 발로니에(네덜란드), 발로니엔(독일어), 왈로니아(영어), 왈롱
     지방 등으로 불린다.

10   '조국에 대한 신성한 사랑(Amour sacré de la patrie)'의 후렴 부분이다. 제목
     '조국에 대한 신성한 사랑(Amour sacré de la patrie)'은 지금의 프랑스 국가인
     라 마르세예즈(La Marseillaise)의 한 구절에서 따온 것이다.

11   샤를 로지예(Charles L. Rogier)는 두 차례(1847~1852, 1857~1868) 수상과
     하원 의장(1878)을 역임했다.

12   Arthur Griffith, *Meagher of the Sword: speeches of Thomas Francis Meagher in*

Ireland 1846-1848, (Dublin: M.H. Gill & Son, LTD, 50 UPPER O'CONELL
STREET) 1916. pp.36-37.

13   네오폴트 1세의 딸 샤롯데는 멕시코 제국 막시밀리안 1세의 왕비였다.

14   이프르(Ypres)는 1914년 10월에서 1918년 10월 사이에 5차에 걸쳐 영
     연방군과 독일군 사이에 치열한 공방전(Battles of Ypres)이 벌어진 곳이다.

15   마크 엘리엇, 이현철 옮김,《벨기에》, 휘슬러, 2005. 265쪽.

16   김승렬 외,《유럽의 영토 분쟁과 역사 분쟁》, 동북아역사재단, 2008. 236쪽.
     벨기에는 1963년 법령으로 지역별 언어 경계선을 확정하였다.

17   J.F. Willems, *Aen de Belgen. Aux Belges(1818)*, Antwerpen, J. S. Schoesetters,
     1818. pp.6-7.
     www.dbnl.org 〉 tekst 〉 will028aenb01_01_0002
     '바토(Bato)의 조카들의 운명'이라는 부분은 기원후 6년에서 9년까지
     발칸반도, 지금의 상부 보스니아에서 벌어진 일리리쿰·달마티아·판노니아와
     로마 제국 군대 사이의 바토 전쟁(Bellum Batonianum)의 동족상잔의 비극을
     차용한 표현으로 보인다.

18   김승렬 외, 앞의 책, 233쪽. 플라망어는 플랑드르 지방의 언어인 네덜란드어를
     말한다.

19   위의 책, 235쪽.

20   위의 책, 236쪽.

21   재레드 다이아몬드, 강주헌 옮김,《대변동》, 김영사, 2019. 72쪽.

22   예를 들어 1911년 노벨문학상을 수상한 모리스 메테를링크(Maurice
     Maeterlinck)의《파랑새》,《꽃의 지혜》,《지혜와 운명》등의 작품은 상징주의
     내지 순수 문학에 속한다.

23   Hendrik Conscience, Translated A. Schade Von Westrum, *The Lion
     of Flanders*, P. F. Collier & Son, New York, 1855. pp.405-406. 주인공
     데코닌크(Deconinck)가 동료 시민들에게 하는 말이다. 벨기에의 '월터
     스콧'이라 불리는 헨드릭 콘시안스가 1838년 12월 안트베르펜에서 발표한

소설이다.

24 Olympic.org(Etienne Gailly)
https://www.olympic.org 〉 news 〉 etienne-gailly-athletics

25 국가보훈처,《미래를 향한 동반자 한국·벨룩스: 벨기에·룩셈부르크 군
6.25전쟁 참전사》, 2011. 129쪽. 동 자료에는 형이 피에르 가이, 아우가 에티엔
가이로 되어 있다. 오류로 보인다.

26 국가보훈처,《미래를 향한 동반자 한국·벨룩스 : 벨기에·룩셈부르크군 6.25전쟁
참전사》, 2011. 145쪽.

27 성기영,《소록도의 마리안느와 마가렛》, 예담, 2017. 137~142쪽. 안 마리와 또
다른 간호사이다. 클레망스는 한국에 오기 전 콩고 한센인마을에서 봉사했다고
한다. 마리안느와 마가렛은 다미안 재단과 계약(5년)이 끝난 1971년 후에도
자원봉사자로 남아 2005년 귀국할 때까지 소록도에서 봉사했다.

바다사자 - 정치를 묻다

1 요스트 본델(Joost van den Vondel)의 '템즈의 바다사자(De Zeeleeuop den
Teems(The Lion of the Seas on the Thames)' 마지막 부분이다.

2 R. T. Jones, *Collected Poems of Rudyard Kipling*, Wordworth Poetry Library.
1994. p.752. 이 시의 제목은 'The Dutch in the Medway'다.

3 Angus Maddison, *The World Economy-A Millennial Perspective*, OECD. 우야마
다쿠에이, 최미숙 옮김,《역사로 읽는 경제》, 라이프맵, 2017. 165쪽. 재인용.

4 홀란트 의회(대의회)는 네덜란드 공화국을 구성하는 7개 주를 대표하였고,
오라네 가문을 견제하고 있었다.

5 배제령(Act of Seclusion)이라 한다. 빌렘 2세와 스튜어트 왕가의 메리 공주
사이에서 유복자로 태어난 어린 오라네 왕자가 네덜란드의 총독에 오르는 것을
막기 위한 것이었다. 그러나 호국경 크롬웰이 죽고 왕정이 회복되어 스튜어트
왕가의 찰스 2세가 즉위하자 배제령은 철회되었다. 1672년 오라네 왕자는
공화파를 제압하고 총독(빌렘 3세)에 오른다.

6   김문기 외,《해양사의 명장면》, 산지니, 2019. 264~277쪽.
    하멜의 동료에 의하여 염장법이 조선에 전수되었다고 한다.(269쪽)

7   G. Grinnell Milne, *Life of Lieut. Admiral de Ruyter*, London, K. Paul, Trench,
    Trübner & co., ltd. 1896. p.137.

8   조각판은 지금도 암스테르담의 국립미술관에 전시되어 있다. 1673년 '로열
    찰스호'는 네덜란드에 의하여 폐선 처리되어 매각되었다.

9   G. Grinnell Milne, op.cit. p.216.

10 빌렘 3세의 왕비이자 공동 국왕이었던 메리 스튜어트는 빌렘 3세의 어머니
    메리 공주(빌렘 2세의 아내)와 구별하여 메리 2세라 부른다.

11 Stichting Michiel de Ruyter(https://www.deruyter.org)
    G. Grinnell Milne, op.cit. p.234-235.

12 G. Grinnell Milne, op.cit. p.247.

13 해군사관학교(http://www.navy.ac.kr) '충무공자료' 참조.

14 실제 함선 수는 소방선, 보급선 등을 제외하고 영국과 프랑스가 29척,
    네덜란드와 스페인이 27척(네덜란드 17척, 에스파냐 10척)이었다.

15 앙헬 드 로히테르(Engel de Ruyter)는 열다섯 살에 아버지의 전함을 탔으며,
    스무 살에 정식 선장이 되어 솔베이 해전, 텍셀 해전 등에서 활약했다.
    아버지가 지중해 원정에 나갔을 때 아들은 스칸디나비아에 출정하고 있었다.
    1678년 부제독에 올라 스페인 해역에서 부친의 뒤를 이어 프랑스 해군과
    싸웠다. 앙헬은 부친의 항해일지(logbooks)를 정리하였고, 이순신 장군의
    조카 이분(李芬)은《이충무공행록》을 남겼다. 참고로 드 로히테르는 2남
    5녀를 두었지만 장남은 일찍 죽었다. 이순신 장군은 다섯 아들을 두었는데
    장남 회는 노량해전까지 종군하였고, 면은 정유재란 때 아산 본가에 침입한
    왜군과 싸우다 죽었다. 훈은 이괄의 난 때, 신은 정묘호란 때 전사했다. 장군과
    함께 종군했던 조카 완은 이괄의 난을 평정하는데 공을 세우고, 정묘호란 때
    전사했다. 7세손 인수는 삼도수군통제사에 올라 장군을 뒤를 이었다.

켈트의 호랑이 – 리피강의 기적을 만들다

1   한일동, 《아일랜드》, 동인, 2018. 104쪽. 영국인 지주들은 소작농의 기근을
     외면하고 밀, 보리, 귀리, 옥수수 등을 본국으로 실어 내는 데 바빴다. 그 때문에
     자연재해가 아니라 인재였다는 비판이 있다.

2   The Irish Times, May 17, 2011. 기억의 벽면에는 아일랜드어, 영어, 프랑스어 등
     3개 언어로 새겨져 있다.

3   한일동, 앞의 책. 131~132쪽.

4   YTN, 2014. 4. 9.

5   YTN, 2014. 4. 9.

6   제1부장관(Deputy First Minister)은 영국 정부의 통할하에 있는 북아일랜드
     행정부의 부수반(부총리)에 해당하는 위상이다.

7   〈조선일보〉, 2014. 4. 9.
     한일동, 앞의 책. 132쪽.

8   패트리샤 레비, 이동진 옮김, 《아일랜드》, 휘슬러, 2005. 21쪽.
     한일동, 앞의 책, 77쪽.

9   Robert Dwyer Joyes, Ballads, Romances, *And Songs*, Dublin: James Duffy; 7
     Wellington Quay; and 22 Paternoster Raw, London, 1861. pp.244-246. 로버트
     조이스(1836~1883)는 아일랜드 시인, 작가, 민속 음악 수집가, 의사 등 다양한
     분야에서 활동했다.

10   한일동, 앞의 책, 79쪽.

11   Arthur Griffith, *Meagher of the Sword: speeches of Thomas Francis Meagher in
     Ireland 1846-1848*, (Dublin: M.H. Gill & Son, LTD, 50 UPPER O'CONELL
     STREET) 1916. pp.36.

12   니콜라 마키아벨리, 신재일 옮김, 《군주론》, 서해문집, 2006. 181쪽. 《티투스
     리비우스 로마사》 9권에 나오는 내용이다.

13   1852년 토마스 머허는 태즈메이니아 섬을 탈출하여 뉴욕에서 법률을

공부하고 저널리스트로 활동했다. 1861년 남북전쟁이 발발하자 북군에
참가하여 준장의 계급으로 아일랜드 여단(Irish Brigade)을 지휘했다. 그 후
앤드루 존슨 행정부에서 몬태나 준주 국무장관과 주지사 대행을 지냈다.
아일랜드의 독립운동을 지원한 이민자 단체 페니언의 회원이기도 했다.

14 패트리샤 레비, 앞의 책. 24쪽.
    한일동, 앞의 책. 82쪽.

15 민영환, 조재곤 편역, 《해천추범》, 책과함께, 2007. 53쪽. 민영환의 언급은
    아일랜드가 영국에 강제 합병된 사실과 거리가 있다.

16 유길준, 허경진 옮김, 《서유견문》, 서해문집, 2004. 518쪽. 유길준은 1884년
    12월에서 1885년 12월까지 영국, 프랑스, 독일, 네덜란드, 벨기에, 스페인,
    포르투갈 등의 여러 도시를 여행하고 《서유견문》을 남겼다. 유길준은 1883년
    보빙사(전권대신 민영익) 일행으로 미국을 방문했다가 미국에 남았다.

17 대통령과 부통령을 비롯하여 3부에 광범위하게 진출했다. 특히, 시장에 선출된
    인물은 일일이 나열할 수 없을 정도로 많다. 군사 분야에는 미 해군의 아버지
    존 배리, 존 설리번, 필립 셰리든, 존 오닐, 토머스 머허 등이 있다. 사업가로는
    헨리 포드(포드 자동차)를 비롯하여 잭 웰치(GE), 리처드 맥도날드(맥도날드),
    톰 모나건(도미노피자), 월트 디즈니(디즈니) 등이 있다. 1936년 노벨문학상을
    수상한 유진 오닐, 프란시스 피츠제럴드, 애드거 앨런 포를 비롯하여
    저명 작가만 80명이 넘는다. 존 포드(영화감독), 존 휴스턴(영화감독), 빙
    크로스비(가수), 그레이스 켈리(배우), 톰 크루즈(배우) 등 문화예술계
    인물들도 많다.

18 허버트 후버, 버락 오바마 전 대통령은 모계가 아일랜드 쪽이다.

19 루시타니아호(RMS Lusitania)는 뉴욕 항을 출발하여 리버풀로 가던 중
    1915년 5월 7일, 독일 잠수함의 어뢰 공격으로 침몰했다. 승객과 선원 1959명
    가운데 아일랜드인 140명을 포함하여 1198명이 사망했다.

20 Titanic Experience Cobh
    (Irelandhttps://www.titanicexperiencecobh.ie/)
    Encyclopedia Titanica(https://www.encyclopedia-titanica.org)

21 올랜도 파이지스, 이종인 옮김, 《유러피언》, 커넥팅, 2020. 746쪽.

22 한국예이츠학회, 《예이츠 시 전집》, 동인, 2011. 683~688쪽.
    [한일동 역, '불벤 산 기슭에서(Under Ben Bulben)']

23 박지향, "게일연맹과 언어 민족주의", 서양사론 제84권 제84호, 한국서양사학회,
    2005. 115쪽.
    Stadish O'Gray, History of Ireland: Heroic Period, Vol. I, London: Sampson,
    Low, Searle, Marston and Rivington, 1878. pp.122-129. 참조.

24 한일동, 앞의 책. 95~96쪽.
    irishcultureandcustoms.com, "Irish Quips and Quotes page 3"

25 제이콥 필드, 최재용 감역, 《역사를 바꾼 위대한 연설》, 매일경제신문사. 2014.
    131쪽.

26 newstatesman.com(Roger Casement's Speech from the Dock)

27 신 페인은 1893년에 창설된 게일연맹(Gaelic League)의 모토인 "우리들 자신,
    우리들 자신만으로(Sinn Féin, Sinn Féin amháin)"에서 비롯된 명칭이다.

28 독립전쟁 때 함께 했던 그들은 내전 때 분열되었다. 카헐 브루(Cathal Brugha)는
    조약 반대파에 섰고, 리처드 멀케이(Richard Mulcahy)는 마이클 콜린스(Michael
    Collins)가 피살된 후 후임 사령관이 되었다.

29 한일동, 앞의 책. 99쪽.

30 Irish Volunteers.org(Terence MacSwiney)

31 irishexaminer.com(Terence MacSwiney: The life and times of a Cork martyr)
    irishexaminer.com(Brixton remembers one of Ireland's most famous hunger
    strikers)

32 한일동, 앞의 책. 101쪽.

33 패트리샤 레비, 앞의 책. 17쪽.
    한일동, 앞의 책. 72쪽.

34 Department of the Taoiseach, "The National Flag" Published: 1 November

2018.(Government of Ireland website)

35 알퐁스 도테,《알퐁스 도테 단편선 여행 노트》, 하이퍼북스, 2003. 75쪽.

36 박지향, 앞의 논문, 113쪽.

37 게일어를 일상적으로 사용하는 인구 7만 명, 제1공용어로 사용하는 인구 14만 명, 제2공용어로 사용하는 인구 170만 명이다.

38 J. 네루, 곽복희·남궁원 옮김,《세계사 편력 3》, 일빛, 2004. 62쪽.

39 J. 네루, 곽복희·남궁원 옮김,《세계사 편력 2》, 일빛, 2004. 222쪽.

40 세계은행(World Bank) 기준으로 2019년 아일랜드 7만 8661달러(5위), 영국 4만 2300달러(23위)다.

41 박지향,《슬픈 아일랜드》, 새물결, 2002. 31쪽.

42 윌리엄 버틀러 예이츠(William Butler Yeats, 1923), 조지 버나드 쇼(George Bernard Shaw, 1925), 사무엘 베케트(Samuel Beckett, 1969), 셰이머스 히니(Seamus Heaney, 1995) 등이다. 그 외 제임스 조이스(James Joyce), 오스카 와일드(Oscar Wilde), 조나단 스위프트(Jonathan Swift) 등 세계적 작가들이 있다. 2010년 더블린은 유네스코 문학도시(City of Literature)로 지정되었다.

43 국가보훈처, "2014년 4월의 독립운동가 조지 루이스 쇼".
    한철호, "조지 루이스 쇼(George Lewis Shaw)의 한국독립운동 지원 활동과 그 의의",《한국근대사연구 제38집》, 한국근대사학회, 2006.9.
    Peter Stursberg, No Foreign Bones in China, The University of Alberta Press, 2002. 참조.

44 김구, 도진순 주해,《백범일지》, 돌베개, 2005. 284쪽. "이용양행의 배를 타고 상해로 출발하였다. 황해안을 지날 때 일본 경비선이 나팔을 불고 따라오며 배를 세울 것을 요구하나 영국인 선장은 들은 체도 아니하고 전속력으로 경비구역을 지나서 4일 후 무사히 포동 선창에 내렸다. 같이 탄 동지는 모두 15명이었다."

45 정정화,《장강일기》, 학민사, 1988. 41쪽. 정정화는 동농 김가진의 자부이자 김의한의 아내로, 상해에서부터 중경까지 임시정부를 뒷바라지 한 여성

독립운동가다.

46   김산·님 웨일즈, 조우삼 옮김,《아리랑》, 동녘, 1993. 109쪽.

47   Peter Stursberg, *No Foreign Bones in China*, The University of Alberta Press,
      2002. 참조. 저자는 사무엘 루이스 쇼의 외손자로 제2차 세계대전 때 캐나다군
      CBC 통신원으로 종군했다. 책의 이름은 중국의 문화혁명 때 그의 외조부를
      포함한 외국인 묘지가 파괴된 사실을 표현한 것이다. 그는 이 책에서 삼촌
      조지 루이스 쇼를 '부유한 상인이며 선박 소유자'였다고 썼다. 아울러 아일랜드
      출신의 극작가 조지 버나드 쇼(George Bernard Shaw)가 중국을 방문하여
      조지 루이스 쇼와 만난 일화도 전하고 있다. 파고다 아일랜드는 명나라 때
      유럽인들이 강 가운데 서 있는 탑(7층, 31.5미터)을 보고 붙인 지명으로 영국의
      교역 중심지였다.

48   김산·님 웨일즈, 앞의 책, 1993. 109쪽.

49   정정화, 앞의 책, 41~42쪽.

50   임진강 전투는 설마리 전투 또는 글로스터 고지 전투로도 불린다.
      영국군(아일랜드 포함), 벨기에, 룩셈부르크, 필리핀, 한국군이 함께했다. 영국은
      매년 경기도 파주시 적성면에 있는 '설마리 전투 기념비' 앞에서 기념식을
      거행하고 있다.

51   한국아일랜드협회(Irish Association of Korea) 참조.

52   한국아일랜드협회(Irish Association of Korea) 참조.

53   George Wilson McKee, The McKees of Virginia and Kentucky, Major of
      Ordnance, U. S. Army, 1891. p.181~182. 1871년 미국《해군장관 연례보고서》에
      들어 있는 내용이다.(이하 동일)

54   op. cit. p.188.

55   op. cit. p.3~4. 조선 병사들의 면제갑옷에도 호랑이 얼굴 문양이 들어 있었다.

56   op. cit. p.4.

57   op. cit. p.96.

제2부 도나우강과 볼가강 사이의 자유

거위의 꿈 − 진실이 승리한다

1 디아메이드 맥클로흐, 배덕민 옮김,《3천년 기독교 역사 II》, 기독교문제선교회, 2013. 344쪽.

2 토마시 부타, 이종실 옮김,《체코 종교개혁자 얀 후스를 만나다》, 동연, 2015. 32~33쪽.

3 위의 책, 90쪽.

4 Herbert B. Workman, *The Letters of John Hus*, London: Hodder and Stoughton, 27 Paternoster Row, 1904. p.278.

5 사토 마사루, 김소영 옮김,《종교개혁 이야기》, 바다출판사, 2016. 46~47쪽.
   이은선,《종교개혁자들 이야기》, 지민, 2013. 64쪽.
   wikipedia(Czech) − Jan Hus

6 최주훈,《루터의 재발견》, 복 있는 사람, 2017. 82쪽.
   Erwin Weber, "Luther with the Swan", The Lutheran Journal, Vol.65, No.2. 1996.
   lutheranpress.com(the swan)

7 이은선, 앞의 책, 60쪽.

8 최주훈, 앞의 책, 82쪽.
   루터교의 상징은 백조와 루터장미(Luther Rose)다. 백조 조각은 루터교회 지붕의 장식으로 사용되며, 루터장미는 스테인드글라스의 문장과 인장으로 사용된다. 루터는 중앙에 검은 십자가가 있는 붉은 마음이 십자가에 못 박힌 그리스도를 믿는 신앙으로 살아가라는 것을 상기시켜야 한다고 설명했다. 신앙이 기쁨과 위안과 평안을 준다는 것을 보여 주기 위해 마음은 하얀 장미 위에 놓여 있다. 흰색은 하늘의 영과 천사의 색이기 때문이다. 흰 장미는 하늘의 색인 푸른 들판에 서 있다. 황금색 원이 하늘색 들판을 둘러싸고 있다.

9 존 폭스, 홍병룡 옮김,《순교자 열전》, 포이에마, 2014. p.206.

10 그에게 '프라하의 제롬'이라는 이름이 붙은 것은 5세기의 유명한 신학자 제롬(라틴명 Eusebius)과 이름이 같았기 때문이다. 에우세비우스는 405년 히브리어 성경을 라틴어로 직역한 성경을 처음으로 펴냈고, 405년에서 427년까지 라틴어 주석을 완성했다. 지금의 크로아티아 태생으로 스트리돈의 제롬(Jerome of Stridon)으로 불린다.

11 급진 후스파인 타보르파(Taborites)는 보헤미아 남부의 타보르(Tabor)를 근거지로 한 데서 비롯된 이름이다.

12 온건 후스파인 우트라크파(Utraquist)는 평신도에게 빵과 포도주를 함께 주는 이종성찬파(二種聖餐派)를 말한다.

13 얀 지슈카는 어릴 때 사고로 한쪽 눈을 잃었다고 한다. 1421년 라비(Rábí) 성을 공략하던 중 나머지 눈마저 잃고 맹인이 되었다. 눈을 잃고도 승리한 전투는 다음과 같다. 1421년 쿠트나호라 전투(Battle of Kutná Hora), 1422년 네보비디 전투(Battle of Nebovidy) 및 도이치 브로트 전투(Battle of Deutschbrod), 1423년 호르지체 전투(Battle of Hořice) 등이다.

14 David S. Schaff, *John Huss*, Charles Scribner's Sons, New York, 1915. p.304. Jameson Tucker, The Construction of Reformed Identity in Jean Crespin's Livre des Martyrs, Routledge; London & New York, 2017. p.28. 1520년 마르틴 루터가 그의 동료 게오르그 스팔라틴(Georg Spalatin)에게 쓴 편지에 나오는 내용이다.

15 마르틴 루터가 1530년 6월 27일, 동료 신학자이자 종교 개혁가인 필리프 멜란히톤(Philip Melanchthon)에게 쓴 편지글에 나오는 내용이다.

16 솔라 스크립투라(Sola Scriptura, 오직 성경), 솔라 피데(Sola Fide, 오직 믿음), 솔라 그라치아(Sola Gratia, 오직 은혜), 솔루스 크리스투스(Solus Christus, 오직 그리스도), 솔리 데오 글로리아(Soli Deo Gloria, 오직 하나님께 영광) 등이다.

17 에드워드 기번, 윤수인·김희용 옮김, 《로마제국 쇠망사 1》, 민음사, 2008. 690~691쪽.

18 유발 하라리, 조현욱 옮김, 《사피엔스》, 김영사, 2018. 306~307쪽.

19 위의 책, 305~312쪽.
게르하르트 슈타군, 장혜경 옮김,《전쟁과 평화의 역사, 최대한 쉽게 설명해 드립니다》, 이화북스, 2019. 82~89쪽.

20 1866년 7월, 지금의 체코 흐라데츠 크랄로베에서 벌어진 쾨니히그레츠 전투(Battle of Königgrätz)에서 희생된 4만여 명 중 대부분이 보헤미아 출신이었다.

21 이 노래는 세 가지 버전이 있다. 1848년 요세프 콜라르(Josef Jiří Kolář)가 쓴 첫 버전은 '조국의 영광'이었다. 1939년과 1965년에 가사를 약간씩 바꾼 새로운 버전이 나왔다. 본문에서 인용된 시는 1848년 첫 버전이다.

22 〈나의 조국(Má vlast)〉은 비셰흐라트(Vyšehrad), 블타바(Vltava), 샤르카(Šárka), 체코의 숲과 들에서(Z českých luhů a hájů), 타보르(Tábor), 블라니크(Blaník) 등 여섯 곡으로 구성되어 있다. 각각 고성, 강, 전설의 여전사, 전원, 후스파의 도시, 산을 뜻한다.

23 1862년 타보르에 세워진 피에라 데 쿠비르티나(Gymnázium Pierra de Coubertina Grammar school)는 지금도 유지되고 있다.

24 Jaroslav Olša, jr., "Czech support of the March 1 Movement ideas in 1919/1920", Embassy of the Czech Republic in Seoul, 18. 05. 2009. 야로슬라브 올샤,《체코와의 숨겨진 오랜 인연, 150년의 교류사(사진집)》, 2021. 32쪽. 야로슬라브 올샤는 주한 체코대사를 지낸 체코-한국 관계 전문가이다.

25 Jaroslav Olša, jr., "Seven Czech Travellers in Korea: how they explored, viewed and described the country before World War II." *1901 Photographs of Seoul by Enrique Stanko Vráz and other early Czech travellers views of Korea(ed. Kang Hong-bin and Jaroslav Olša, jr.)*. Seoul: Seoul Museum of History – Embassy of the Czech Republic 2011. p.172.

26 Seek the truth, hear the truth, learn the truth, love the truth, speak the truth, hold the truth and defend the truth until death.

27 체코어 슈테티(Sudety), 독일어 슈데텐란트(Sudetenland) 영어 수테텐(Sudeten)이다.

28 성 바츨라프(Václav)는 921년에서 935년까지 보헤미아를 통치하였고,
    수호성인으로 추앙받고 있다.

29 이범석,《우둥불》, 삼육출판사, 1986. 19〜20쪽.

30 Jaroslav Olša, jr., op. cit. p.172.

31 일제 정보기관 보고서, 외무성 경찰사 등에 의하면 조선인 신씨, 박창호,
    고려의용군, 혈성단 등 여러 독립군 단체에서 무기 확보를 위하여 분주히
    움직이고 있던 것을 알 수 있다.

32 박영석,《한 독립군 병사의 항일 전투》, 북로군정서 병사 이우석의 사례,
    박영사, 1984. 72〜91쪽. 무기 거래 사실은 이우석의 증언과 북로군정서
    사령부 일지(1920년 7월 22일, 26일 및 9월 7일)로 확인된다. 박영석, "일제하
    만주·노령지역에서의 항일독립운동(상): 북로군정서 독립군병사 이우석의
    활동을 중심으로", 동방학지 34집, 연세대학교 국학 연구원, 1982. 참조.

33 위의 책, 87〜88쪽. 인용문 중 '체코제 무기'는 '체코군단의 무기'로 보는 것이
    옳을 것 같다. 주로 미국산 러시아 무기였다.

34 1919년 5월, 라돌라 가이다는 콜차크의 백군에서 해임되었고, 그해 11월
    시베리아를 떠났다. 1920년 1월, 상하이에 있었고, 북로군정서가 무기 인수에
    나선 것은 그해 7월이었다. '가이다'는 북로군정서 사령부 일지에 나오지 않는다.

35 허만립, "항일독립군, 체코군단 무기비밀운반 사례연구", 군사논단(1996 여름호),
    한국군사학회·한국군사평론가협회, 1996. 203〜204쪽.

36 박환,《독립군과 무기》, 선인, 2020. 118쪽. 145쪽.

37 독립신문 1920년 1월 13일자 '까이다 장군 방문기'에는 가이다 장군이
    안창호와 여운형을 만난 것으로 되어 있고,《한국독립운동지혈사》에는
    안창호와 여운형과 이광수가 만난 것으로 되어 있다.

38 〈독립신문〉, 1920년 1월 13일자(현대 맞춤법으로 일부 수정하였음)
    박은식, 남만성 옮김,《한국독립운동지혈사》, 서문당, 2019. 342〜343쪽.
    〈독립신문〉 기사 중에 '그중에는 발표하기 어려운 구절도 있거니와'라는 부분이
    있다. 혹시 무기 거래와 관련된 언급이 아닌지 모르겠다.

39 Jaroslav Olša, jr., "Czech support of the March 1 Movement ideas in 1919/1920", Embassy of the Czech Republic in Seoul, 18.05.2009. 즈데나 끌로스로바, "한국 역사 속의 두 체코인(3): 라돌라 가이다와 요셉 한츠", 체코 프라하 한인 나눔터(2001.5). 9쪽.

40 박환, 앞의 책, 118쪽. 122쪽.

41 위의 책. 29쪽.
    김주용, "1920년대 초 독립운동단체의 군자금 모금활동", 《한국독립운동사연구》 제32집, 독립기념관 한국독립운동사연구소, 2009. 218쪽. 재인용.

42 이정식, 《몽양 여운형》, 서울대학교출판부, 2008. 153쪽.
    이기형, 《여운형》, 창비교양문고 8, 창작사, 1988. 48쪽.
    박찬승, 《1919》, 다산초당, 2019. 57~58쪽.

43 이정식, 위의 책, 153~154쪽.
    이기형, 위의 책, 48쪽.
    박찬승, 위의 책, 58~59쪽.

44 이정식, 위의 책, 173~174쪽.

45 이기형, 위의 책, 52쪽.
    박환, 앞의 책, 122쪽.

46 허만립, 앞의 논문, 202쪽.

47 Jaroslav Olša, jr., op. cit. pp.144-198.

48 위의 글, 164쪽.

49 위의 글, 174쪽.

50 《동아일보》 1928년 2월 21일 자.

51 윤치호, 김상태 편역, 《물 수 없다면 짖지도 마라》, 산처럼, 2001. 166~167쪽. 박지향, 《윤치호의 협력일기》, 이숲, 2010. 123쪽. 1920년 9월 17일과 11월 14일 일기에도 체코의 독립이 언급돼 있다.

니즈니 노브고로드 – 상인과 귀족이 손잡다

1 　키예프 공국(Kievskaya), 키예프 루시, 키예프 러시아 등으로 불리며 영어로는 키예반 루스(Kievan Rus')다.

2 　금장한국(金帳汗國, Golden Horde, 1242–1502)이라고도 불리는 킵차크 한국은 징기스칸의 장자 주치의 아들 바투에 의하여 남유럽에 수립된 몽골의 칸국으로 수도는 볼가강 하류에 위치한 사라이(Sarai)였다.

3 　류리크 왕조의 공식 통치기간은 862년부터 1612년까지 750년이다.

4 　첫 번째 가짜 드미트리(False Dmitry I)는 1605년 차르에 올랐지만 1606년 바실리 슈이스키(바실리 4세)의 반란으로 살해되었다. 두 번째 가짜 드미트리(False Dmitry II)는 투시노에 본거지를 두고 귀족들을 불러들여 차르를 참칭하다가 1610년 암살되었다. 그에게는 '투시노의 악인', '투시노의 도둑'이라는 별명이 붙었다. 1611년 세 번째 가짜 드미트리(False Dmitry III)가 나타났지만 1612년 처형되었다.

5 　지기스문트 3세(Zygmunt III) 바사는 스웨덴 바사왕조 출신으로 1592년부터 폴란드와 스웨덴 국왕을 겸하고 있었지만 1599년 스웨덴 국왕에서는 축출되었다.

6 　다닐로프·코술리나, 문명식 편역, 《러시아 역사》, 신아사, 2009. 206쪽.

7 　스몰렌스크(Smolensk)는 모스크바에서 서남쪽으로 360킬로미터 떨어진 곳으로, 지금의 벨라루스 동부 국경에 인접해 있다. 몽골, 폴란드, 프랑스, 독일 등의 침공으로 수차례 폐허가 되었고 제2차 세계대전 후 영웅도시로 선정되었다.

8 　벨리키 노브고로드(Veliky Novgorod)는 상트페테르부르크 남쪽, 일멘호 북쪽에 위치한 노브고로드의 주도이자 천년 고도로 무려 37회에 달하는 격전이 벌어졌던 곳이다.

9 　7인 귀족원(세미보야르시나)에 의하여 차르 바실리 슈이스키는 수도원에 유폐되었고, 그들에 의하여 추대된 폴란드 브와디스와프 왕자가 즉위하지 않은 상태였다. 랴푸노프(Lyapunov), 트루베츠코이(Trubetzkoi), 자루츠키(Zarutzki)

등 삼두체제가 성립되었다.

10   N. Kershaw Chadwick, Russian Heroic Poetry, Cambridge at the University
      Press. 1932. pp.242~243.

11   V. O. Kliuchevsky, Natalie Duddington translated, *A Course in Russian History*,
      2016, Chapter Ⅲ.
      Nicholas Valentine Riasanovsky, Mark D. Steinberg, *A History of Russia, Book 1*,
      Oxford University Press, 2005. p.168.

12   다닐로프·코술리나, 앞의 책, 211쪽.

13   스트로가노프 가문과 관련된 사항은 다음의 자료를 참고하였다.
      Stroganoff Foundation website.
      http://stroganofffoundation.org 〉 foundation
      britannica.com, "Stroganov Family"
      www.britannica.com 〉 topic 〉 Stroganov-family

드네프르 – 자유로운 사람들

1   영화는 타라스 불바의 코사크 전사들이 폴란드군의 배신으로 땅을 잃고
      숲속으로 떠나는 것으로 시작되지만 소설은 불바의 두 아들이 키예프에서
      돌아온 시점부터 시작된다. 마지막 부분에서도 큰 차이가 있다.

2   니콜라이 고골, 김문황 옮김,《타라스 불바》, 지식을 만드는 사람들, 2014. 25쪽.

3   위의 책, 54쪽. 1552년 드네프르 강 하류 호르티차 섬에 세워진 시치는 60여
      개의 병영이 있었지만 서로 독립적이었다.

4   이명현, "《타라스 불바》의 민족주의 담론",《외국학 연구》, 제14권 1호,
      외국학연구소, 2010. 350~351쪽. 고골의《타라스 불바》에 나오는 불바의
      연설이다.

5   10루블 금화를 말한다. 김문황, 앞의 책, 16쪽.

6   니콜라이 고골, 김문황 옮김, 앞의 책, 195~252쪽.

7 uargument.com(Как Охрим Макуха)

https://uargument.com.ua 〉istoriya 〉kak-ohrim-maku...

8 wikipedia(Русский) - Са́вва Ча́лый

https://ru.wikipedia.org 〉wiki 〉Чалый,_Савва

Encyclopedia of Ukraine(Chaly, Sava)

9 자포리자 코사크(Zaporozhian Cossacks)는 자포로지아, 자포로지예,
자포로제 등으로 불리며, 자포리자는 '물결 너머'라는 뜻이다. 그들은
드네프르강 하류의 병영 겸 공동체 '자포리자 시치'를 기반으로 폴란드군의
등록 코사크로 활동하다가 1648년 보흐단 흐멜니츠키 봉기를 계기로 1654년
코사크 수장국(Zaporozhian Host)을 수립하였다. 그러나 수장국은 1764년에,
자포지자 시치는 1775년에 해체되었다. 러시아 코사크는 돈, 쿠반, 테렉, 우랄
코사크 등이 있다. 그들은 일찍부터 러시아에 협조하다가 동화, 흡수되었다.

10 Amelia M. Glaser, Stories of Khmelnytsky, Stanford University Press, 2015. p.3.

허승철,《우크라이나 문화와 지역학》, 우물이 있는 집, 2019. 78쪽.

11 이반 마제파는 도피 중에 죽었고, 러시아를 배신한 것으로 공적(公敵)이
되었다.(김병호,《우크라이나, 드네프르 강의 슬픈 운명》, 매일경제신문사, 2015.
95쪽) 마제피즘(Mazepism)과 마제피스트(Mazepist)는 마제파에서 유래된
것으로 각각 배신행위, 분리주의를 뜻한다.(허승철, 위의 책, 80쪽.)

12 1580년 이반 4세의 명령으로 돈 코사크 대장 예르마크 티모페예비치
(Yermak Timofeyevich)는 우랄산맥을 넘어 시베리아를 정복했다.

13 호틴 전투(Battle of Khotyn)는 폴란드에서는 '호침 전투'라 불린다.

14 고트하르트 고갯길(Gotthard Pass) 악마의 다리(Devil's bridge) 남단에는
1899년 러시아가 세운 알렉산드르 수보로프 기념물이 있다.

15 General Baron Gourgaud, translated by elizabeth wormeley latimer, Talk Of
Napoleon At St. Helena, Chicago, A. C. McClurg Co. 1903. p.158. 카스파르
구르고 장군은 세인트헬레나의 첫 당직 사관으로 나폴레옹의 구술을 받아
회고록으로 펴냈다.

16 코사크의 러시아어.

17 세묜 데즈네프(Semyon Dezhnev)가 쓴 보고서는 약 90년이 흐른 1736년
    모스크바에서 발견되었다고 한다.

18 Encyclopedia.com(Dezhnev, Semen Ivanovich)

19 Mark Nuttall, Encyclopedia of the Arctic, Routledge, New York and London,
    2005. pp.486~487.

20 하이다마키는 '강도', '도적'을 뜻하는 말로 농민을 지칭한다. 1734년, 1750년,
    1768년 대규모로 봉기하였다.

21 타라스 쉐브첸코, 김석원 옮김,《아 우크라이나여! 드네프르 강이여!》,
    지식마당, 2005. 339쪽.

22 허승철 역,《코카서스 3국 문학 산책》, 문예림, 2018. 62쪽.
    성동기, 허승철 편역,《타라스 셰브첸코》, 문예림, 2018. 404쪽.
    김병호, 앞의 책, 96쪽.

23 쿨라시는 셰브첸코의 친구로 비밀단체에 가입하여 활동하다가 체포되어
    옥고를 치렀다. 우크라이나 알파벳과 문법 표준을 만들고, 성경을 우크라이나어로
    번역하였으며, 우크라이나 최초의 역사소설을 썼다. 그러나 쿨라시는 1860년 이후
    러시아와 관계 속에서 진로를 모색하려는 보수적 성향을 보였다.

24 박형규, 앞의 책, 106~107쪽.

25 니콜라이 고골, 조주형 옮김,《타라스 불바》, 민음사, 2009. 219~220쪽.

26 미하일 숄로호프는 남부 러시아 코사크 마을 출신으로,《고요한 돈강》은
    자전적 소설이다.

27 주 우크라이나 대한민국 대사관, "우크라이나 개황" 참조.

28 위의 책, 294쪽.

29 김원희,《흑해와 카스피해 인문사회 지리지》, 다해, 2018. 91쪽.

30 이명현, 앞의 논문. 341, 354~356쪽.
    윤새라, "정체성과 정치성",《슬라브학보》, 제27권 2호. 85~86쪽.

31 김승렬 외,《유럽의 영토 분쟁과 역사 분쟁》, 동북아역사재단, 2008. 365쪽.

32 이규태,《이규태 역사이야기》, "외세 따라 바뀐 특수부대 '별기군'", 2005.6.8.

33 김현택·라승도·이지연,《사바틴에서 푸시킨까지: 한국 속 러시아 발자취 150년》, 한국외국어대학교 지식출판원, 2015. 60~63쪽.

34 신용석,《잊어서는 안 될 구한말의 비운》, 선광문화재단, 2016. 46쪽

    르 프티 주르날(Le Petit Journal) 1904년 3월 27일자.

35 세르게예프, "러시아 극동지방으로서의 한인 이주와 카자크족: 상호관계의 역사",《한국민족운동사연구》, 2005.3. 282쪽

36 한국 독립군은 1921년 자유시 참변으로 큰 희생을 입었고, 연해주 동포 17만여 명이 중앙아시아로 강제 이주 당했다.

카프카스 – 프로메테우스의 고통

1 권희영,《해외의 한인 희생과 보훈문화》, 국학자료원, 2001. 36~40쪽.
   김호준,《유라시아 고려인 디아스포라의 아픈 역사 150년》, 주류성, 2013.
   193~195쪽. 강제 이주자를 대략 18만 명으로 본다. 최대 2만 5000명이
   사망했다는 주장도 있다고 한다.

2 김호준, 위의 책, 175쪽.

3 William Saroyan, "The Armenian & the Armenian", Inhale & Exhale, New York: Random House, 1936. pp.437~438.

4 윌리엄 샤로얀은 퓰리처상(1940), 아카데미 최우수 각본상(1943)을 수상했다. 아르메니아 수도 예레반에 그의 동상이 서 있고 그의 유골 일부가 예레반 코니타스 판테온에 안치되었다.

5 Benjamin Lieberman, The Holocaust and Genocide in Europe, Bloomsbery, London, 2013. p.83.

6 고문서관(Matenadaran)의 공식 명칭은 '메스르프 마슈토츠(Mesrop Mashtots) 고문서관'이다. 서기 405년 아르메니아 알파벳을 창제하고 고문서를 수집했던

그의 공적을 기념하여 명명되었다.

7   고문서관에는 가장 작은 필사본도 있다. 1434년에 간행된 토나퀴크
     (Tonacuic)라는 교회 달력으로 가로 3센티미터, 세로 4센티미터에 무게
     19그램이다.

8   Edited by Nick Winterbotham and Ani Avagyan, Museums and Written
     Communication, Cambridge Scholars Publishing. 2018. pp.11〜12.

9   그랜트 포고시안, 백승화 옮김, 《이토록 아름다운 아르메니아》, 미래를 소유한
     사람들, 2018. 64〜65쪽.
     Mesrop Mashtots Research Institute of Ancient Manuscripts
     Wikipedia(Armenian)

10   1974년 대부호 J. 폴 게티(J. Paul Getty)가 설립한 세계 최고의 재력을 가진
     미술관이다. 비벌리힐스에서 멀지 않은 산자락에 위치한 게티 센터(Getty
     Center)에는 유럽의 그림, 소묘, 조각. 필사본, 사진 등이 전시되고 있다.
     144종에 달하는 중세의 채색 필사본으로 특히 유명하다. 말리부 해변의 게티
     빌라(Getty Villa)는 그리스, 로마, 에트루리아의 고대 유물 4만 4천 종을
     소장하고 있다.

11   The J. Paul Getty Museum, "J. Paul Getty Museum and the Western Prelacy
     of the Armenian Apostolic Church of America Announce Agreement in
     Armenian Art Restitution Case(Press Release), September 21, 2015.
     Institute of Slavic, East European, and Eurasian Studies at UC Berkeley, "A
     Medieval Gospel Book from Genocide to Restitution: Toros Roslin's Zuytun
     Gospels, 1915-2015"

12   영어식으로는 '커크 커코리언', 아르메니아식 발음은 '크르크 크르커리안'이다.
     (그랜트 포고시안, 앞의 책, 97쪽.)

13   그랜트 포고시안, 앞의 책, 96〜97쪽. 본문에서 소개한 사람들 외에도
     에두아르도 에르네기안(미국 국제항공회사, 아에롭엘토스 아르헨티나), 미코얀
     형제(러시아 항공기 설계회사), 바르탄 실마케스(고급시계 프랭크뮬러 공동
     창업자), 스티븐 칸다리안(메트라이프생명보험 CEO), 아워우베지안(아보 시거

창업자), 샘 시모니언(IT기업 경영자), 바르타 그레고리안(카네기사 회장) 등의 많은 기업인이 있다. 석유사업가이며 박애주의자 칼루스트 굴벤키안(Calouste S. Gulbenkian)도 있다. 아르메니아계인 혈통의 굴벤키안은 평생 동안 모은 6000여점의 예술품을 포르투갈의 리스본 시에 기증했다. 지금의 '굴벤키안 미술관'이다. 그 외 코미타스 바르타벳(음악가), 앙리 베르뇌유(프랑스 영화감독), 이반 아이바조프스키(러시아 화가)를 비롯한 문화, 예술, 체육계 인물이 많다. 과학기술계 인물도 많아서 MRI, ATM, 오토매틱 트랜스미션, 믹서 차량, 칼라 TV, 흡입보조기, 심벌즈 등 혁신적 발명이 그들에 의하여 이뤄졌다고 한다.

14 Herodotus, Translated into English by G. C. Macaulay, The History of Herodotus, Volume1. p.194.(The Project Gutenberg)

15 아디게야, 다게스탄, 인구시, 카바르디노발카르, 카라차예보체르케스카야, 세베로오세티야, 체첸 공화국 등이다.

16 그랜트 포고시안, 앞의 책. 85쪽.

17 그랜트 포고시안, 앞의 책. 22~25쪽.

18 러시아는 페르시아와 다섯 차례(1651~1828년), 오스만 제국과 여섯 차례 전쟁(1768~1878) 끝에 최종적으로 승리했다.

19 이명현, "푸시킨 서사시《카프카즈의 포로》의 문학적 의의에 관하여", 러시아문학연구논집 제67집(2019.11.). 83쪽.

20 김혜진 외,《민족의 모자이크, 러시아》, 한울, 2019. 288쪽.

21 카프카스 전쟁(Caucasian War)은 1817년부터 1864년까지 이어졌다. 조지아 군사도로가 개설된 후 동, 서 두 전선으로 분리되었다. 서쪽은 러시아-체르케스 전쟁(Russo-Circassian War, 1763~1864)으로, 동쪽은 무리트 전쟁(Murid War, 1829~1859)으로 불린다.

22 1828년에 세워진 카프카스 이맘국은 수니파(Sunni Muslims) 이슬람의 종교 지도자 이맘(Imam)이 통치하는 국가를 의미한다. Chechens, Avars, Kumyks, Dargins, Lezgins, Laks, Tabasaran 등 7개 민족 연합체였다.

23 《카자크 사람들》은 톨스토이의 자전적 소설이다. 톨스토이는 모스크바와
   다른 카자크 사람들의 자연적 삶과 싱싱한 생명력을 동경한다.《카프카스의
   죄수》는 푸시킨의 장편 서사시 〈카프카스의 포로〉를 소설화한 것으로 시와
   달리 타타르의 포로가 된 두 명의 러시아 군인과 타타르 소녀가 주인공이다.
   《세바스토폴 이야기》는 카프카스에 있던 톨스토이가 크림 전쟁이 발발하자
   세바스토폴로 이동하여 진중에서 쓴 세 편의 소설이다.

24 가지-마호메트는 카프카스 전쟁이 끝난 후 오스만 제국으로 가서 장교가 되었다.

25 비잔틴 제국의 바실리오스 1세는 아르메니아계 마케도니아 왕조
   (Macedonian dynasty)의 개창자이다. 아르메니아에는 바그라투니 왕
   조(Bagratuni Dynasty)가 세워졌다.

26 실리시아 아르메니아 왕국은 소(小)아르메니아 왕국(Lesser Armenia), 신
   아르메니아(New Armenia)로도 불린다.

27 www.teryan.com 〉 vt_Poetry_english
   허승철 역,《코카서스 3국 문학 산책》, 문예림, 2018. 218쪽.

28 1159년 유다가 전해준 것으로 1250년 아랍의 침공을 피해 동굴수
   도원(아이리방크)에 숨겨두었다가 1419년 에치미아진 대성당으로 옮겼다고 한다.

29 조지아는 그루지야로 더 잘 알려진 나라다. 2008년 자국 영토 내에 있는
   자치공화국 남오세티야 독립 문제로 러시아와 전쟁이 발발하자 그에 대한
   반감으로 국제사회에 조지아로 불러 달라고 요청함으로써 지금의 영어식
   국명이 통용되고 있다.

30 《호랑이 가죽을 두른 용사(The Knight in the Panther's Skin)》는 1600편에
   달하는 장편 서사시로 총 162종의 필사본이 전하고 있다. 쇼타 루스타벨리는
   여왕의 치세를 뒷받침한 재무 관리였다. 2019년 8월, 주한 조지아 대사관과
   국립중앙도서관은 '호랑이 가죽을 두른 용사' 필사본 전시회를 연 바 있다.

31 Shot'ha Rust'haveli, Marjory Scott Wardrop translated, The Man in the
   Panther's Skin, 1912. p.1. 쇼타 루스타벨리, 조주관 옮김,《호피를 두른 용사》,
   지식을만드는지식, 2016. 참조. 쇼타 루스타벨리, 허승철 편역,《호랑이 가죽을
   두른 용사》, 문예림, 2017. 참조. 인용된 시는 서문 제3연 앞부분이다. 31개 시로

구성된 서문은 타마르 여왕에게 바치는 쇼타 루스타벨리의 헌사(獻詞)다.

32 쇼타 루스타벨리, 허승철 편역, 위의 책, 415~421쪽.

33 허승철, 앞의 책. 50~51쪽. 그 외 조지아를 노래한 시인으로는 푸시킨,
    폴론스키, 그리고리예프 등이 있다.

34 허승철 역, 앞의 책, 15쪽.
    허승철,《코카서스 3국의 역사와 문화》, 고려대학교 출판문화원, 2019. 57~58쪽.

35 Orthodox Church in America(Martyr Ilia Chavchavadze of Georgia) https://
    www.oca.org

36 Venera Urushaze, *Anthology of Georgian Poetry*, Tbilisi; State Publishing
    House, 1958. pp.58-59.

37 Orthodox Church in America(Martyr Ilia Chavchavadze of Georgia) https://
    www.oca.org

38 허승철 역, 앞의 책, 140쪽.

39 David Marshall Lang, *A Modern History of Soviet Georgia*, New York; Grove
    Press, Inc. 1962. pp.110-111.

40 ibid. p.111.

41 1990년 조지아의 합하지야와 남오세티야의 편입에 반발하여 내전이 발생했다.
    조지아가 남오세티야를 공격하자 러시아는 조지아를 점령했다. 두 나라는 평화
    협정을 맺었지만 불안정한 상태가 계속되고 있다.

42 Taras Shevchenko, *Song out of Darkness*, Selected poems translated from the
    Ukrainian by Vera Rich, London, 1961. pp.69-73.

제3부 북쪽 바다의 공존

바이킹의 바다 – 십자가 깃발이 날리다

1   바이킹(영어), 바랑기아인 또는 바랑인(동슬라브어), 비킹(독일어),
      바랴그(러시아어) 등으로 불린다.

2   〈붉은 머리 에리크 무용담(Saga of Erik the Red)〉 등에 나오는 내용이지만
      고고학적 발굴에 의하여 사실로 밝혀졌다고 한다.("주경철의 히스토리아
      노바(14)",《조선일보》, 2020년 5월 5일자) 에리크 토르발드손은 전염병으로
      그린란드에서 죽었고, 그의 막내아들 토르스테인은 북아메리카에서 죽은 첫
      유럽인이 되었다.

3   노르웨이 에리크 4세(1389~1442), 덴마크 에리크 7세(1412~1439), 스웨덴
      에리크 13세(1412~1433)다. 칼마르는 지금의 스웨덴 남동쪽 스몰란드에
      위치한 항구 도시이다.

4   위의 책, 81쪽.

5   bartleby.com(Battle-song of Gustavus Adolphus)
      christianmusicandhymns.com(Christian War Hymns: Gustavus Adolphus
      Battle Song)
      백조의 노래(Swan-Song)로도 불리는 구스타프 아돌프 전투의 노래(Gustavus
      Adolphus Battle Song)의 작자는 구스타프 2세의 궁정 목사 파브리쿠스(Jacob
      Fabricius) 또는 루터교 목사 알텐베르크(Johann Michael Altenberg)가
      거론되고 있지만 정확하지 않다.

6   크리스티나의 선서 가운데 '스웨덴과 고트 그리고 반달의 여왕'은 당시
      스웨덴 국왕의 공식 명칭이었다. 북 게르만의 일파인 고트족은 스칸디나비아
      남부 예탈란드에 거주하던 예타르인(기트)으로 추정되고 있다. 영웅 서사시
      《베오울프(Beowulf)》의 무대이기도 하다. 반달 족은 동부 게르만의 일파로
      폴란드 지역에 살던 사람들이라고 한다.

7   C. V. 웨지우드, 남경태 옮김,《30년 전쟁(1618-1648)》, Humanist, 2011. 342쪽.

8   위의 책, 579쪽.

9   크리스티나가 구스타프와의 혼약을 취소하고 국왕 승계자로 정한 것은
    1649년이었고, 양위한 것은 1654년으로 5년의 간격이 있다.

10 Encyclopædia Britannica(Christina queen of Sweden)

11 Encyclopædia Britannica(Christina queen of Sweden)

12 바이하이진, 김문주 옮김,《여왕의 시대》, 미래의 창, 2009. 338쪽.
    Encyclopædia Britannica.com(Decio-Azzolino)

13 외교부,《스웨덴 개황》, 2019. 44쪽. 스웨덴의 중립화 정책은 다음과 같이
    요약된다. "non-participation in all alliances in peacetime, aiming at neutrality
    in the event of war"

14 위의 책, 45쪽.

15 이기열,《정보통신 역사기행》, 북스토리, 2006. 42쪽.

16 The Great Northern Telegraph Company는 1869년 덴마크, 노르웨이, 영국의
    합작으로 설립된 전신회사다. 지금은 GN Store Nord로 사명이 변경되었다.(GN
    Store Nord website)

17 정진석,《양기탁》, 기파랑, 2015. 52~54쪽.
    김필자,《양기탁의 민족운동》, 지구문화사, 1988. 30쪽. 재인용.

18 한국전기통신공사,《한국전기통신 100년사 상》, 체신부, 1985. 191~192쪽.
    이기열, 앞의 책. 67~69쪽.

19 박성래, "역사 속 과학인물-전기통신을 전해 준 덴마크 전기기술자 미륜사",
    《과학과 기술》, 제40권 제7호, 한국과학기술단체총연합회, 2007. 7. 104~105쪽.

20 한국전기통신공사, 앞의 책. 73쪽.
    박성래, "역사 속 과학인물-전기통신의 아버지 '상운'",《과학과 기술》, 제26권
    제9호, 한국과학기술단체총연합회, 1993. 9. 82~83쪽.
    편집부,《기록으로 본 한국의 정보통신의 역사》, 진한엠앤비, 2012. 10쪽, 55쪽.

21 서독은 1954년 5월부터 1959년 3월까지 부산에서 적십자병원을 운영하면서
    전상자 치료와 의료 인력 육성에 기여했다. 정전 후에 이뤄진 것이지만 그에

앞선 1953년 5월 유엔에 의료진 파견 의사를 전달하였고, 6·25전상자를 보살폈다는 점을 감안하여 2018년부터 의료지원국에 포함되었다.

발트의 길 – 노래하는 사람들

1　안드레이 보즈네센스키(Andrei Voznesensky)의 러시아어 원시의 영문 버전을 참고하였음.

2　마리냐가 준 소녀의 인생(Dāvāja Māriņa meitenei mūžiņu)'의 영문 버전을 번역한 것임.

3　공식 명칭은 '예루살렘 성모 마리아의 독일 형제회(Orden der Brüder vom Deutschen Haus Sankt Mariens in Jerusalem)'로서 튜턴기사단(Teutonic Order)으로도 불린다. 본부는 아크레(1192), 베네치아(1291), 마리엔부르크(1309), 쾨니히스베르크(1466), 메르겐타임(1525)을 거쳐 현재는 빈(1809)에 있다.

4　당시 폴란드는 폴란드 왕국, 갈리치아-볼히니아 왕국, 마조비아 공국, 실레시아 공국, 보헤미아 공국 외에 20개의 실레시아 소공국으로 분열되어 있었다.

5　폴란드는 그룬발트(Grunward) 전투, 리투아니아는 질기리스(Zalgiris) 전투라 부른다. 제1차 세계대전 때 독일군과 러시아군이 격돌한 같은 이름의 타넨베르크 전투도 있다.

6　Aleksandrs Čaks, *Mūžibas skartie*. http://gramataselektroniski.wordpress.com

7　balticway.net.

8　에스토니아어로는 'mu isa maa on minu arm'이다.

9　The Singing Revolution(https://singingrevolution.com/)

10　Andrew Hamilton, "Herder's Theory of the Volksgeist" (https://www.counter-currents.com)

11　E. 버크/J.G.피히테, 박희철 옮김, 《프랑스혁명 성찰/독일 국민에게 고함》,

동서문화사, 2009. 547쪽.

12 이광수, 《도산 안창호》, 범우사, 1997. 290쪽

13 1835년에 발표된 핀란드의 민족 서사시 《칼레발라(Kalevala)》와 유사하다.

14 Kalevipoeg, Canto XX(Gutenberg Project)

15 Lāčplēsis Canto Ⅱ, Scene Ⅱ(Gutenberg Project)

16 Lāčplēsis Canto Ⅲ, Scene Ⅱ(Gutenberg Project)

17 자유(1번), 라트비아(2번), 라츠플레시스(3번), 쇠사슬을 끊는 사람들(4번),
바이델로티스(5번), 1905년(7번), 철교 위에서 일어난 베르몬티아인과의
싸움(8번), 조국 방위(9번), 노동(10번), 학문(11번), 가족(12번), 라트비아
소총수(13번), 라트비아인: 노래하는 사람들(14번) 등이다.

18 1525년에 성립된 프로이센 공국은 1618년 호엔촐레른 가(家)의 단절로
폴란드와 스웨덴 사이에 영유권 전쟁이 벌어졌다. 모스크바를 점령
중이던 폴란드는 봉신관계를 조건으로 브란덴부르크계 호엔촐레른
선제후 요한 지기스문트의 승계를 인정함으로써 1618년 브란덴부르크-
프로이센 공국(브란덴부르크-프로이센 동군연합)이 성립되었다. 1701년
브란덴부르크-프로이센 공국은 프로이센 왕국, 1871년 독일제국으로
발전했다. 수도 또한 동프로이센의 쾨니히스베르크(1526~1701)에서
브란덴부르크의 베를린(1701~1947)으로 옮겨졌다. 그와 별개로 폴란드령
프로이센(1466~1772)은 삼국 분할 때 독일에 편입되었다가 1918년 폴란드
독립과 함께 반환되었다. 제2차 세계대전 때 독일의 수중에 있던 동프로이센
지역은 전후 폴란드, 리투아니아, 구소련으로 편입되었다.

수오미 – 시수로 말하다

1 공식 언어뿐만 아니라 성씨(family name)조차도 스웨덴어가 사용되었다.
1906년에 창설된 핀란드 문화·정체성협회(Association of Finish Culture and
Identity)는 핀란드 성씨로 바꾸기 위한 활동에 주력함으로써 1930년 중반까지
30~40퍼센트 정도 이뤄졌다고 한다.

2   Petra Broomans(co-ed.) Battles and Borders:Perspectives on Cultural
    Transmissin and Literature in Minor Language Areas, Barkhuis, Groninggen,
    2015. p.85. "우리는 더 이상 스웨덴인이 아니다…"는 아르비드손이 대학교 강사
    시절에 했다는 말로 알려지고 있지만 출처가 분명하지 않다.

3   엘리아스 뢴로트(Elias Lönnrot)는 의사 출신의 문헌학자로 구전 시가를 수집,
    정리하여 1835년《칼레발라》를 발표한데 이어 1849년 증보판을 냈다. 1880년
    최초로 스웨덴-핀란드어 사전을 편찬했다.

4   Matti Klinge, Translated by Fletcher Roderick, "Snellman, Johan
    Vilhelm(1806-1881)", The National Biography of Finland. 1860년 요한
    스넬만이 작가 사크리스 토펠리우스(Zachris Topelius)에게 쓴 글이다.

5   wikipedia(Suomi) - Eugen Schauman

6   wikipedia(Suomi) - Eugen Schauman

7   《나의 오빠 에우겐: 핀란드 자유 투쟁의 인물(Min bror Eugen: En gestalt ur
    Finlands frihetskamp)》이다.

8   wikipedia(Suomi) - Jäger March
    쿨레르보(Kullervo)는 핀란드 민족 서사시《칼레발라》의 비극적 주인공이다.
    자신의 부족을 죽인 운타모 부족에게 양육되어 노예로 팔리지만 부족으로
    돌아가 복수한다.

9   김수권,《핀란드》, 지식공감, 2019. 137~138쪽. 소련이 6억 달러를 요구하였지만
    협상과정에서 3억 달러로 줄었다.

10 법무부 장관 에른스트 폰 보닌(Ernst von Bornin)의 모스크바 정전협정(1944)
    타결과 관련한 라디오 연설이다.

11 Johan Ludvig Runeberg, *Fänrik Ståls sägner*, Project Runeberg.

12 www.alternativefinland.com 〉 lotta-svard-yhdistys

13 김수권, 앞의 책, 138쪽.

14 데보라 스왈로우, 김정은 옮김,《핀란드》, 휘슬러, 2005. 44~45쪽.

재레드 다이아몬드, 강주헌 옮김, 《대변동》, 김영사, 2019. 109쪽.

15 리처드 D. 루이스, 박미준 역, 《미래는 핀란드에 있다》, 살림, 2008. 80쪽.

16 주 핀란드 대한민국 대사관, "핀란드인들은 어떤 사람들인가?", 2006.

17 김수권, 앞의 책, 106쪽.
    홍민정, 《북유럽 인문 산책》, 미래의창, 2019. 203쪽.
    주 핀란드 대한민국 대사관, 위의 글.

18 Time (8 January 1940), "Northern Theatre : Sisu".

19 김수권, 앞의 책, 170~173쪽.

20 전쟁 당시 대통령 리스토 뤼티(Risto H. Ryti)에게 10년 형이 선고되었지만
    1949년 석방되었다. 다른 정부 인사들 역시 형기를 채우지 않았다. 핀란드는
    '전쟁 범죄' 대신에 '전쟁 책임'이라는 용어를 사용하였다.

21 김수권, 앞의 책, 148쪽.

22 재레드 다이아몬드, 앞의 책, 119~120쪽. 그의 견해도 다르지 않다.

23 외교부, 《핀란드 개황》, 2019. 24~26쪽.

유럽사를 바꾼
독립운동 이야기

1판 1쇄 발행 2022년 1월 15일
1판 2쇄 발행 2022년 10월 15일

지은이 김종성
펴낸이 이윤규

펴낸곳 유아이북스
출판등록 2012년 4월 2일
주소 서울시 용산구 효창원로 64길 6
전화 (02) 704-2521
팩스 (02) 715-3536
이메일 uibooks@uibooks.co.kr

ISBN 979-11-6322-067-1 03920
값 15,000원